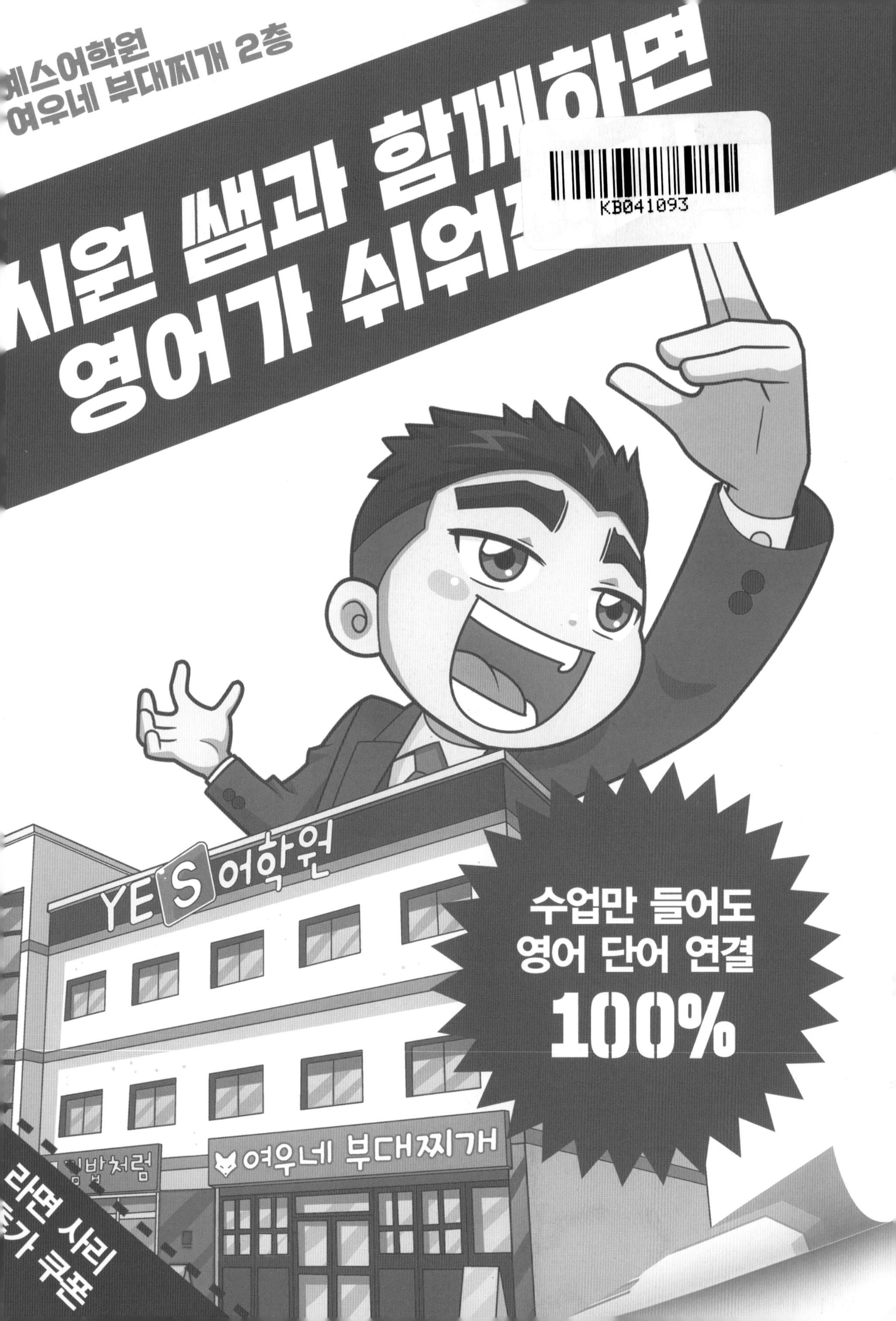

스어학원
여우네 부대찌개 2층
시원 쌤과 함께하면
영어가 쉬워
YES어학원
여우네 부대찌개
수업만 들어도
영어 단어 연결
100%
라면 사리

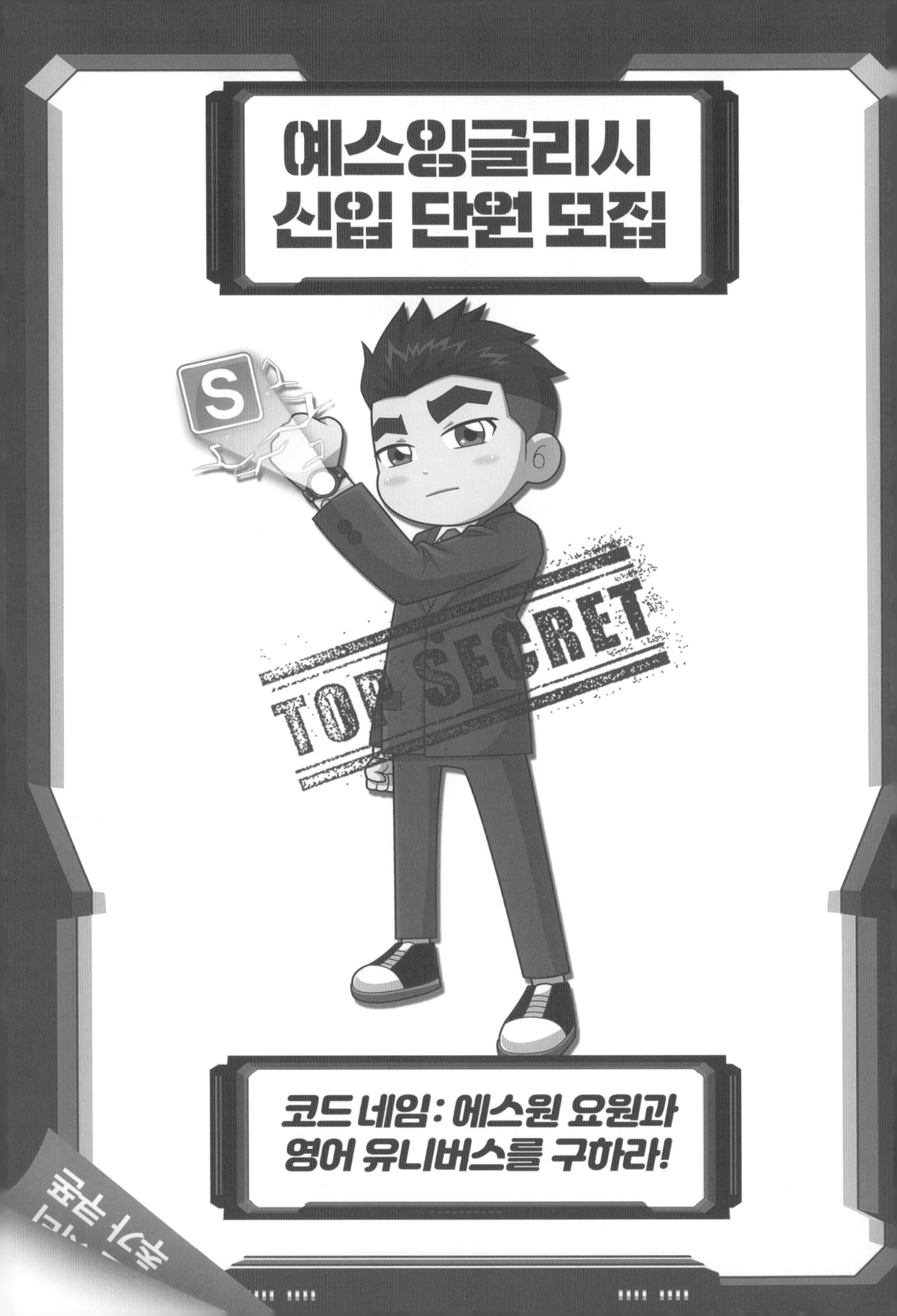
예스잉글리시
신입 단원 모집
S
TOP SECRET
코드 네임 : 에스원 요원과
영어 유니버스를 구하라!

English Adventure

이시원의 영어 대모험

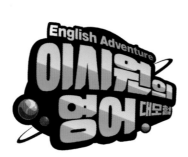

일러두기

이 책의 만화에 나오는 영어 문장 중 일부는 이야기의 자연스러운 이해를 위해 의역했습니다.
그 외의 영어 문장은 학습적인 이해를 돕기 위해 직역했습니다.

이시원의 영어 대모험 ④
조동사 can, must

기획 시원스쿨 | **글** 박시연 | **그림** 이태영

1판 1쇄 발행 | 2020년 7월 15일
1판 3쇄 발행 | 2024년 6월 1일

펴낸이 | 김영곤
이사 | 은지영
키즈스토리본부장 | 김지은
키즈스토리2팀장 | 심다혜
기획개발 | 강혜인 최지수
아동마케팅본부장 | 변유경
아동마케팅1팀 | 김영남 손용우 최윤아 송혜수
아동마케팅2팀 | 황혜선 이규림 이주은
아동영업팀 | 강경남 김규희 최유성
e-커머스팀 | 장철용 양슬기 황성진 전연우
디자인 | 리처드파커 이미지웍스 **윤문** | 이선지

펴낸곳 | (주)북이십일 아울북
등록번호 | 제406-2003-061호
등록일자 | 2000년 5월 6일
주소 | 경기도 파주시 회동길 201(문발동) (우 10881)
전화 | 031-955-2413(기획개발), 031-955-2100(마케팅·영업·독자문의)
브랜드 사업 문의 | license21@book21.co.kr
팩시밀리 | 031-955-2177
홈페이지 | www.book21.com

ISBN 978-89-509-8495-3
ISBN 978-89-509-8491-5(세트)

* 잘못 만들어진 책은 **구입하신 서점**에서 교환해 드립니다.
* 가격은 책 뒤표지에 있습니다.
⚠ 주의 1. 책 모서리가 날카로워 다칠 수 있으니 사람을 향해 던지거나 떨어뜨리지 마십시오.
      2. 보관 시 직사광선이나 습기 찬 곳을 피해 주십시오.

· **제조자명** : (주)북이십일
· **주소 및 전화번호** : 경기도 파주시 회동길 201(문발동) / 031-955-2100
· **제조연월** : 2024.6.1
· **제조국명** : 대한민국
· **사용연령** : 3세 이상 어린이 제품

만 화 로 시 작 하 는 이 시 원 표 초 등 영 어

English Adventure
이시원의 영어 대모험 4

기획 시원스쿨
글 박시연
그림 이태영

조동사
can, must

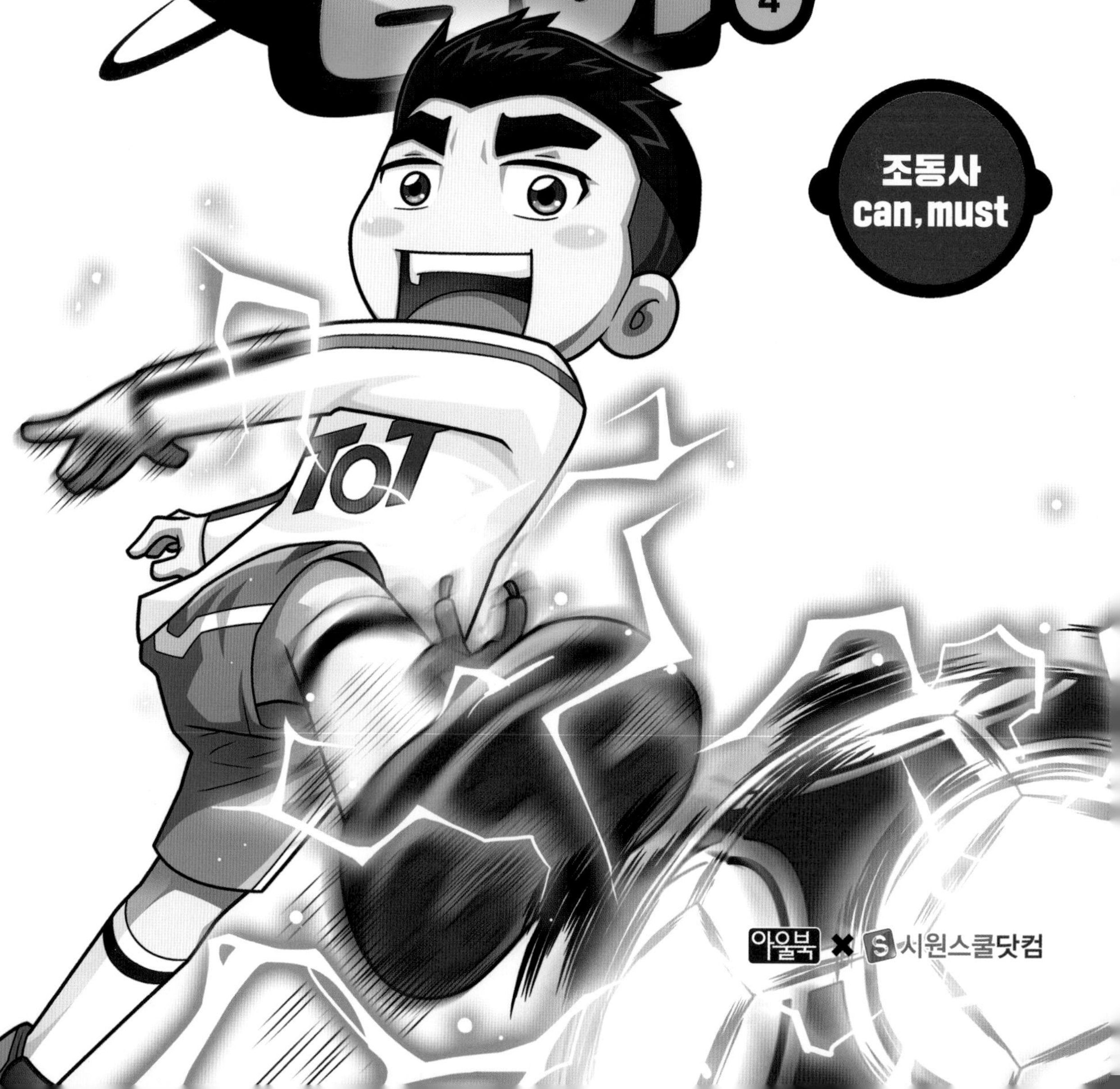

아울북 × S 시원스쿨닷컴

작가의 말

안녕하세요? 시원스쿨 대표 강사 이시원 선생님이에요. 여러분은 영어를 좋아하나요? 아니면 영어가 어렵고 두려운가요? 혹시 영어만 생각하면 속이 울렁거리고 머리가 아프진 않나요? 만약 그렇다면 지금부터 선생님이 영어와 친해지는 방법을 가르쳐 줄게요.

하나, 지금까지 배운 방식과 지식을 모두 지워요!

보기만 해도 스트레스를 받고, 나를 힘들게 만드는 영어는 이제 잊어버려요. 선생님과 함께 새로운 마음으로 영어를 다시 시작해 봐요.

둘, 하나를 배우더라도 정확하게 습득해 나가요!

눈으로만 배우고 지나가는 영어는 급할 때 절대로 입에서 나오지 않아요. 하나를 배우더라도 완벽하게 습득해야 어디서든 자신 있게 영어로 말할 수 있어요.

셋, 생활 속에서 자주 쓰이는 표현을 배워요!

우리 생활에서 쓸 일이 별로 없는 단어를 오래 기억할 수 있을까요? 자주 사용하는 단어 위주로 영어를 배워야 쓰기도 쉽고 잊어버리지도 않겠죠? 자연스럽게 영어가 튀어나올 수 있도록 여러 번 말하고, 써 보면서 잊지 않게 하는 것이 중요해요.

이 세 가지만 지키면 어느새 영어가 정말 쉽고, 재밌게 느껴질 거예요. 그리고 이 세 가지를 충족시키는 힘이 바로 이 책에 숨어 있어요. 여러분이 〈이시원의 영어 대모험〉을 읽는 것만으로도 최소한 영어 한 문장을 습득할 수 있어요.

단어와 단어를 연결하는 방법도 자연스럽게 익히게 될 거예요. 게다가 영어에 관련된 흥미로운 이야기들을 알게 되면 영어가 좀 더 친숙하고 재미있게 다가올 거라 믿어요!

자, 그럼 만화 속 '시원 쌤'과 신나는 영어 훈련을 하면서 모두 함께 영어의 세계로 떠나 볼까요?

시원스쿨 기초영어 대표 강사 **이시원**

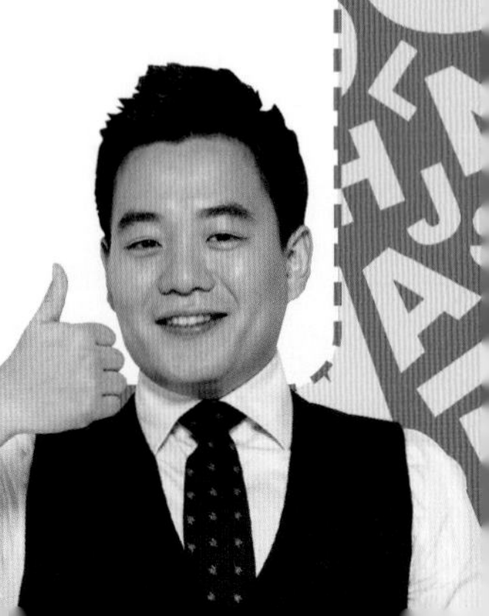

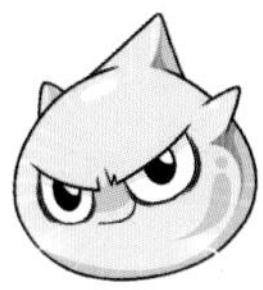

영어와 친해지는 영어학습만화

영어는 이 자리에 오기까지 수많은 경쟁과 위험을 물리쳤답니다. 영어에는 다른 언어와 부딪치고 합쳐지며 발전해 나간 강력한 힘이 숨겨져 있어요. 섬나라인 영국 땅에서 시작된 이 언어가 어느 나라에서든 통하는 세계 공용어가 되기까지는 마치 멋진 히어로의 성장 과정처럼 드라마틱하고 매력적인 모험담이 있었답니다. 이 모험담을 듣게 되는 것만으로도 우리 어린이들은 영어를 좀 더 좋아하게 될지도 몰라요.

영어는 이렇듯 강력하고 매력적인 언어지만 친해지기는 쉽지 않아요. 우리 어린이들에게 영어는 어렵고 힘든 시험 문제를 연상시키지요. 영어를 잘하면 장점이 많다는 것은 알지만 영어를 공부하는 과정은 어렵고 힘들어요. 이 책에서 시원 쌤은 우리 어린이 주인공들과 영어 유니버스라는 새로운 세계로 신나는 모험을 떠난답니다.

여러분도 엄청난 비밀을 지닌 시원 쌤과 미지의 영어 유니버스로 모험을 떠나 보지 않을래요? 영어 유니버스의 어디에선가 영어를 좋아하게 된 자신의 모습을 발견하게 될지도 몰라요.

글 작가 **박시연**

영어의 세계에 빠져드는 만화

영어 공부를 시작하는 어린이들은 모두 자기만의 목표를 가지고 있을 거예요. 영어를 잘해서 선생님께 칭찬받는 모습부터 외국 친구들과 자유롭게 영어로 소통하는 모습, 세계적인 유명인이 되어서 영어로 멋지게 인터뷰하는 꿈까지도요.

이 책에서는 어린이들이 공감할 수 있도록 영어를 배우며 느끼는 기분, 상상한 모습들을 귀엽고 발랄한 만화로 표현했어요. 이 책을 손에 든 어린이들은 만화 속 인물들에게 무한히 공감하며 이야기에 빠져들 수 있을 거예요. 마치 내가 시원 쌤과 함께 멋진 모험을 떠나는 것 같은 기분을 느낄 수 있도록요.

보는 재미와 읽는 재미를 함께 느낄 수 있는 만화를 통해 영어의 재미도 발견하기를 바라요!

그림 작가 **이태영**

차례

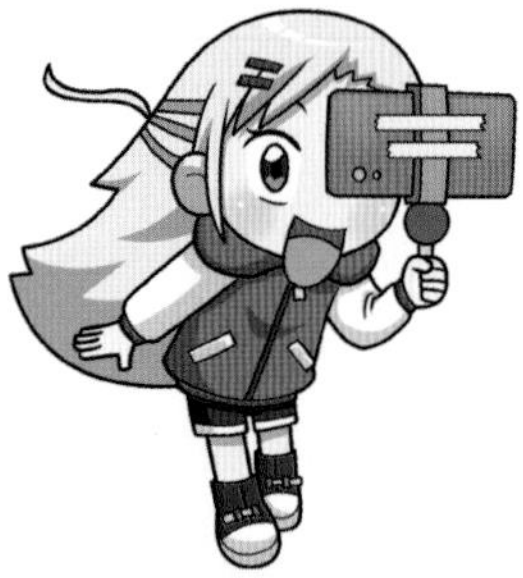

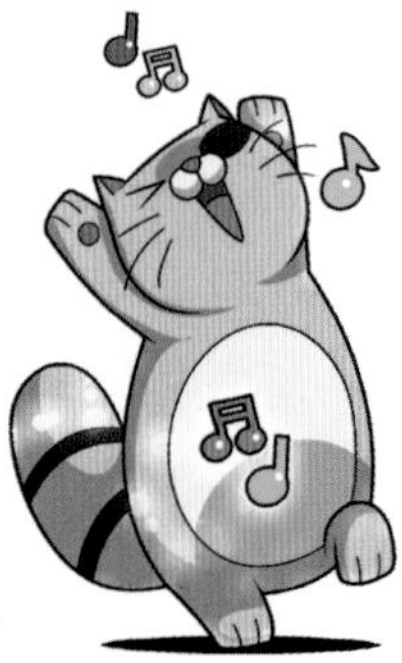

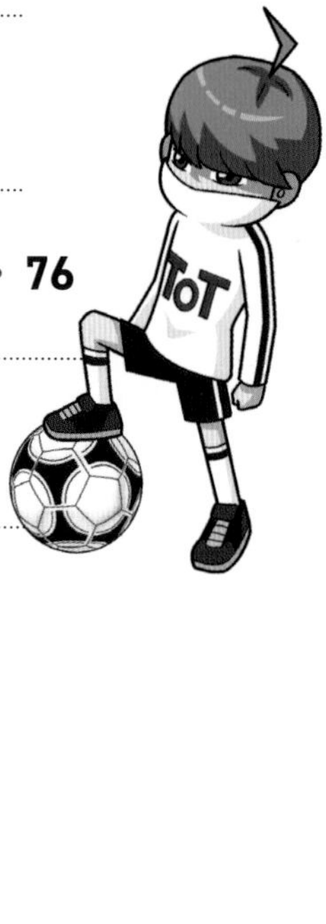

ToT

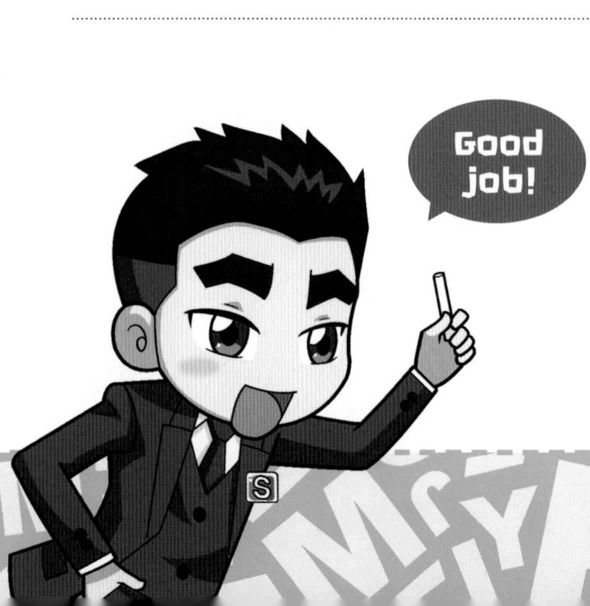

Good job!

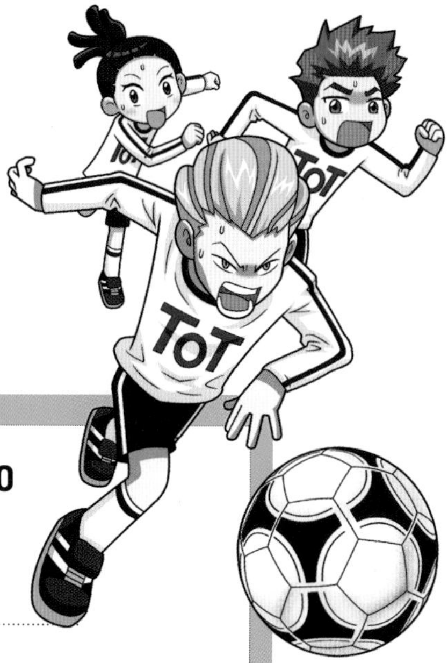

예스어학원 수업 시간 · 140

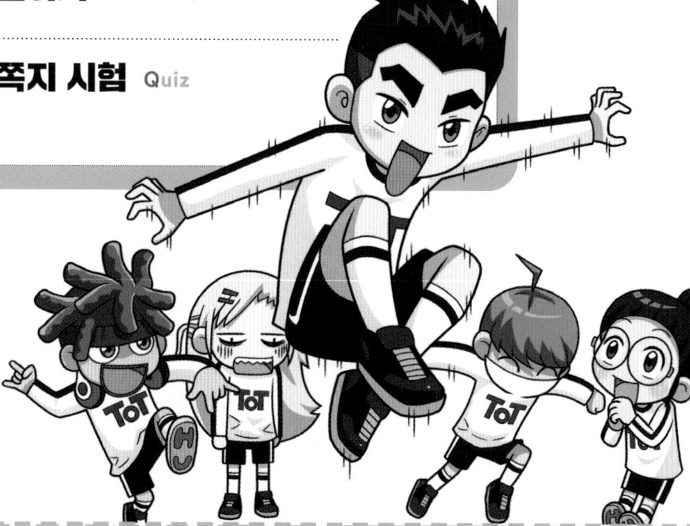

ToT

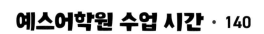

등장인물

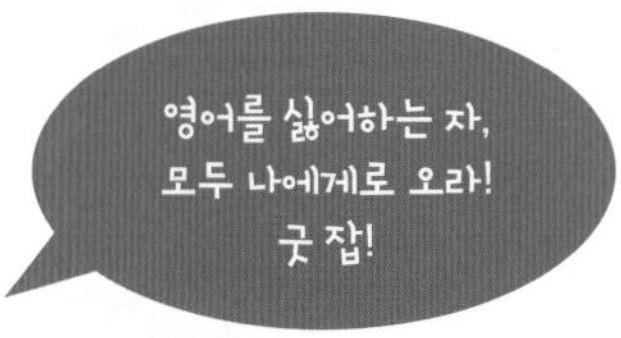
영어를 싫어하는 자,
모두 나에게로 오라!
굿 잡!

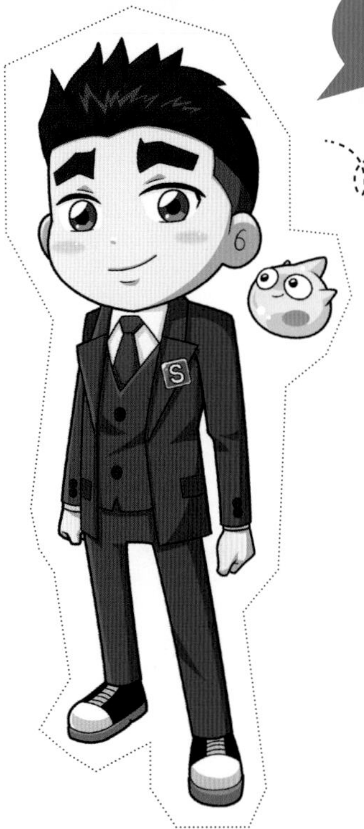

시원 쌤

비밀 요원명 에스원(S1)
직업 영어 선생님
좋아하는 것 영어, 늦잠, 구기 종목
싫어하는 것 노잉글리시단
취미 소림 축구
특기 축구 기술 뽐내기
성격 귀차니스트 같지만 완벽주의자
좌우명 영어는 내 인생!

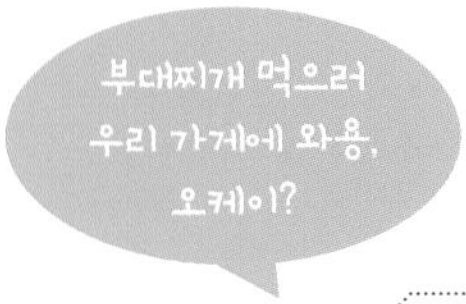
부대찌개 먹으러
우리 가게에 와용,
오케이?

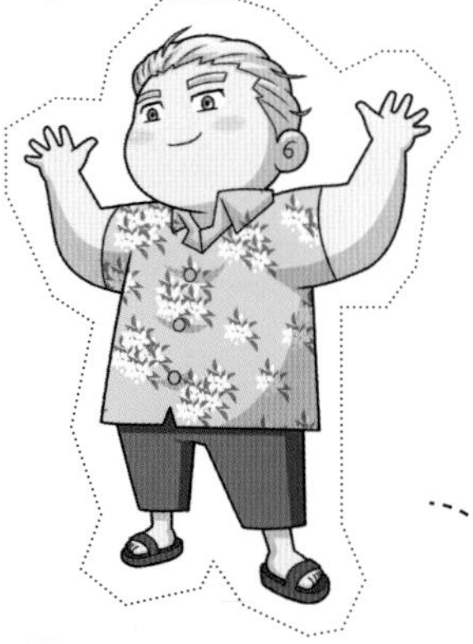

폭스

비밀 요원명 에프원(F1)
직업 여우네 부대찌개 사장님

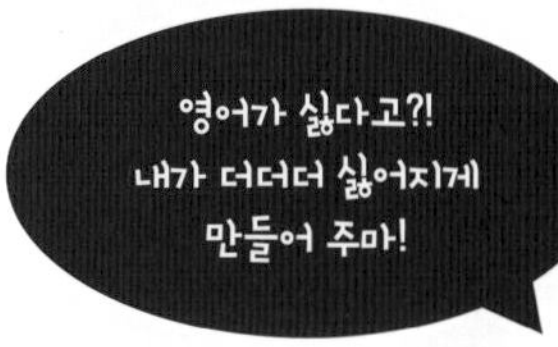
영어가 싫다고?!
내가 더더더 싫어지게
만들어 주마!

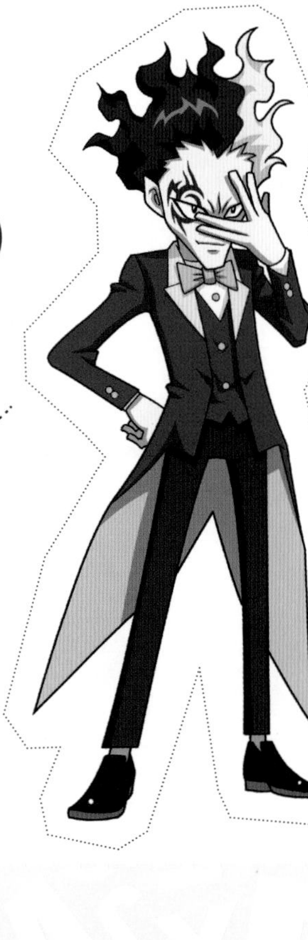

트릭커

직업 한두 개가 아님
좋아하는 것 영어 싫어하는 아이들
싫어하는 것 영어, 예스잉글리시단
취미 멘탈 강화 훈련
특기 이간질하기
성격 우기기 대마왕
좌우명 영어 없는 세상을 위하여!

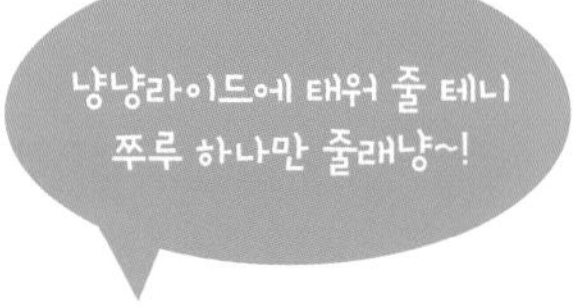
냥냥라이드에 태워 줄 테니
쭈루 하나만 줄래냥~!

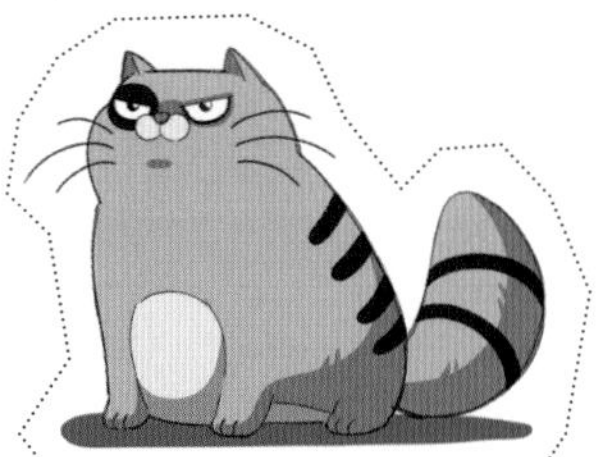

빅캣

좋아하는 것 캐트닙, 쭈루
싫어하는 것 예스잉글리시단

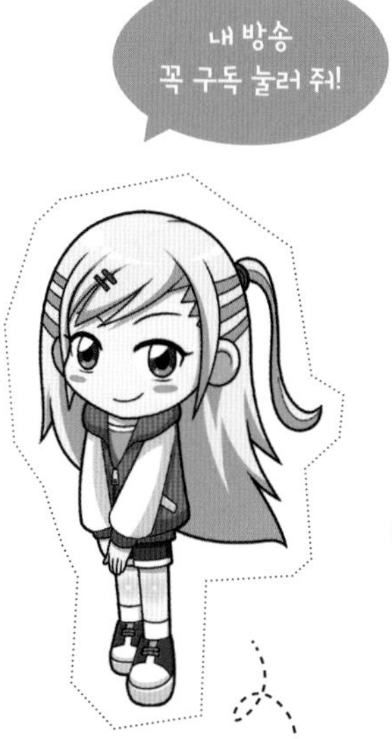
내 방송
꼭 구독 눌러 줘!

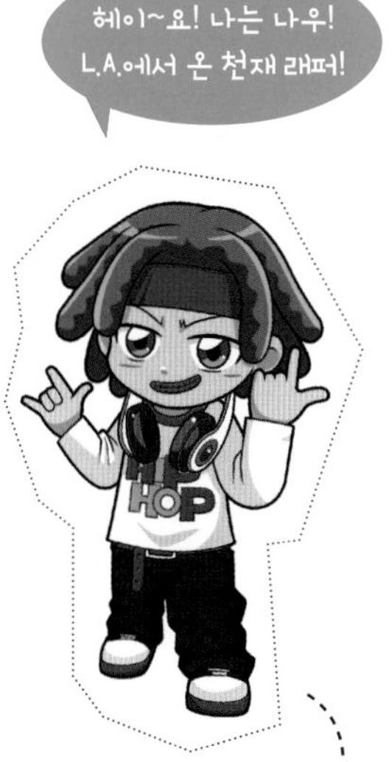
헤이~요! 나는 나우!
L.A.에서 온 천재 래퍼!

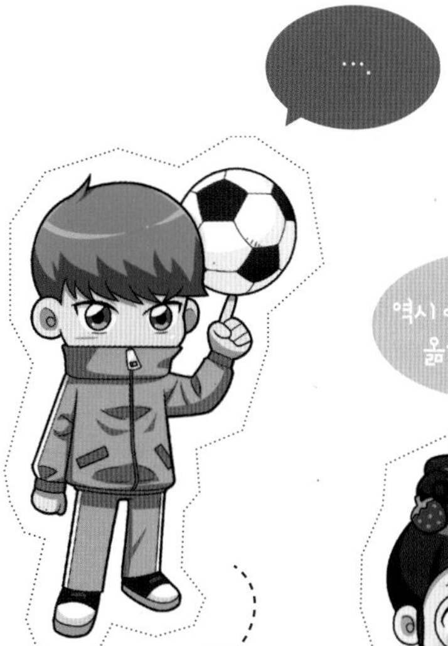
….

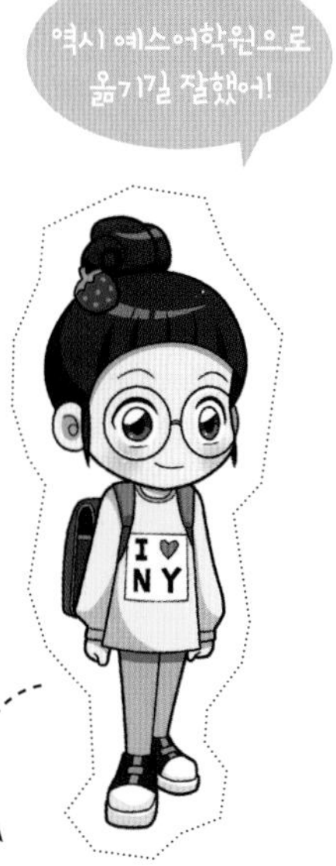
역시 예스어학원으로
옮기길 잘했어!

루시

좋아하는 것 너튜브 방송, 후의 생각 읽기
싫어하는 것 나우
좌우명 일단 찍고 보자!

나우

좋아하는 것 랩, 힙합, 루시 골탕 먹이기
싫어하는 것 영어로 말하기, 혼자 놀기
좌우명 인생은 오로지 힙합!

후

좋아하는 것 축구
싫어하는 것 말하기
좌우명 침묵은 금이다!

리아

좋아하는 것 시원 쌤 응원하기
싫어하는 것 빅캣 타임
좌우명 최선을 다하자!

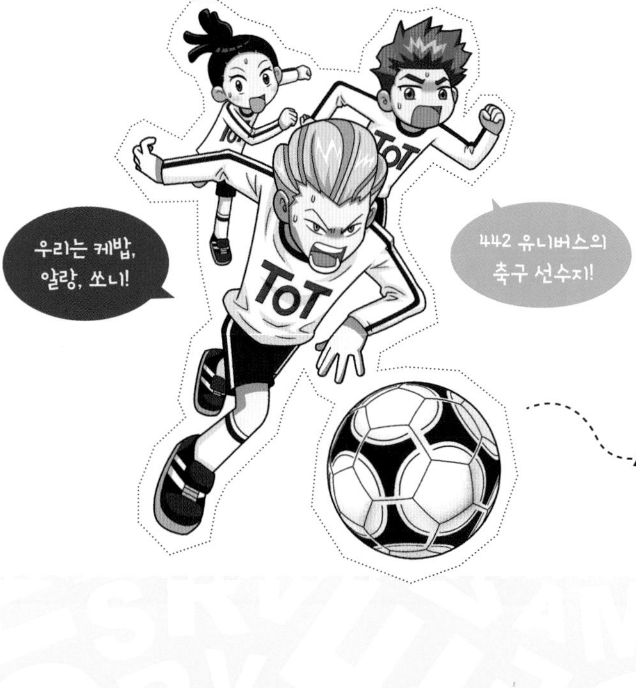
우리는 케밥,
알랑, 쏘니!
442 유니버스의
축구 선수지!

토토놈 팀

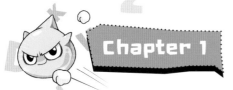

Chapter 1

후의 고백 쪽지

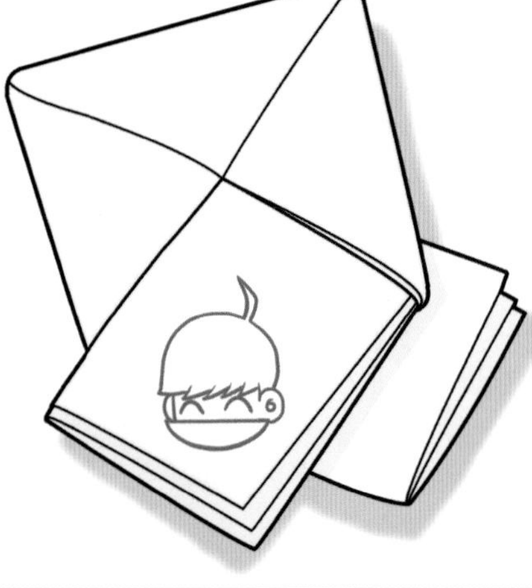

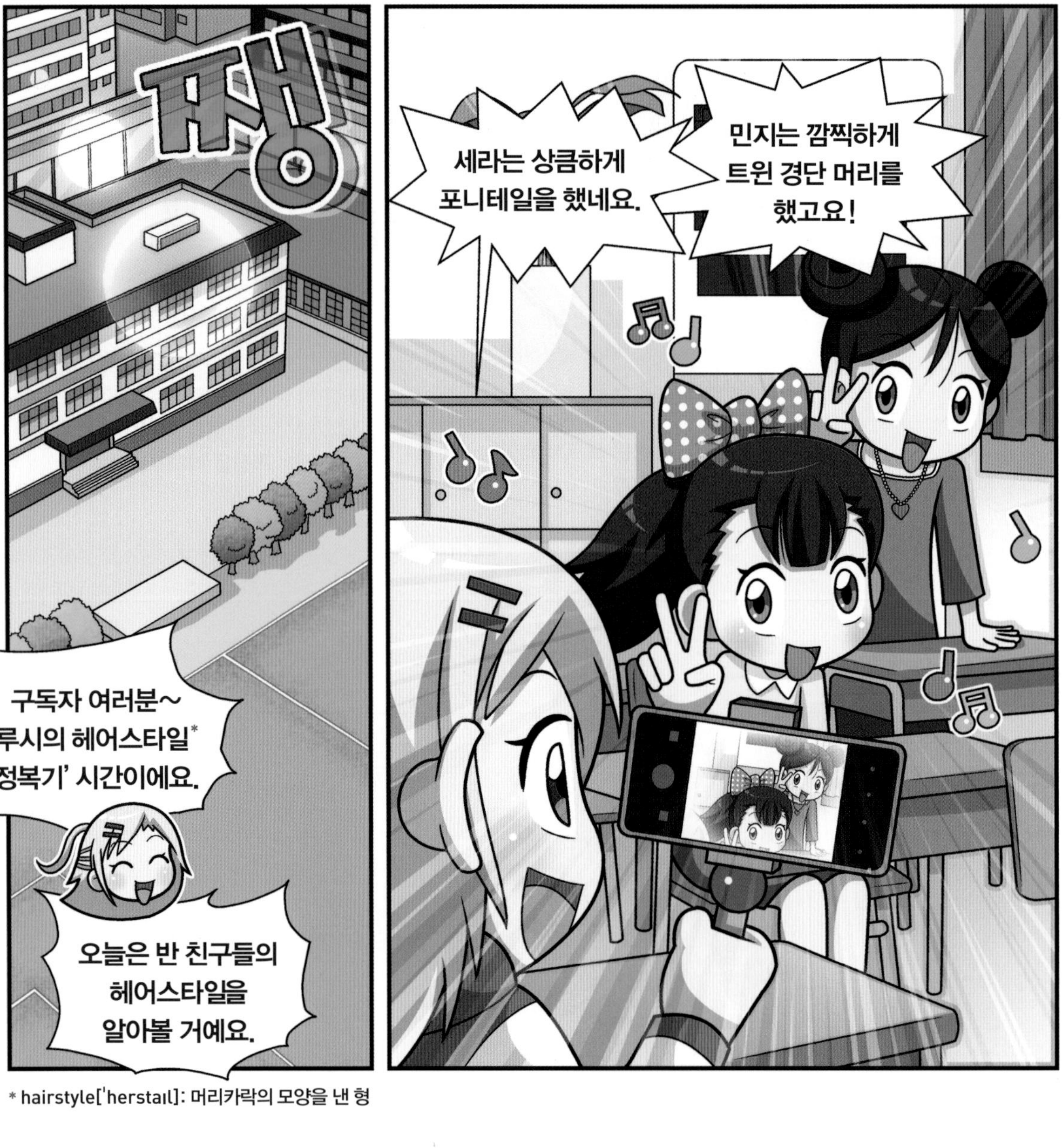

쨍
구독자 여러분~ '루시의 헤어스타일* 정복기' 시간이에요.
오늘은 반 친구들의 헤어스타일을 알아볼 거예요.
세라는 상큼하게 포니테일을 했네요.
민지는 깜찍하게 트윈 경단 머리를 했고요!

* hairstyle[ˈherstaɪl]: 머리카락의 모양을 낸 형

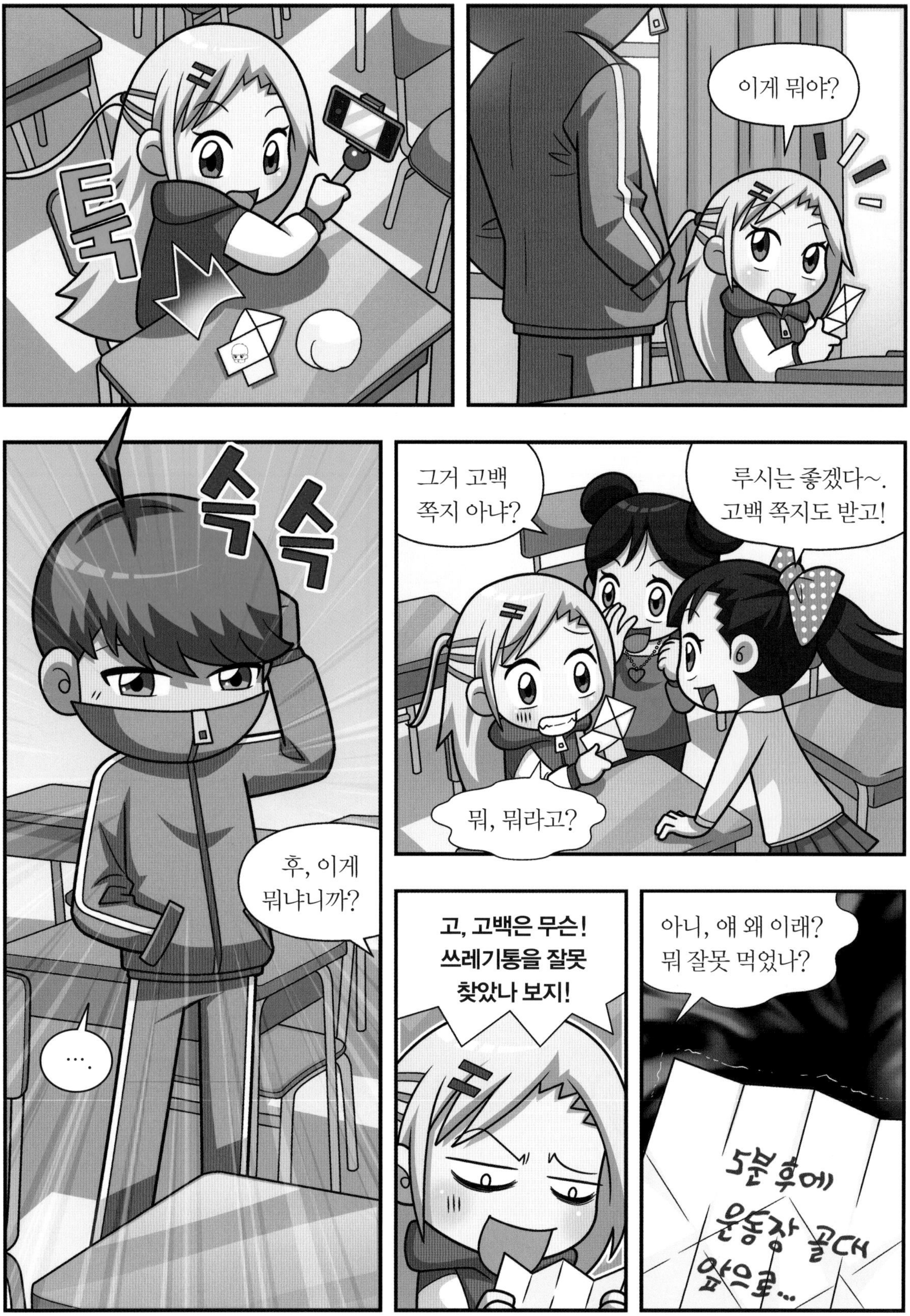
툭
이게 뭐야?
슥 슥
후, 이게 뭐냐니까?
….
그거 고백 쪽지 아냐?
루시는 좋겠다~. 고백 쪽지도 받고!
뭐, 뭐라고?
고, 고백은 무슨! 쓰레기통을 잘못 찾았나 보지!
아니, 얘 왜 이래? 뭐 잘못 먹었나?
5분 후에 운동장 골대 앞으로…

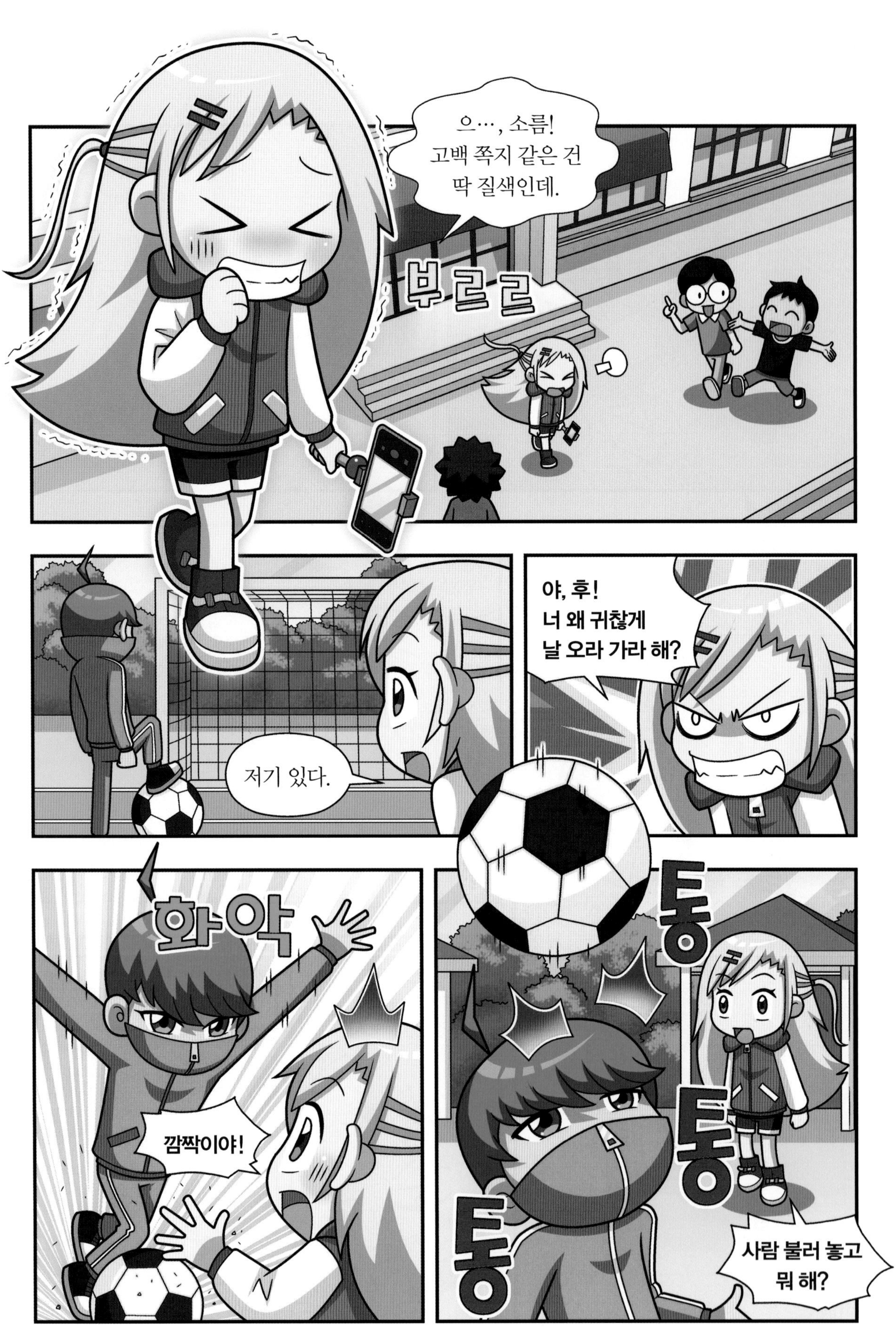

으…, 소름!
고백 쪽지 같은 건
딱 질색인데.
부르르
야, 후!
너 왜 귀찮게
날 오라 가라 해?
저기 있다.
화악
깜짝이야!
통
통
통
사람 불러 놓고
뭐 해?

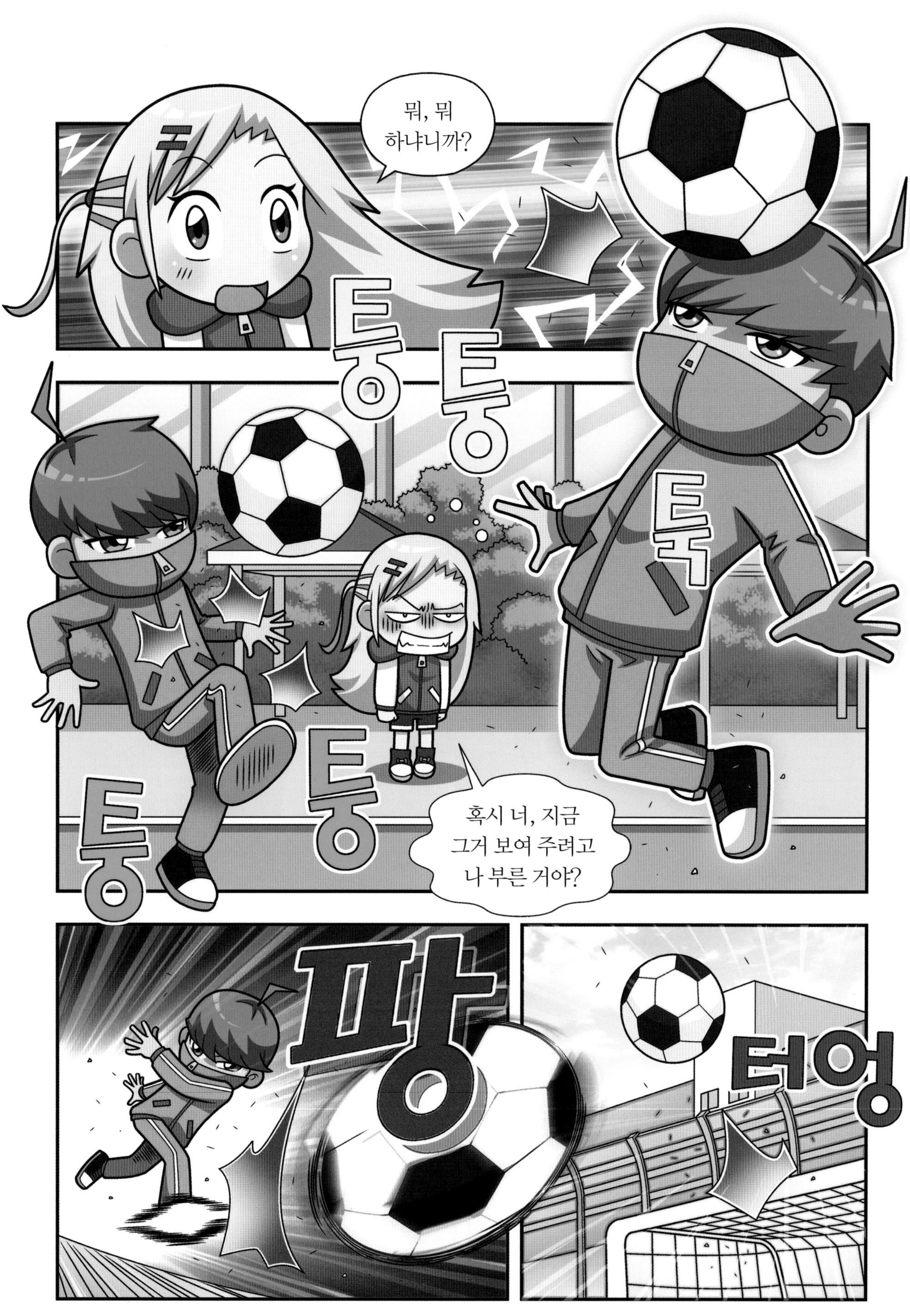
뭐, 뭐
하냐니까?
통
통
톡
통
통
혹시 너, 지금
그거 보여 주려고
나 부른 거야?
팡
터엉

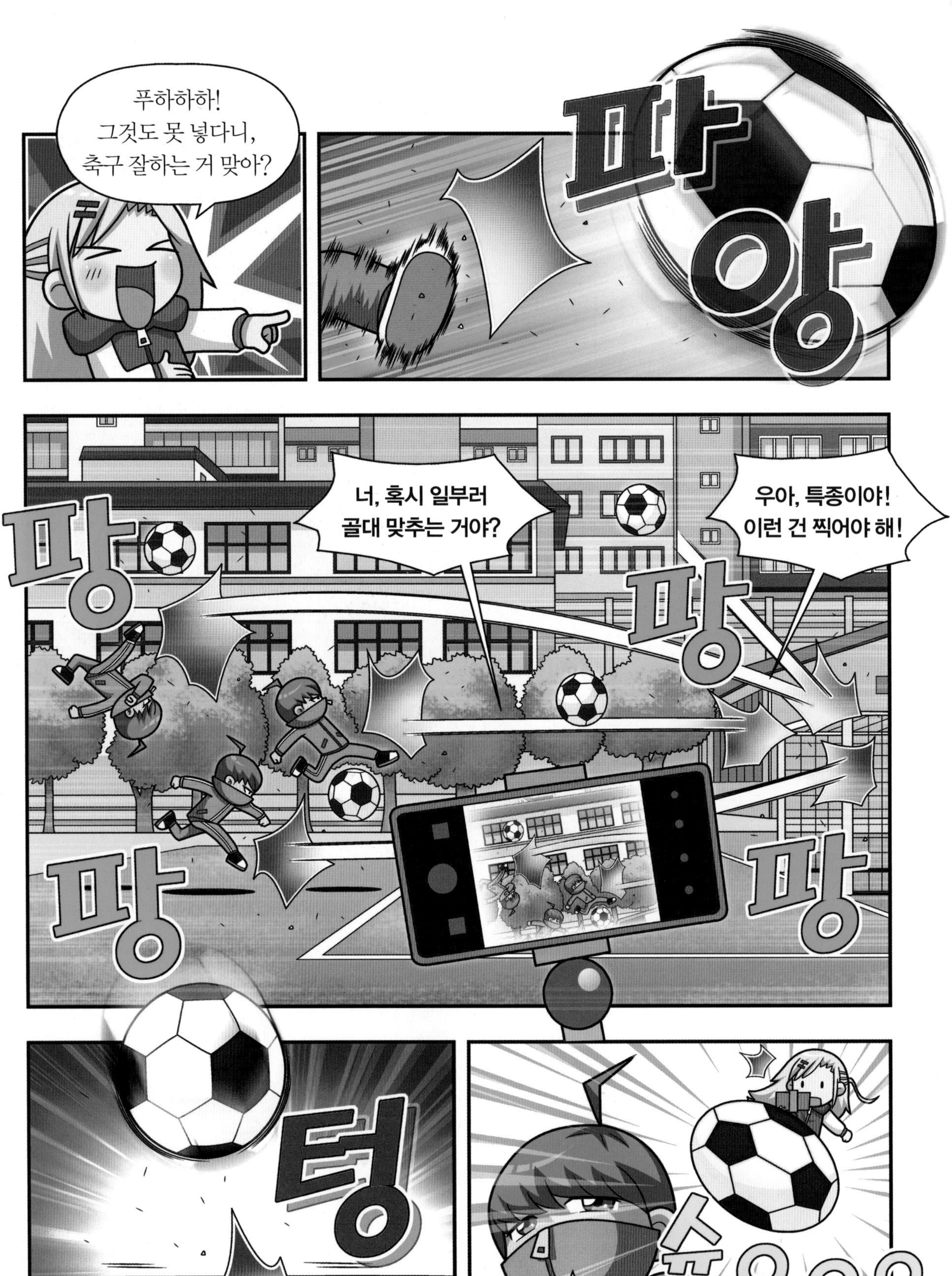
푸하하하!
그것도 못 넣다니,
축구 잘하는 거 맞아?
파양
팡
너, 혹시 일부러
골대 맞추는 거야?
팡
우아, 특종이야!
이런 건 찍어야 해!
팡
팡
텅
!
슈우우우

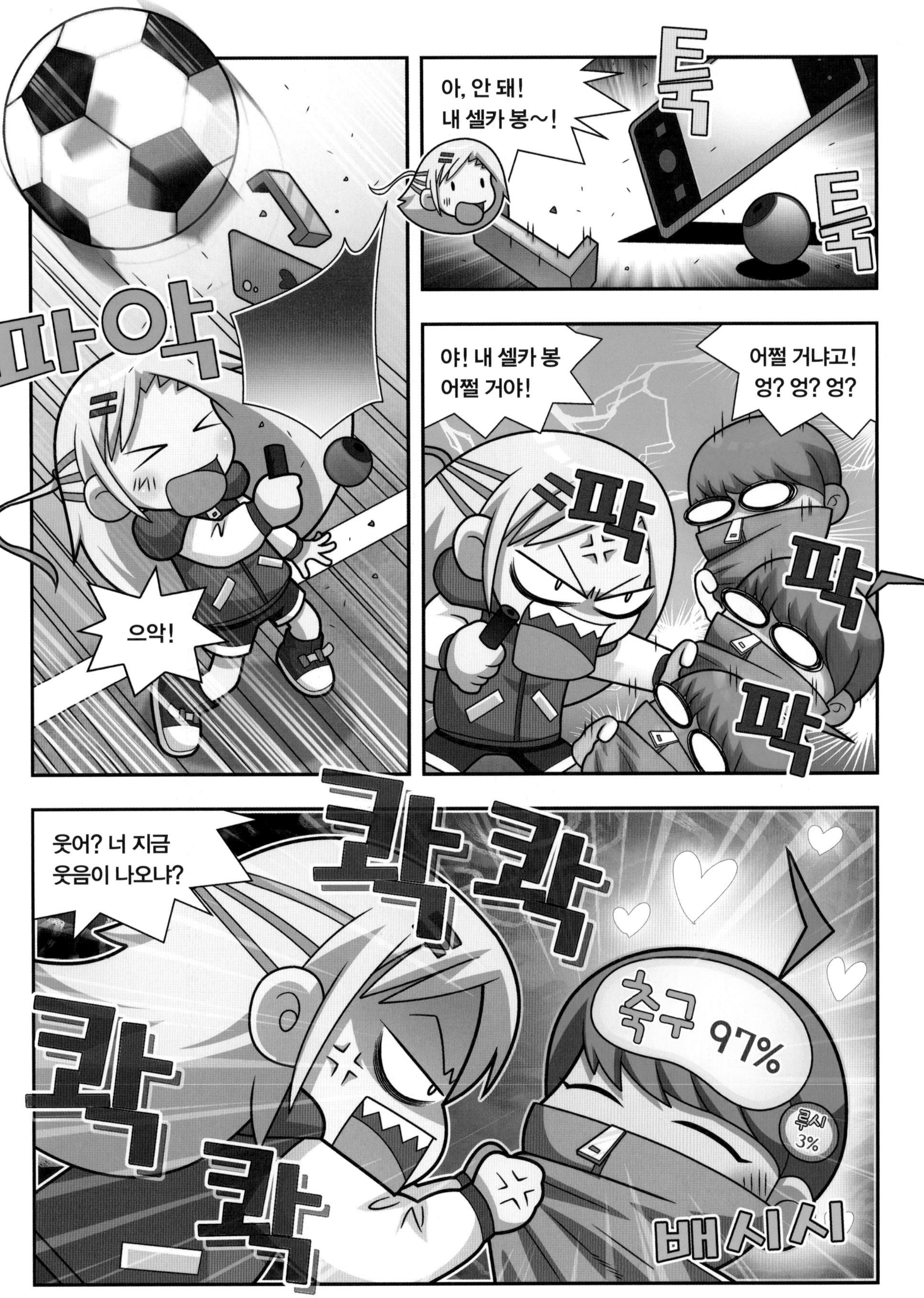
파아악
으악!
아, 안 돼!
내 셀카 봉~!
툭
툭
야! 내 셀카 봉
어쩔 거야!
어쩔 거냐고!
엉? 엉? 엉?
팍
팍
팍
웃어? 너 지금
웃음이 나오냐?
콱
콱
콱
콱
축구 97%
루시 3%
배시시

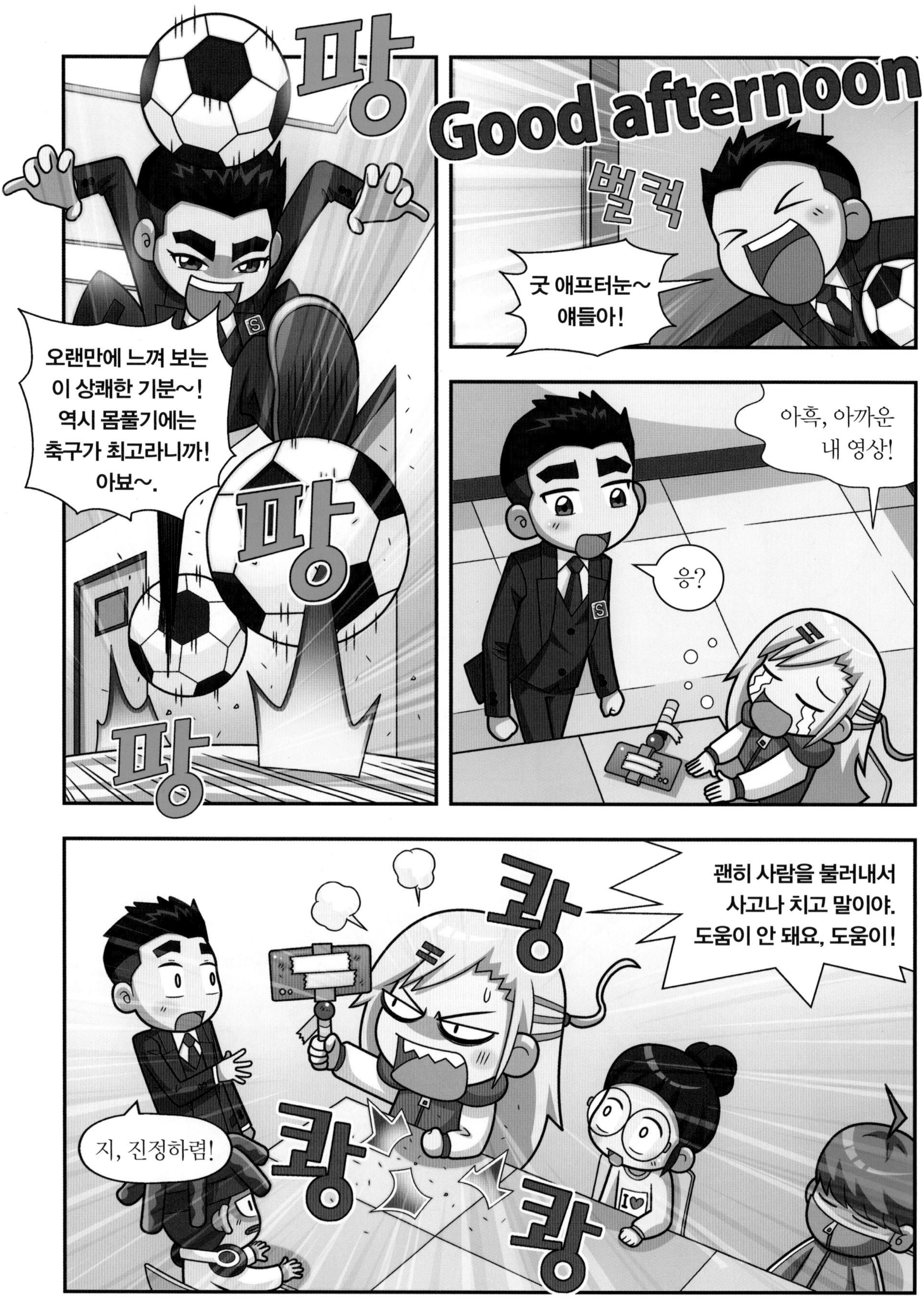

팡
오랜만에 느껴 보는 이 상쾌한 기분~! 역시 몸풀기에는 축구가 최고라니까! 아뵤~.
팡
팡
Good afternoon
벌컥
굿 애프터눈~ 얘들아!
아흑, 아까운 내 영상!
응?
쾅
괜히 사람을 불러내서 사고나 치고 말이야. 도움이 안 돼요, 도움이!
쾅
쾅
지, 진정하렴!

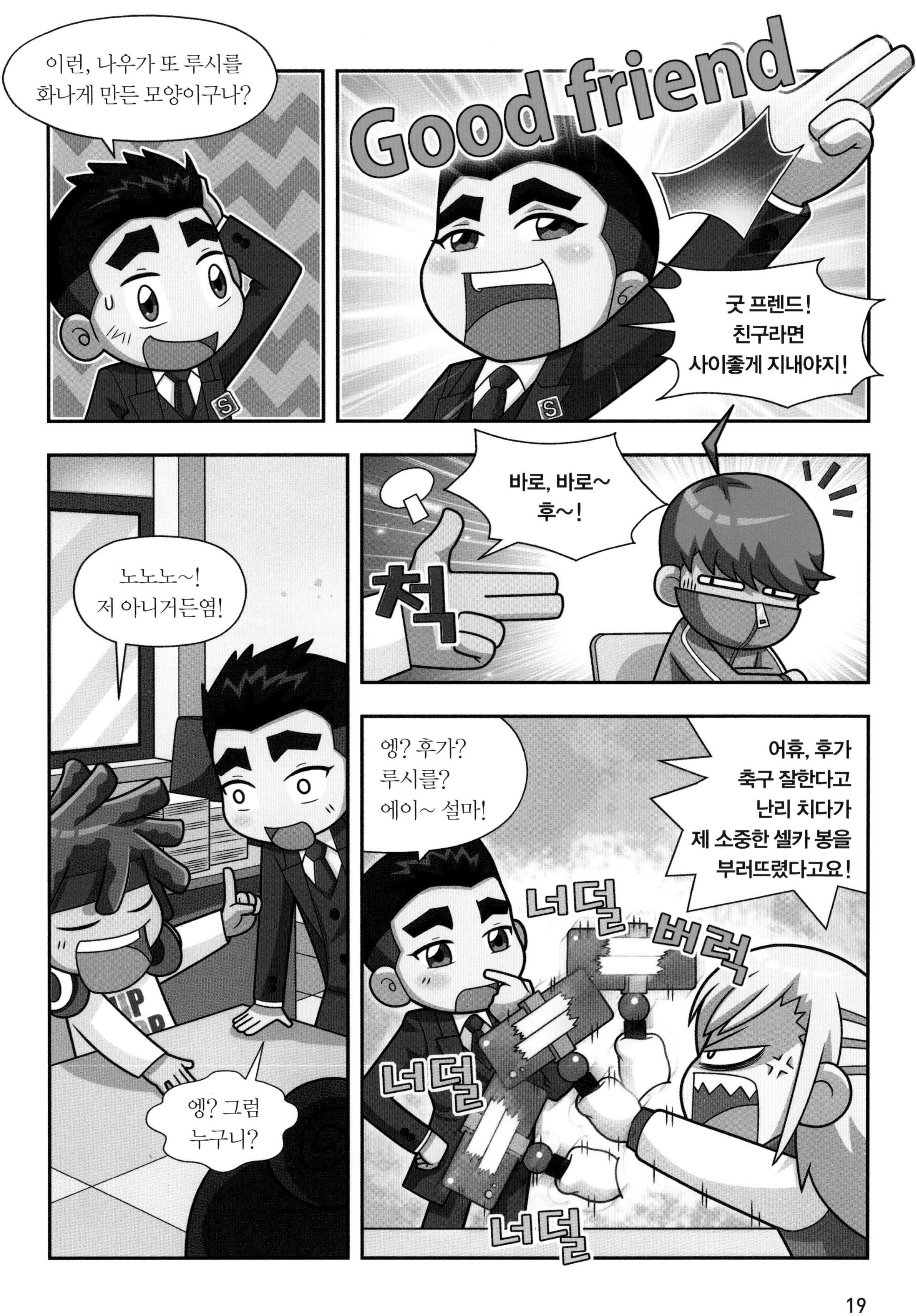
이런, 나우가 또 루시를
화나게 만든 모양이구나?
Good friend
굿 프렌드!
친구라면
사이좋게 지내야지!
바로, 바로~
후~!
척
노노노~!
저 아니거든염!
엥? 그럼
누구니?
엥? 후가?
루시를?
에이~ 설마!
어휴, 후가
축구 잘한다고
난리 치다가
제 소중한 셀카 봉을
부러뜨렸다고요!
너덜
버럭
너덜
너덜

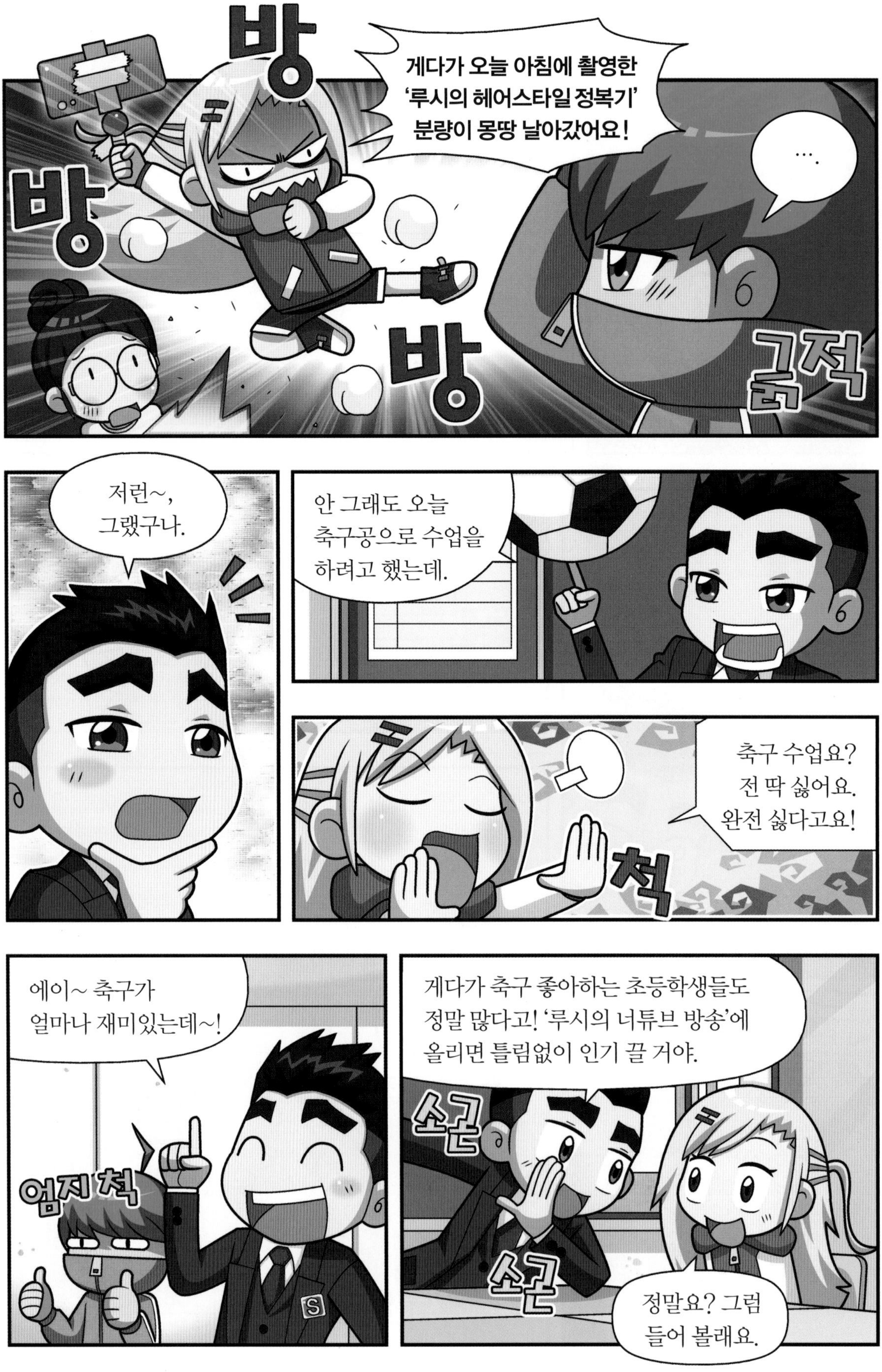

방
방
게다가 오늘 아침에 촬영한
'루시의 헤어스타일 정복기'
분량이 몽땅 날아갔어요!
방
…….
긁적
저런~,
그랬구나.
안 그래도 오늘
축구공으로 수업을
하려고 했는데.
축구 수업요?
전 딱 싫어요.
완전 싫다고요!
척
에이~ 축구가
얼마나 재미있는데~!
엄지 척
게다가 축구 좋아하는 초등학생들도
정말 많다고! '루시의 너튜브 방송'에
올리면 틀림없이 인기 끌 거야.
소곤
소곤
정말요? 그럼
들어 볼래요.

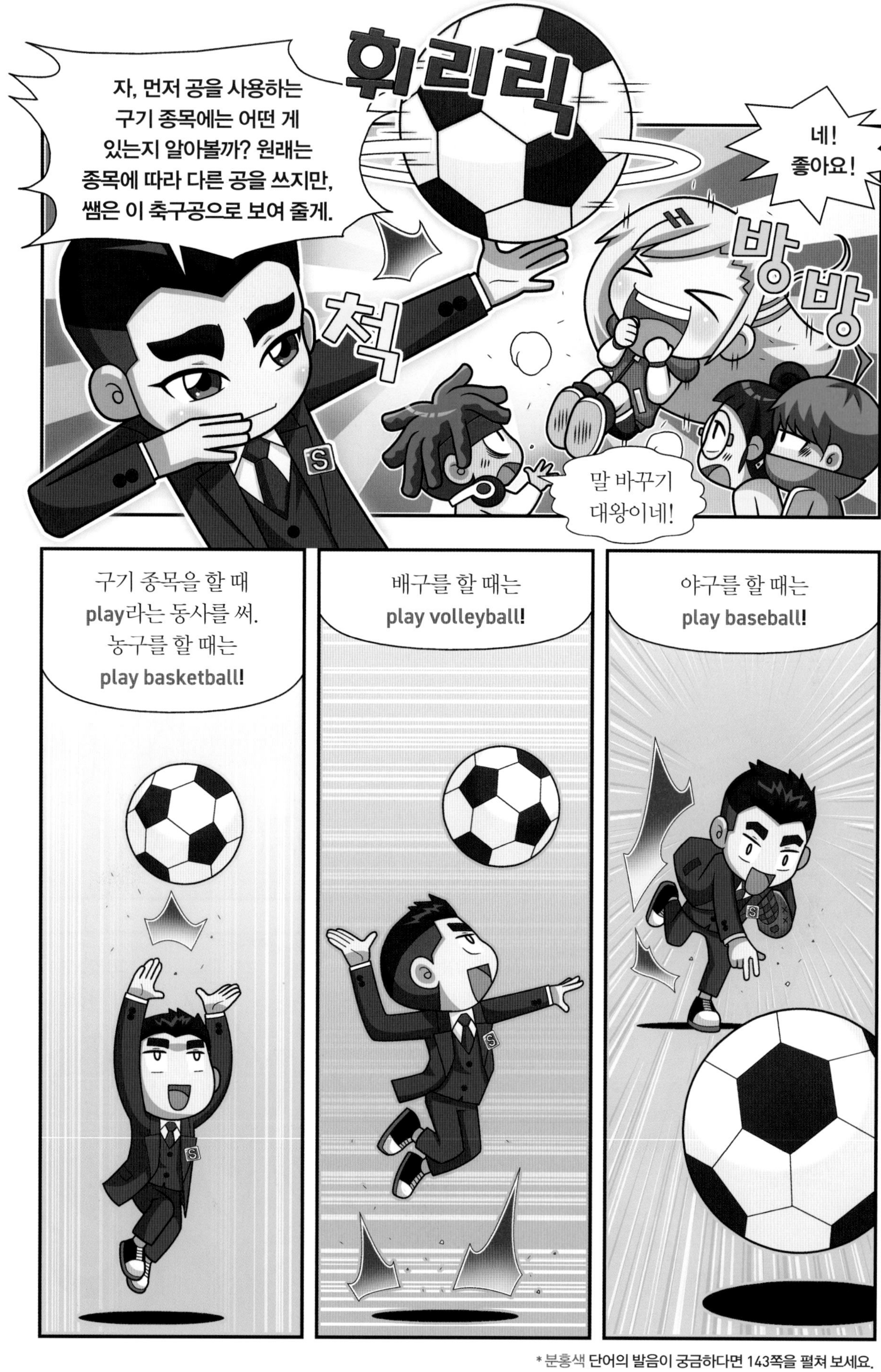
자, 먼저 공을 사용하는 구기 종목에는 어떤 게 있는지 알아볼까? 원래는 종목에 따라 다른 공을 쓰지만, 쌤은 이 축구공으로 보여 줄게.
휘리릭
네! 좋아요!
척
방방
말 바꾸기 대왕이네!
구기 종목을 할 때 play라는 동사를 써. 농구를 할 때는 play basketball!
배구를 할 때는 play volleyball!
야구를 할 때는 play baseball!

* 분홍색 단어의 발음이 궁금하다면 143쪽을 펼쳐 보세요.

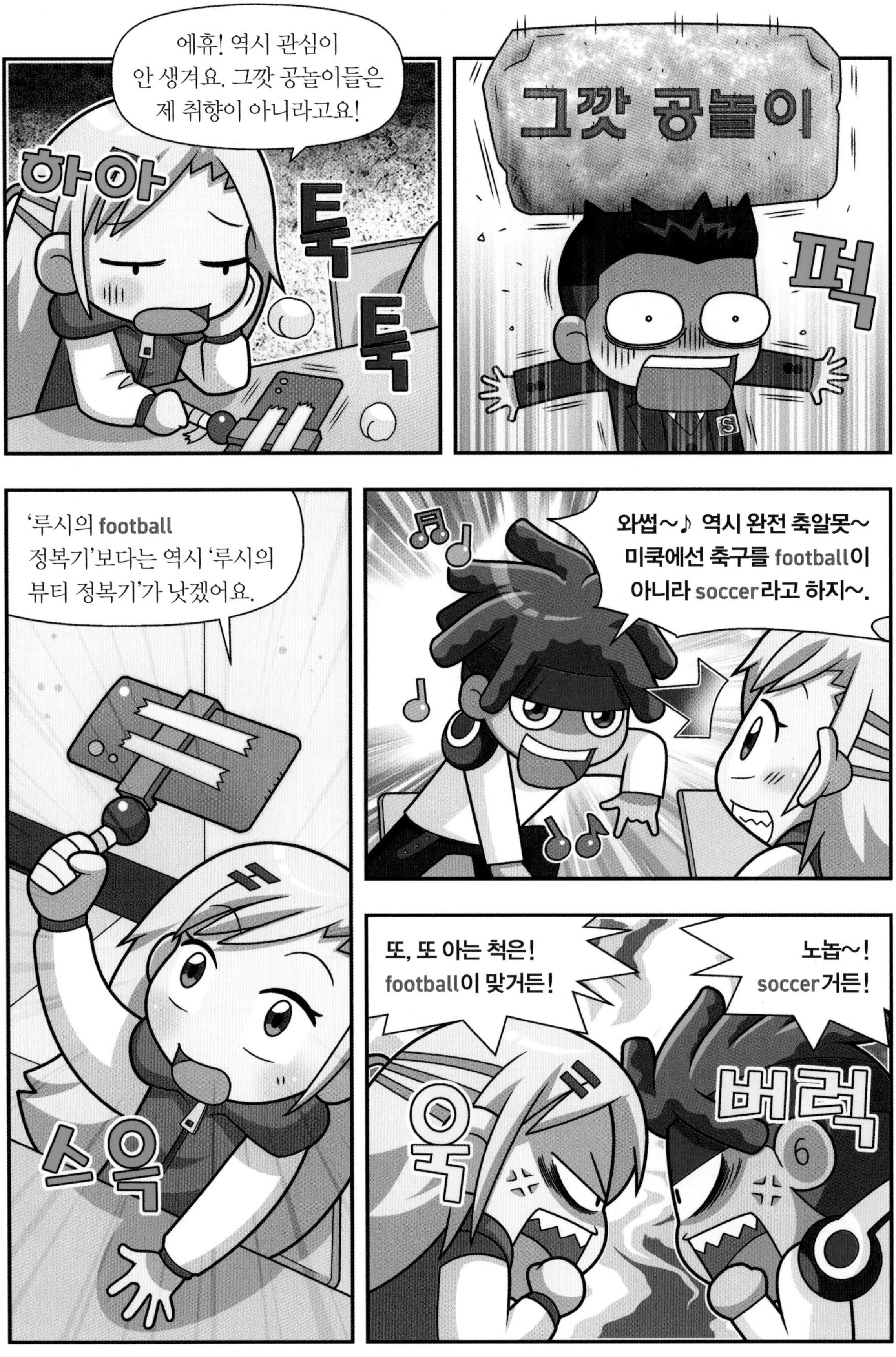
에휴! 역시 관심이 안 생겨요. 그깟 공놀이들은 제 취향이 아니라고요!
하아
툭
툭
그깟 공놀이
퍽
'루시의 football 정복기'보다는 역시 '루시의 뷰티 정복기'가 낫겠어요.
스윽
와썹~♪ 역시 완전 축알못~ 미쿡에선 축구를 football이 아니라 soccer라고 하지~.
또, 또 아는 척은! football이 맞거든!
노놉~! soccer거든!
욱
버럭

* 분홍색 단어의 발음이 궁금하다면 143쪽을 펼쳐 보세요.

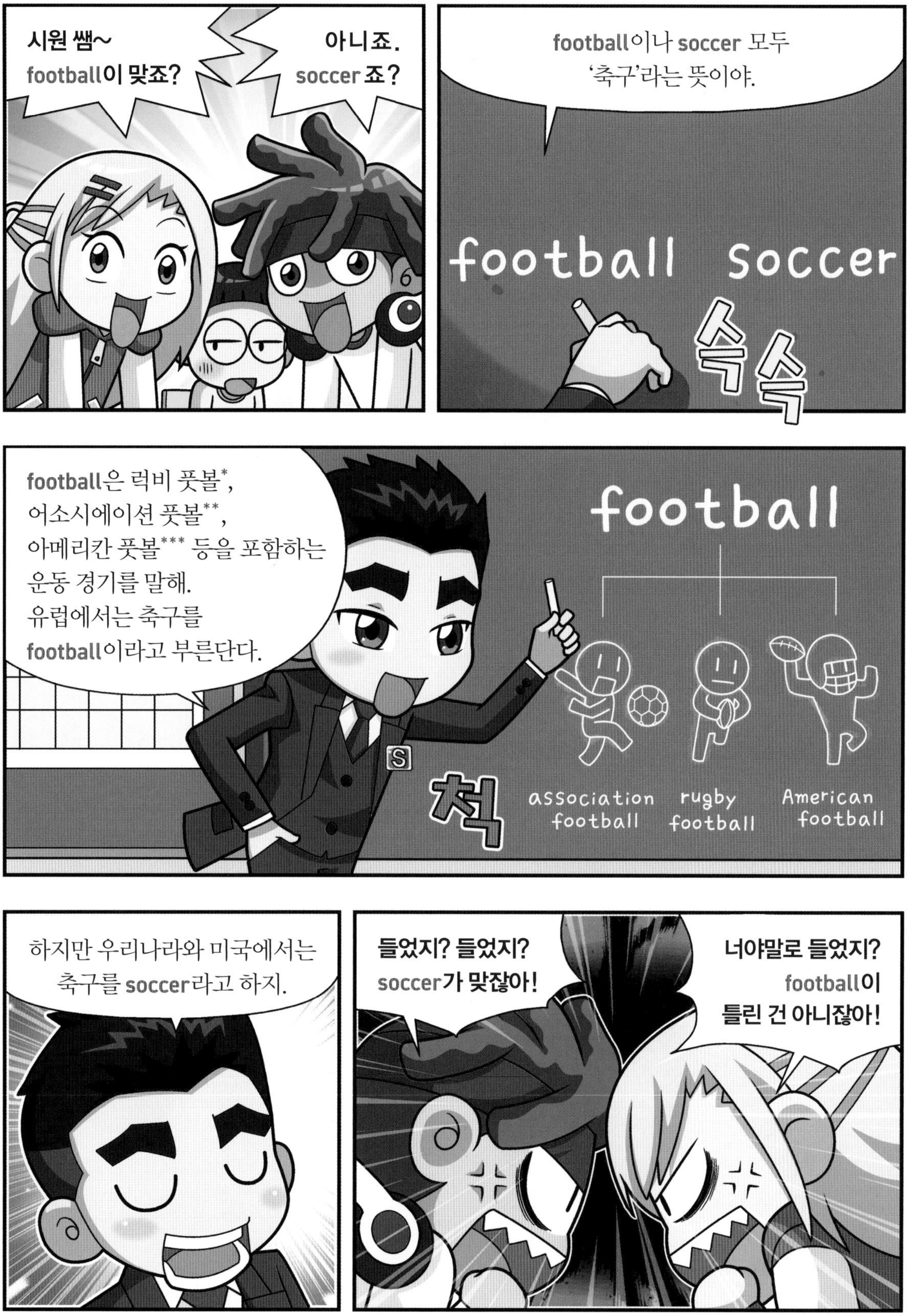

시원 쌤~ football이 맞죠?
아니죠. soccer 죠?
football이나 soccer 모두 '축구'라는 뜻이야.
football soccer
슥슥
football은 럭비 풋볼*, 어소시에이션 풋볼**, 아메리칸 풋볼*** 등을 포함하는 운동 경기를 말해. 유럽에서는 축구를 football이라고 부른단다.
football
association football
rugby football
American football
척
하지만 우리나라와 미국에서는 축구를 soccer라고 하지.
들었지? 들었지? soccer가 맞잖아!
너야말로 들었지? football이 틀린 건 아니잖아!

* rugby football[ˈrʌgbi ˈfʊtbɔːl]: 럭비 ** association football[əˌsoʊʃiˈeɪʃn ˈfʊtbɔːl]: 축구

*** American football[əˈmerɪkən ˈfʊtbɔːl]: 미식축구

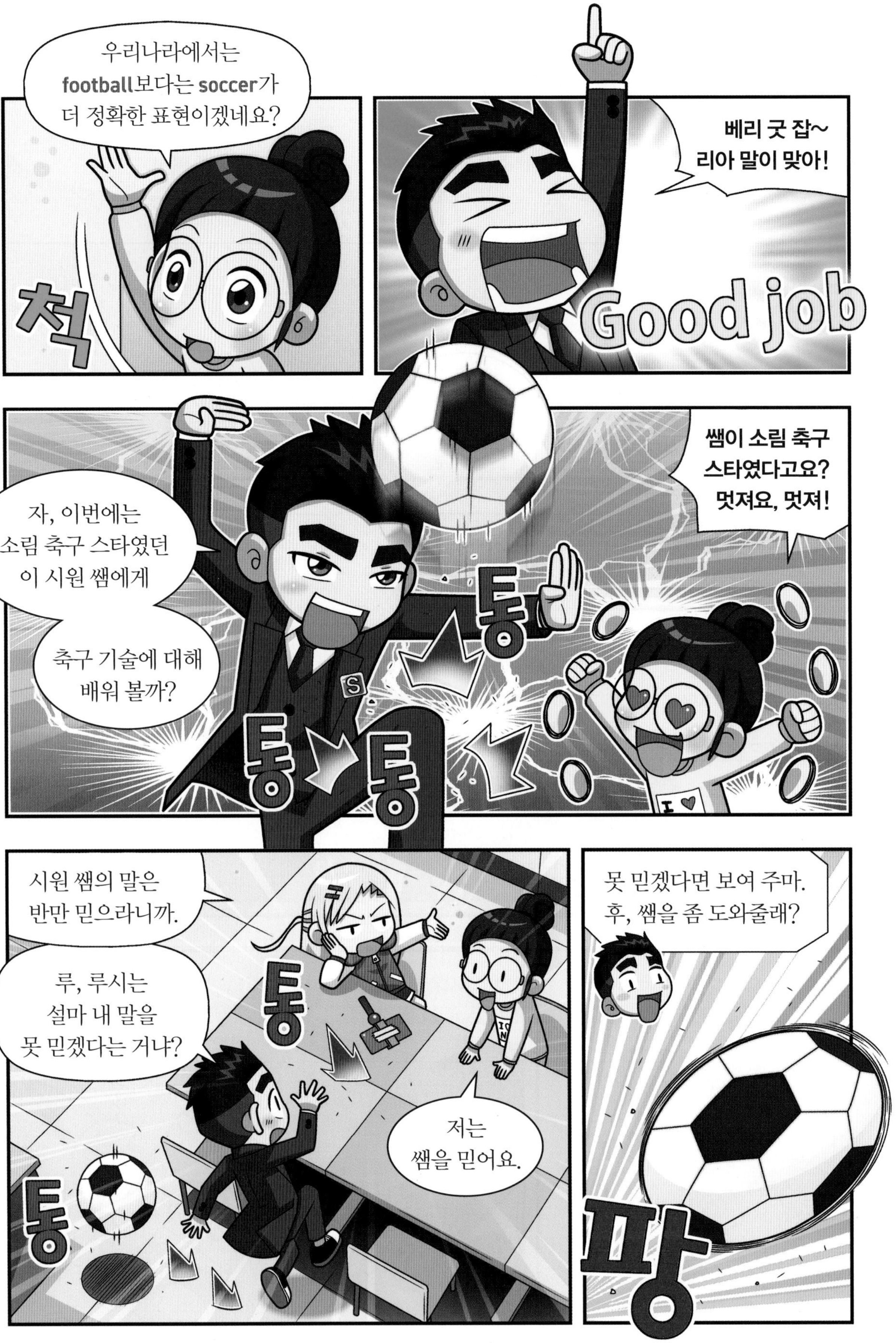

우리나라에서는 football보다는 soccer가 더 정확한 표현이겠네요?
척
베리 굿 잡~ 리아 말이 맞아!
Good job
자, 이번에는 소림 축구 스타였던 이 시원 쌤에게
축구 기술에 대해 배워 볼까?
쌤이 소림 축구 스타였다고요? 멋져요, 멋져!
통
통
통
시원 쌤의 말은 반만 믿으라니까.
루, 루시는 설마 내 말을 못 믿겠다는 거냐?
통
저는 쌤을 믿어요.
통
못 믿겠다면 보여 주마. 후, 쌤을 좀 도와줄래?
팡

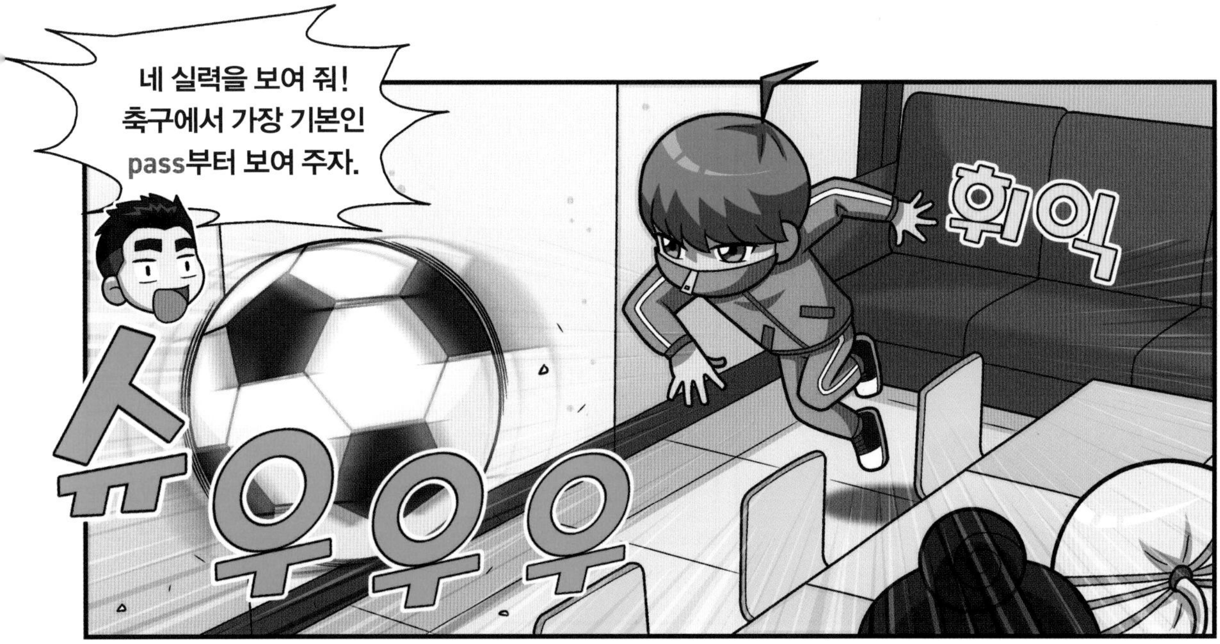
네 실력을 보여 줘! 축구에서 가장 기본인 pass부터 보여 주자.
휘익
슈우우우

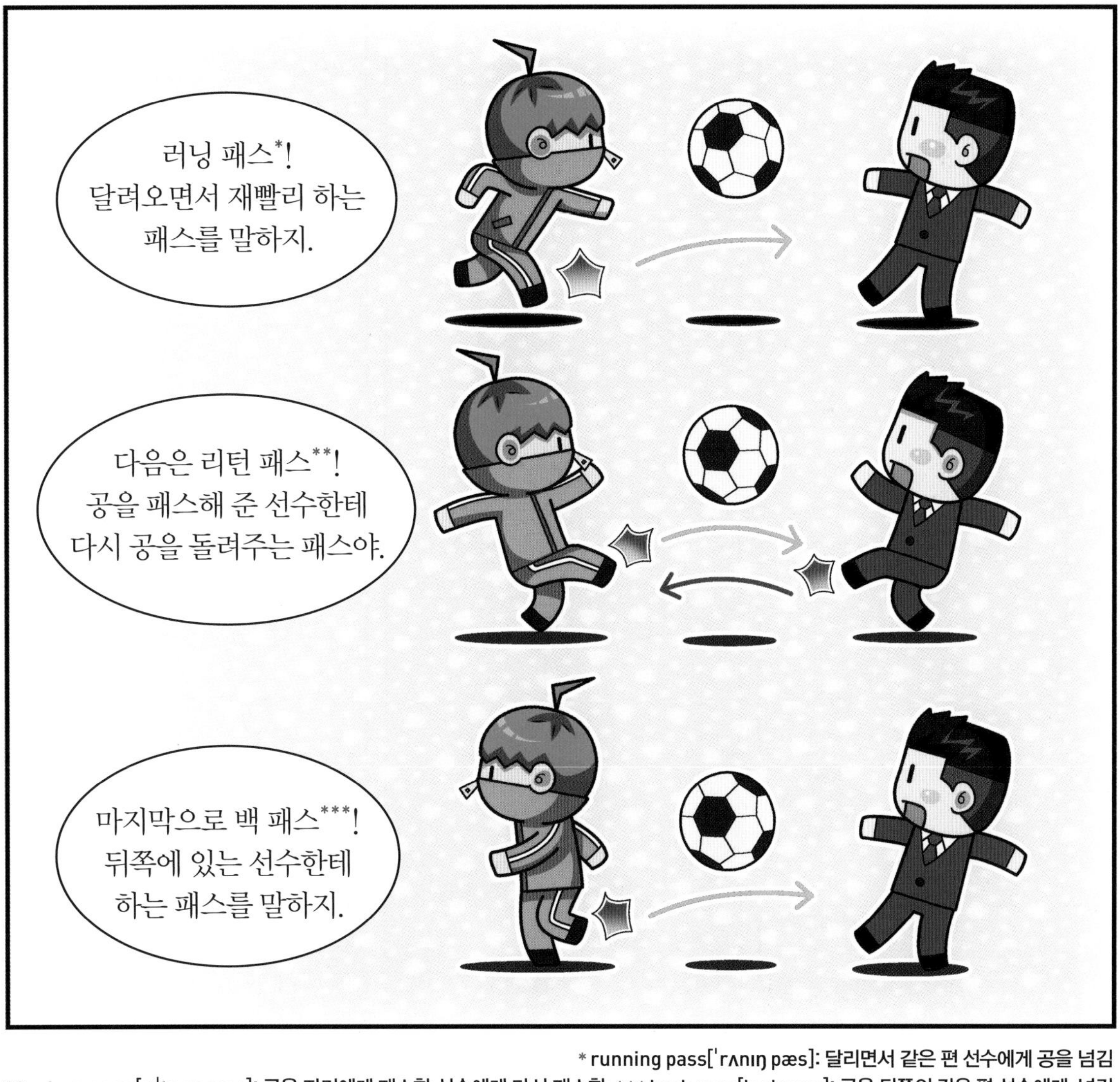
러닝 패스*! 달려오면서 재빨리 하는 패스를 말하지.
다음은 리턴 패스**! 공을 패스해 준 선수한테 다시 공을 돌려주는 패스야.
마지막으로 백 패스***! 뒤쪽에 있는 선수한테 하는 패스를 말하지.

* running pass[ˈrʌnɪŋ pæs]: 달리면서 같은 편 선수에게 공을 넘김

** return pass [rɪˈtɜːrn pæs]: 공을 자기에게 패스한 선수에게 다시 패스함 *** back pass[bæk pæs]: 공을 뒤쪽의 같은 편 선수에게 넘김

* 분홍색 단어의 발음이 궁금하다면 143쪽을 펼쳐 보세요.

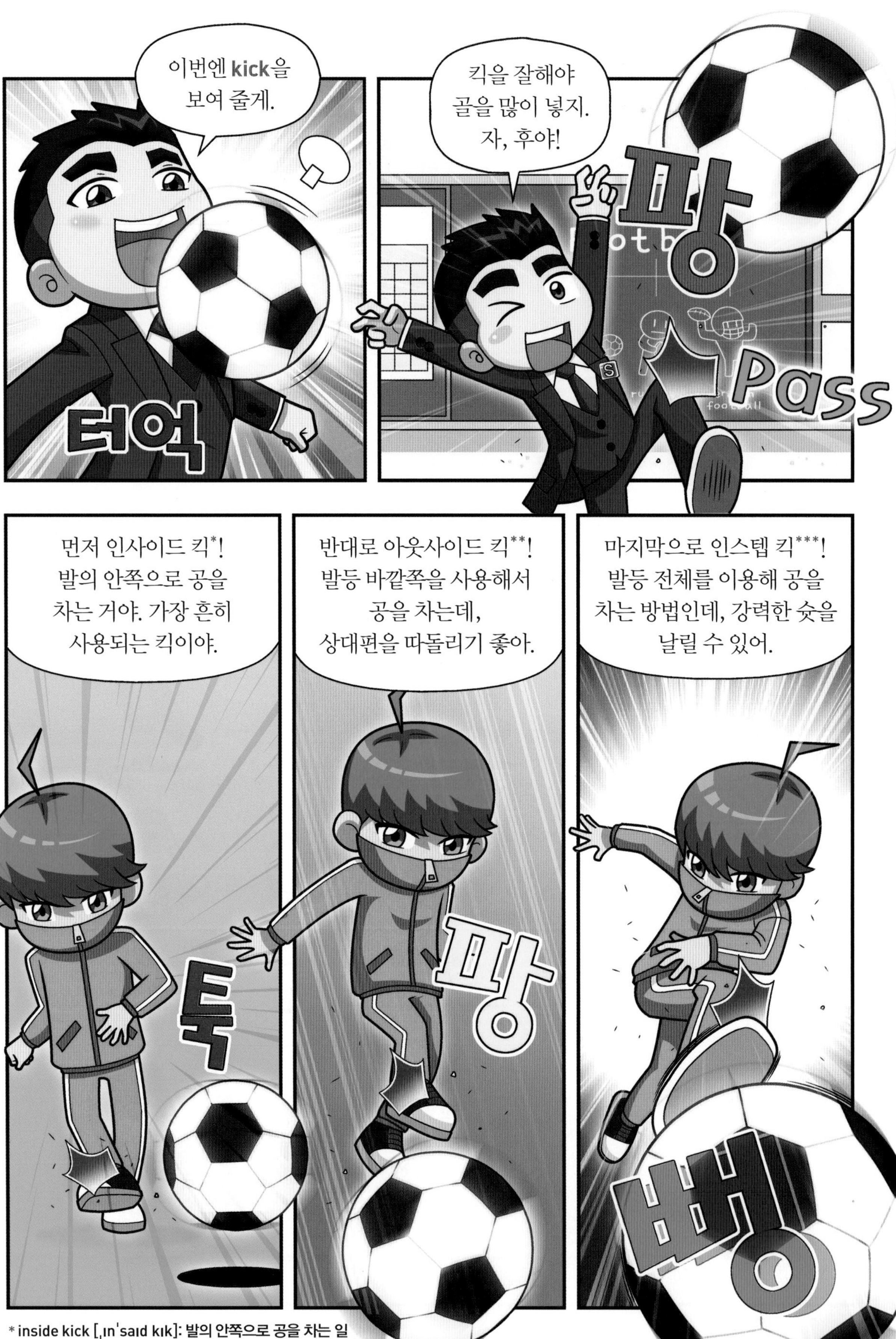
이번엔 kick을 보여 줄게.
터억
킥을 잘해야 골을 많이 넣지. 자, 후야!
팡
Pass
먼저 인사이드 킥*! 발의 안쪽으로 공을 차는 거야. 가장 흔히 사용되는 킥이야.
툭
반대로 아웃사이드 킥**! 발등 바깥쪽을 사용해서 공을 차는데, 상대편을 따돌리기 좋아.
팡
마지막으로 인스텝 킥***! 발등 전체를 이용해 공을 차는 방법인데, 강력한 슛을 날릴 수 있어.
뻥

* inside kick [ˌɪnˈsaɪd kɪk]: 발의 안쪽으로 공을 차는 일
** outside kick [aʊtˈsaɪd kɪk]: 발등의 바깥쪽으로 공을 차는 일
*** instep kick[ˈɪnstep kɪk]: 발등으로 공을 차는 일 * 분홍색 단어의 발음이 궁금하다면 143쪽을 펼쳐 보세요.

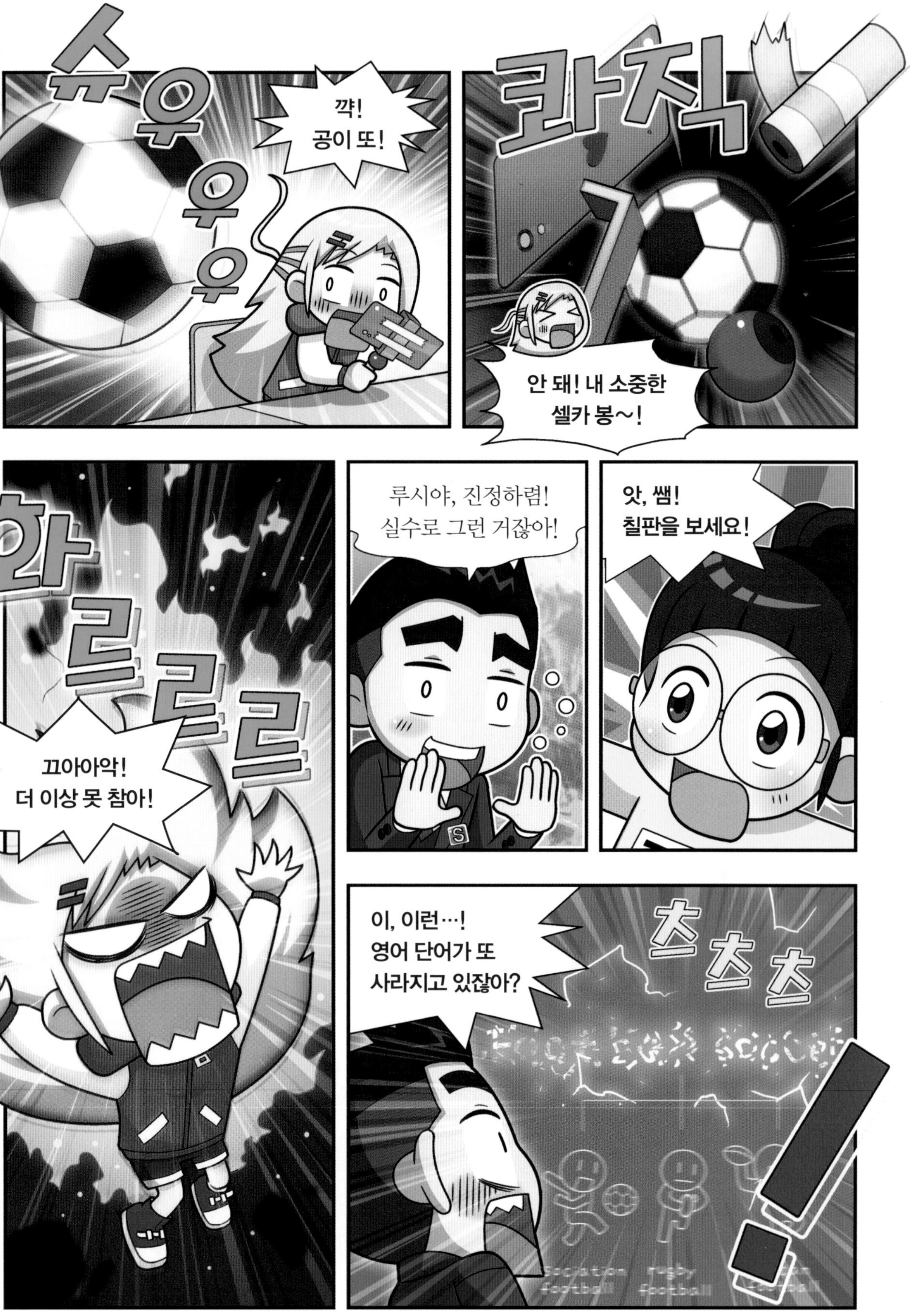
슈우우우
꺅! 공이 또!
콰직
안 돼! 내 소중한 셀카 봉~!
화르르르
끄아아악! 더 이상 못 참아!
루시야, 진정하렴! 실수로 그런 거잖아!
앗, 쌤! 칠판을 보세요!
이, 이런…! 영어 단어가 또 사라지고 있잖아?
ㅊㅊㅊ

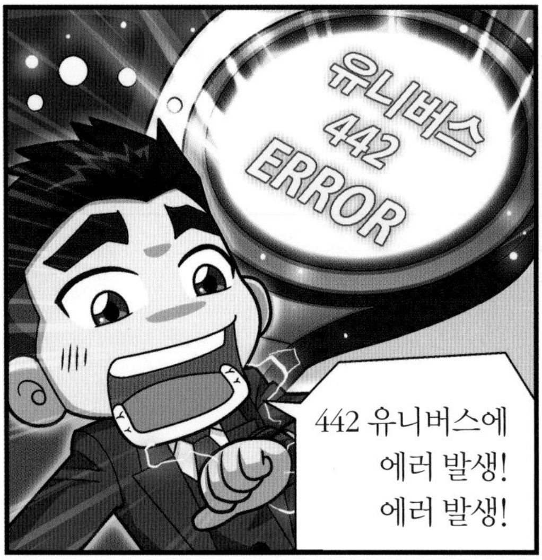
유니버스
442
ERROR
442 유니버스에
에러 발생!
에러 발생!

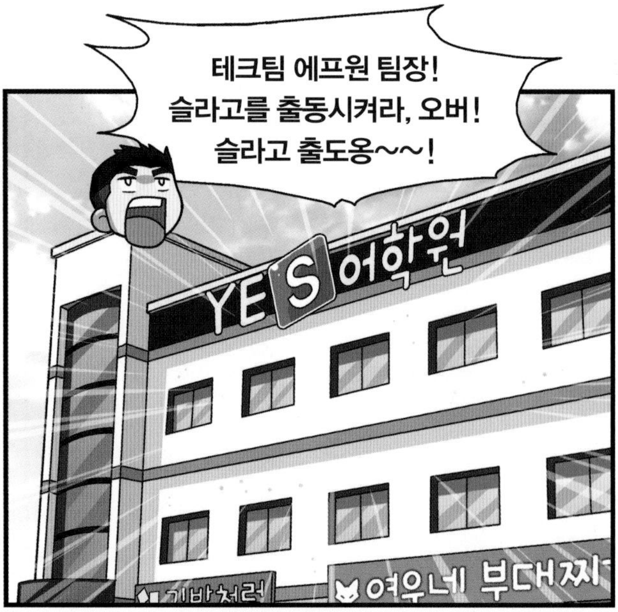
테크팀 에프원 팀장!
슬라고를 출동시켜라, 오버!
슬라고 출도옹~~!
YES 어학원

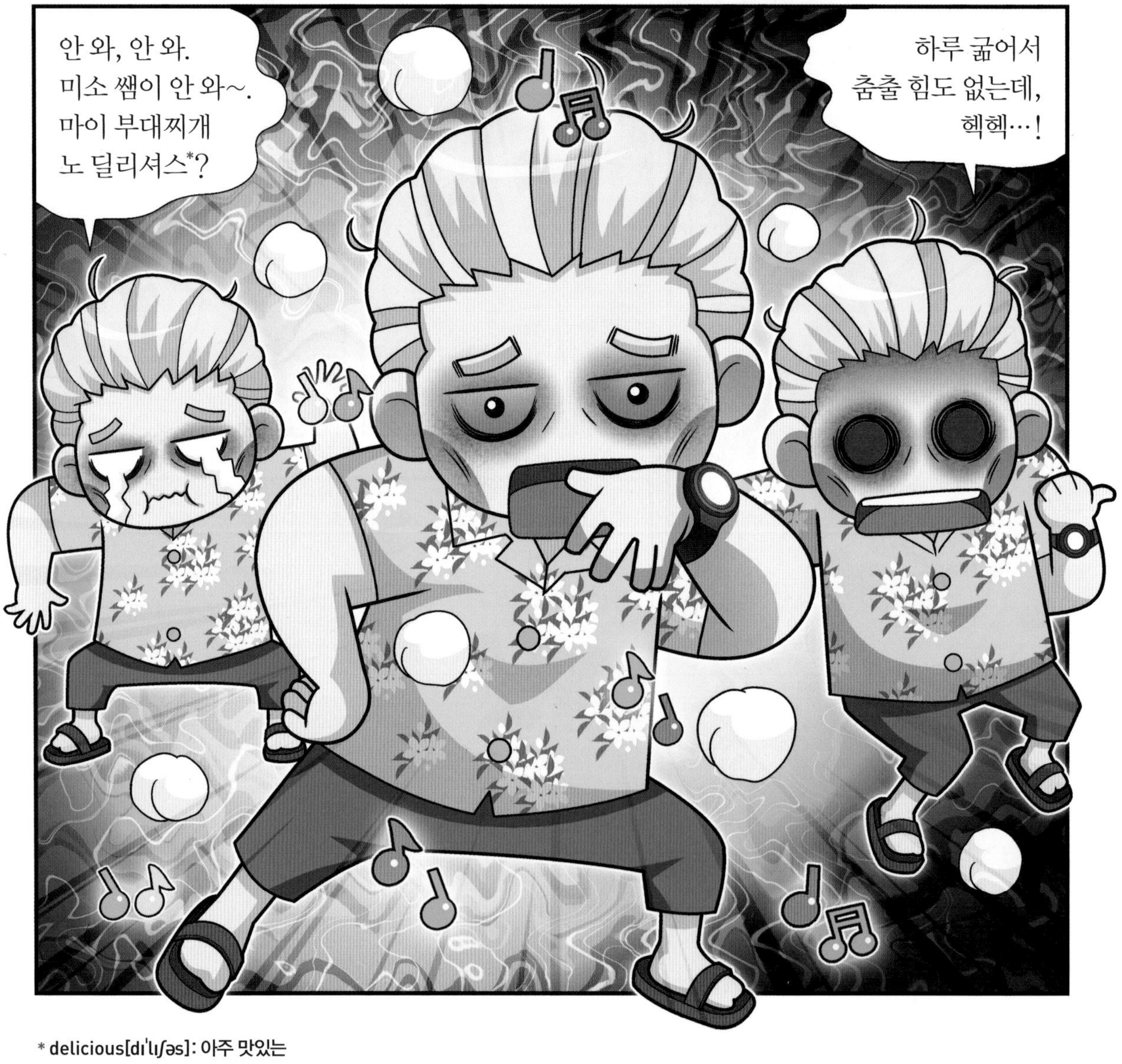
안 와, 안 와.
미소 쌤이 안 와~.
마이 부대찌개
노 딜리셔스*?
하루 굶어서
춤출 힘도 없는데,
헥헥…!

* delicious[dɪˈlɪʃəs]: 아주 맛있는

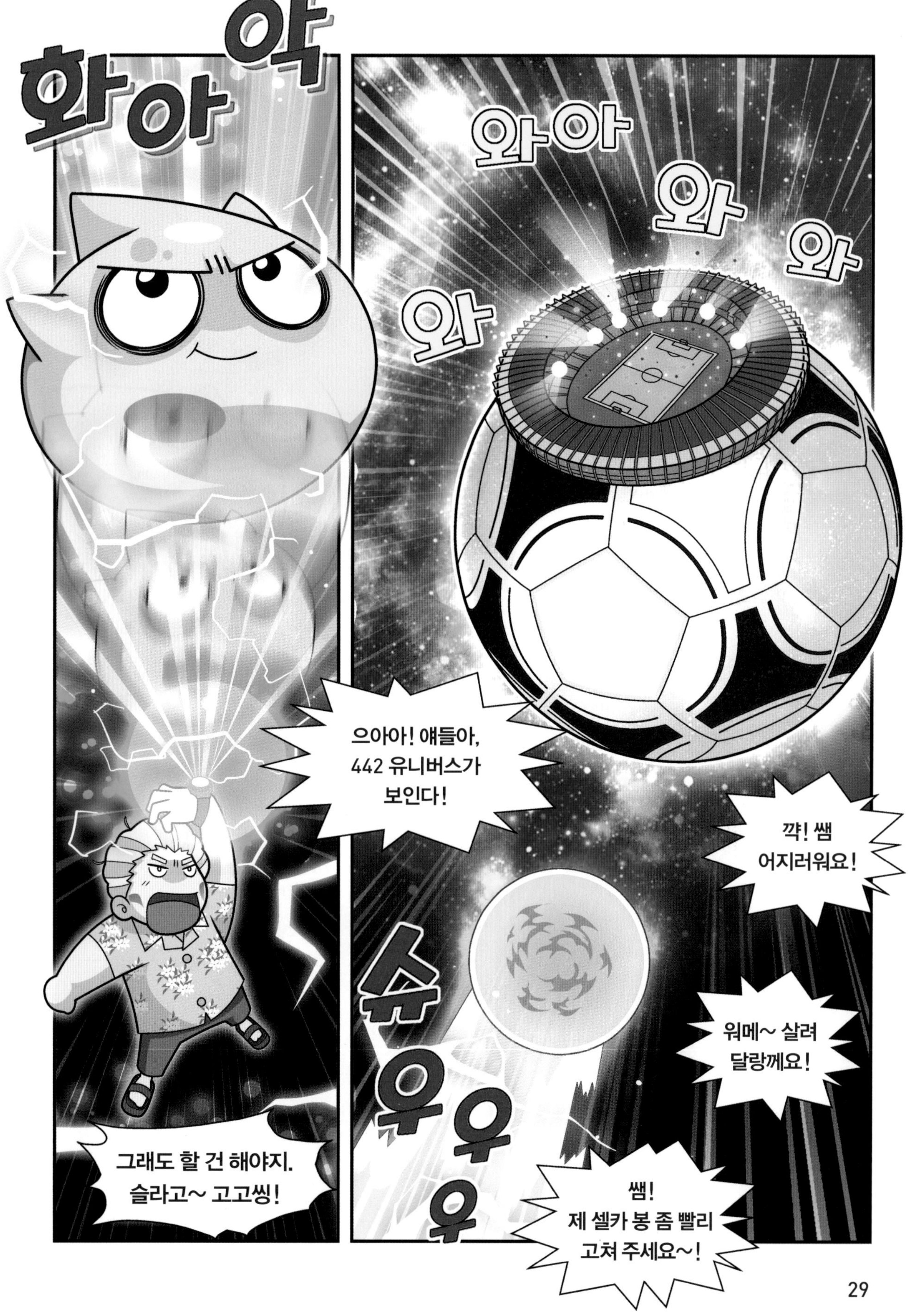
화아악
으아아! 얘들아, 442 유니버스가 보인다!
그래도 할 건 해야지. 슬라고~ 고고씽!
와아아
와
와
와
꺅! 쌤 어지러워요!
슈우우우
워메~ 살려 달랑께요!
쌤! 제 셀카 봉 좀 빨리 고쳐 주세요~!

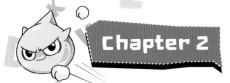

Chapter 2

거대한 축구장 유니버스

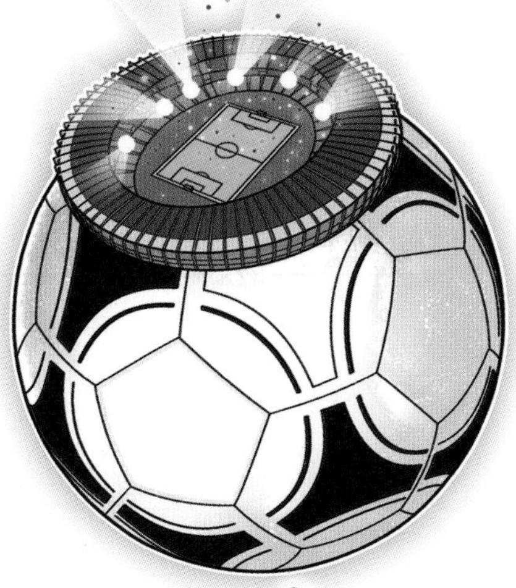

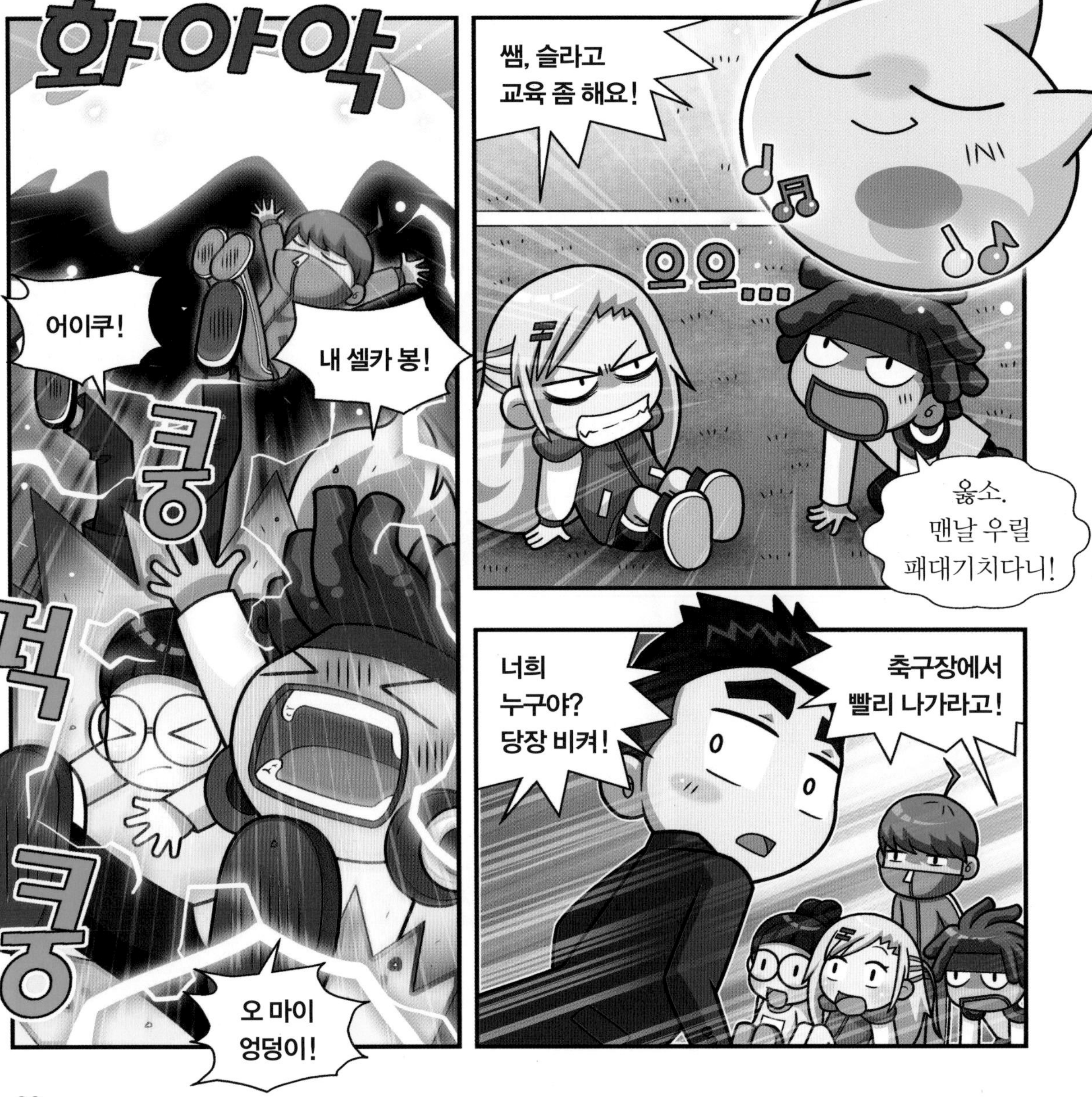

화아악
어이쿠!
내 셀카 봉!
쿵
떡
쿵
오 마이 엉덩이!
쌤, 슬라고 교육 좀 해요!
으으...
옳소. 맨날 우릴 패대기치다니!
너희 누구야? 당장 비켜!
축구장에서 빨리 나가라고!

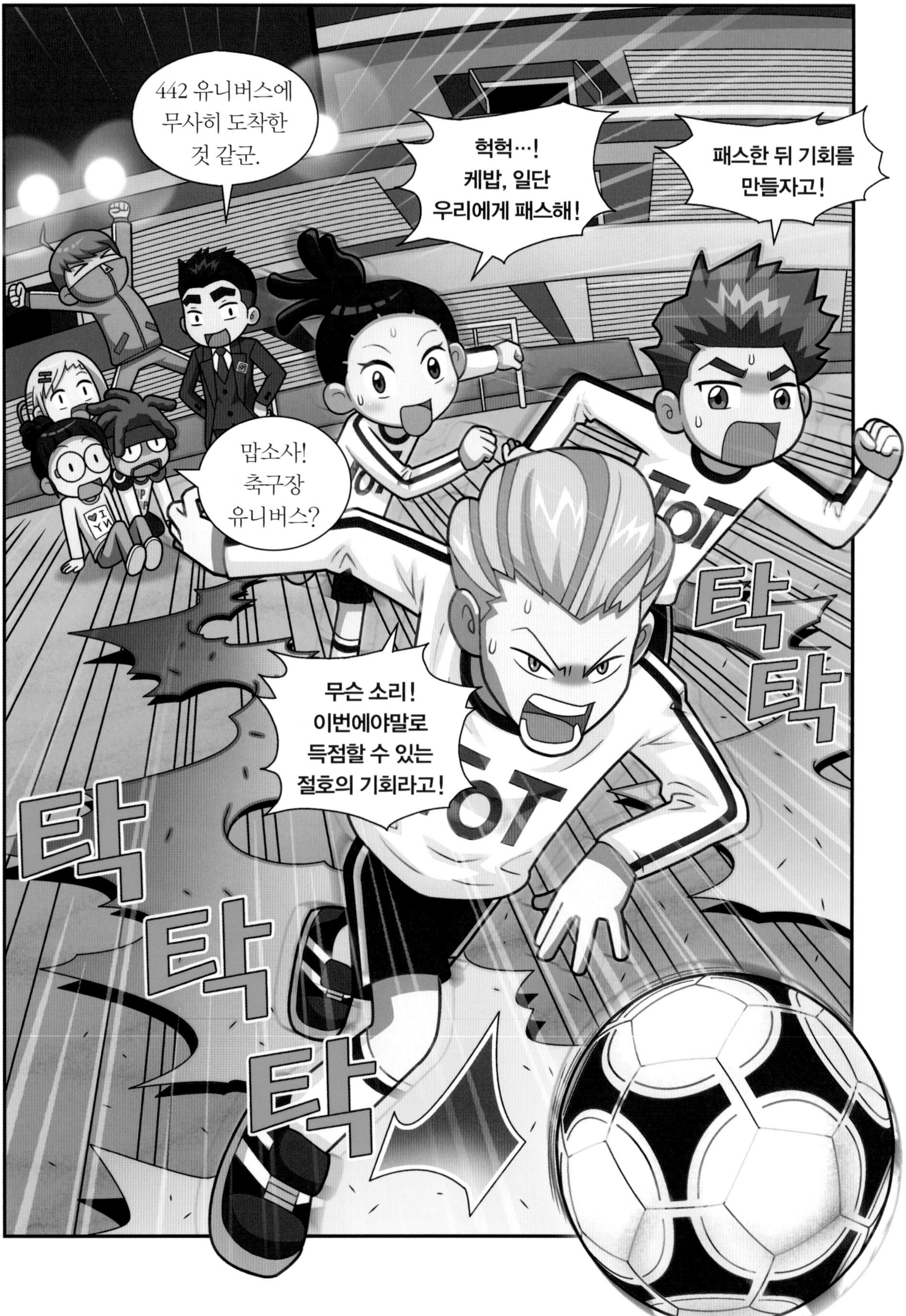
442 유니버스에 무사히 도착한 것 같군.
헉헉…! 케밥, 일단 우리에게 패스해!
패스한 뒤 기회를 만들자고!
맙소사! 축구장 유니버스?
무슨 소리! 이번에야말로 득점할 수 있는 절호의 기회라고!
탁탁
탁탁탁

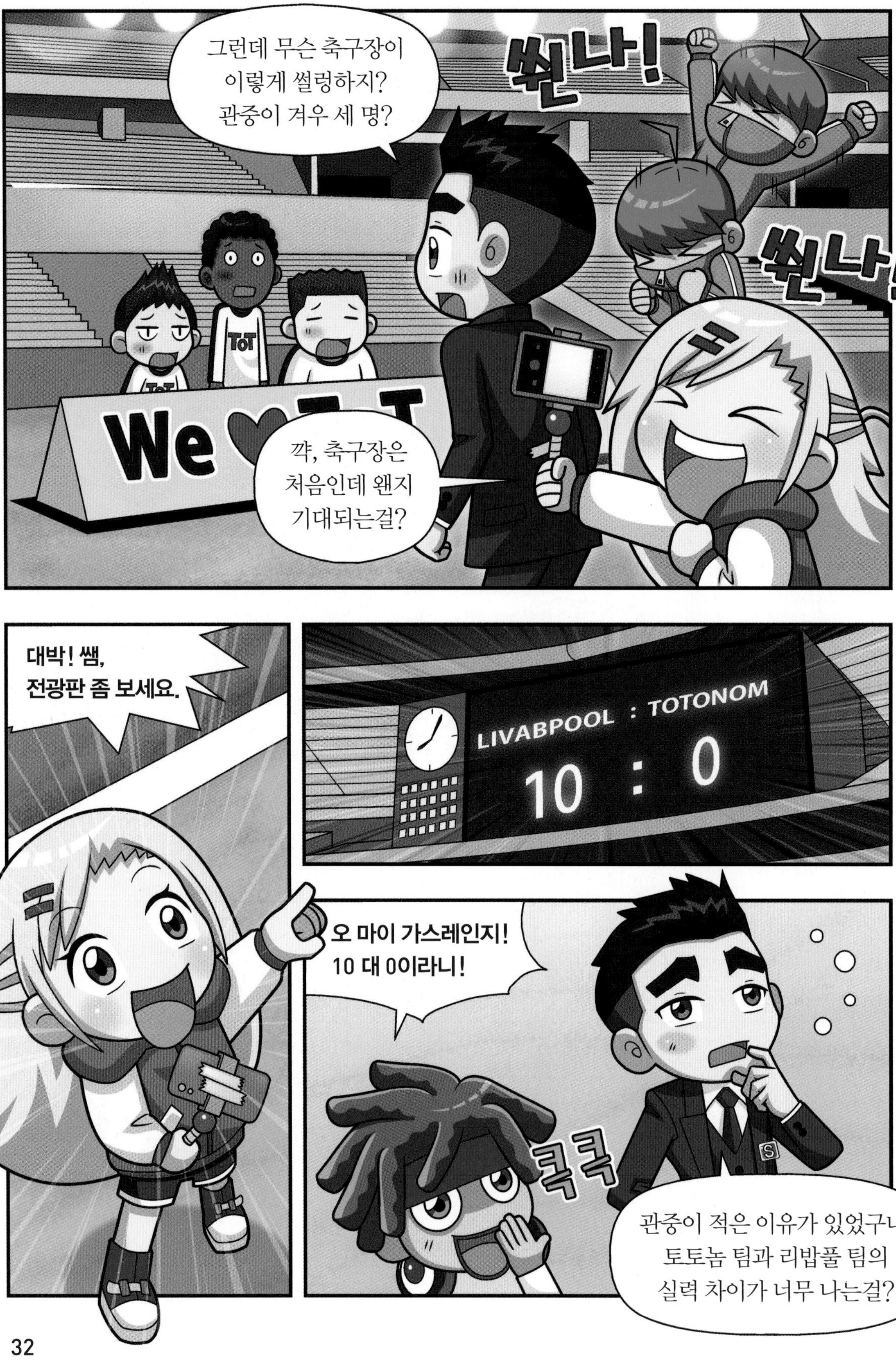
그런데 무슨 축구장이
이렇게 썰렁하지?
관중이 겨우 세 명?
쒼나!
쒼나!
We
꺅, 축구장은
처음인데 왠지
기대되는걸?
대박! 쌤,
전광판 좀 보세요.
LIVABPOOL : TOTONOM
10 : 0
오 마이 가스레인지!
10 대 0이라니!
쿡쿡
관중이 적은 이유가 있었구나.
토토놈 팀과 리밥풀 팀의
실력 차이가 너무 나는걸?

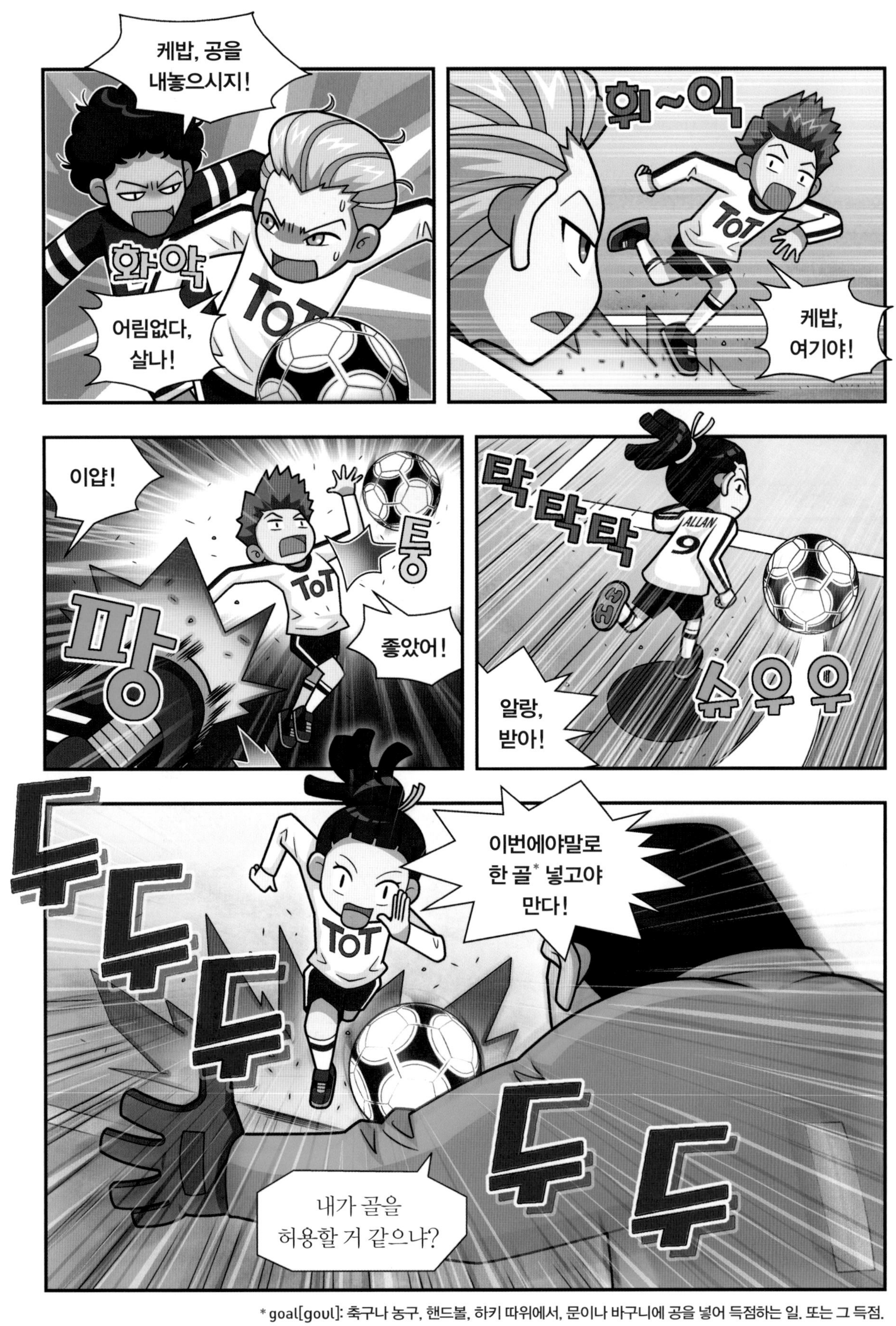
케밥, 공을 내놓으시지!
화악
어림없다, 살나!
휘~익
케밥, 여기야!
이얍!
팡
통
좋았어!
탁 탁탁탁
알랑, 받아!
슈우우
두두두두
이번에야말로 한 골* 넣고야 만다!
두두
내가 골을 허용할 거 같으냐?

* goal[goʊl]: 축구나 농구, 핸드볼, 하키 따위에서, 문이나 바구니에 공을 넣어 득점하는 일. 또는 그 득점.

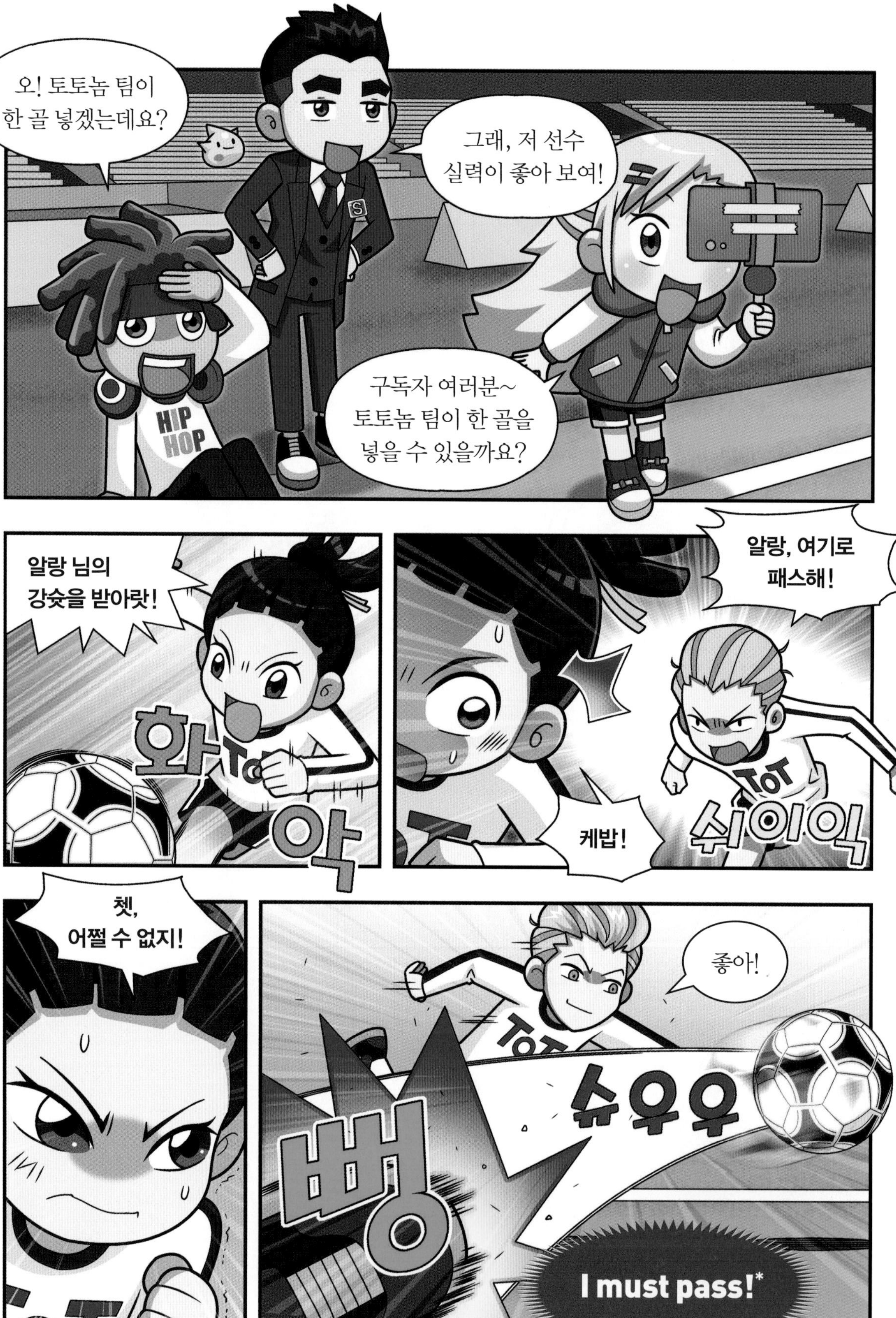
오! 토토놈 팀이 한 골 넣겠는데요?
그래, 저 선수 실력이 좋아 보여!
구독자 여러분~ 토토놈 팀이 한 골을 넣을 수 있을까요?
HIP HOP
알랑 님의 강슛을 받아랏!
화악
알랑, 여기로 패스해!
케밥!
쉬이익
쳇, 어쩔 수 없지!
좋아!
슈우우
뻥
I must pass!*

* 나는 패스해야 해!

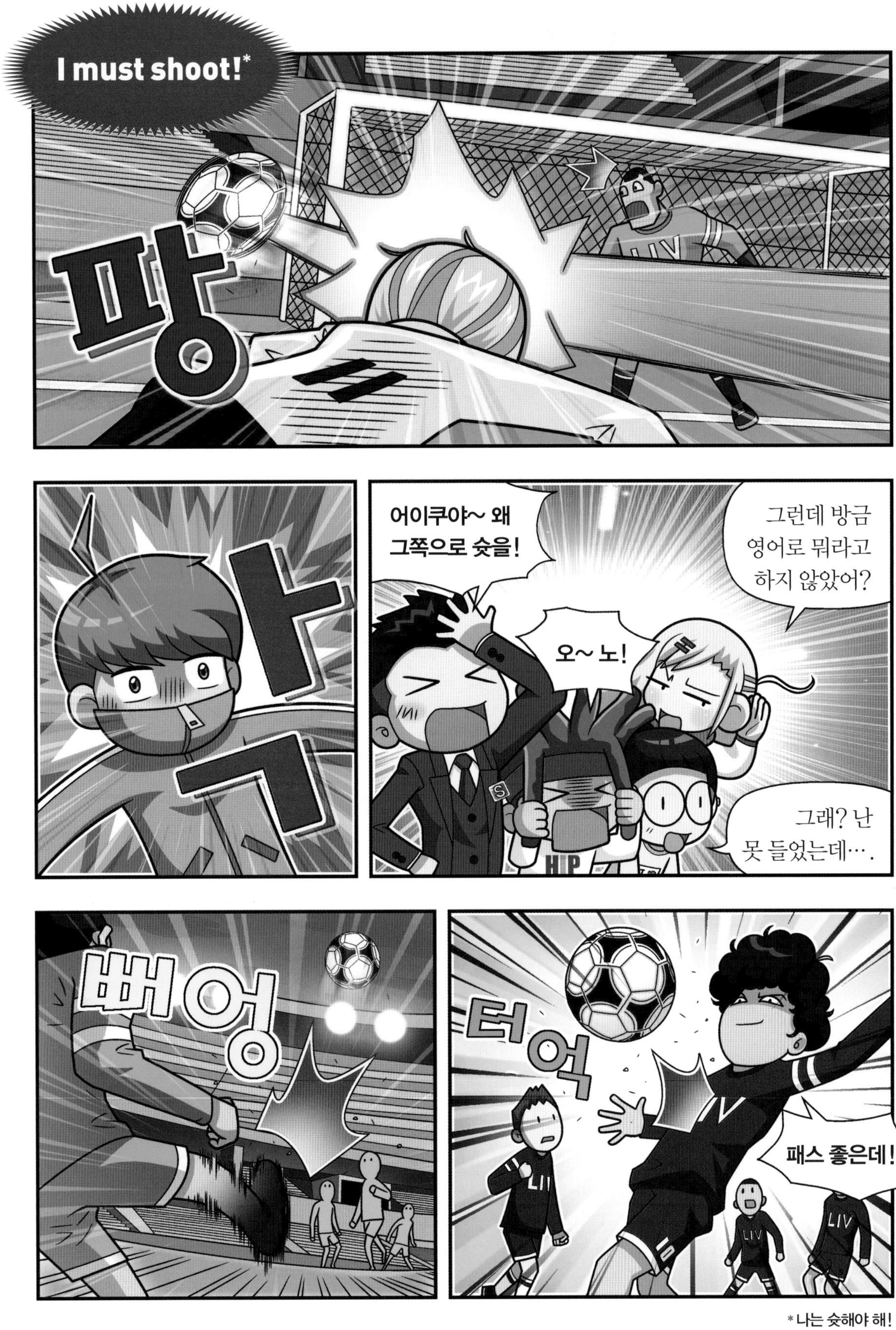
I must shoot!*
팡
어이쿠야~ 왜 그쪽으로 슛을!
그런데 방금 영어로 뭐라고 하지 않았어?
오~ 노!
그래? 난 못 들었는데….
빠엉
터억
패스 좋은데!

* 나는 슛해야 해!

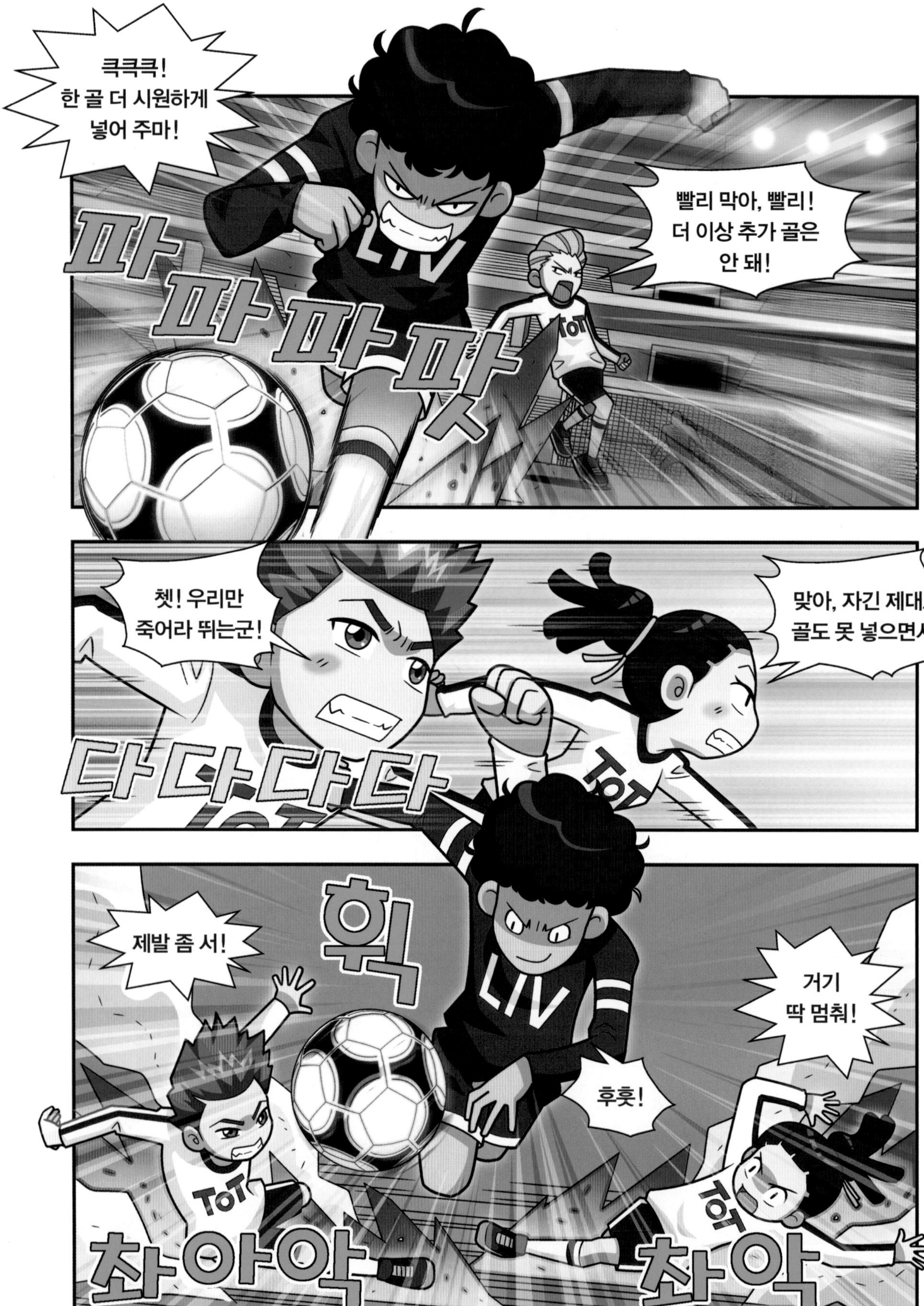

크크크!
한 골 더 시원하게
넣어 주마!
빨리 막아, 빨리!
더 이상 추가 골은
안 돼!
파파파팟
췟! 우리만
죽어라 뛰는군!
맞아, 자긴 제대로
골도 못 넣으면서!
다다다다다
제발 좀 서!
휙
거기
딱 멈춰!
후훗!
차아악
차악

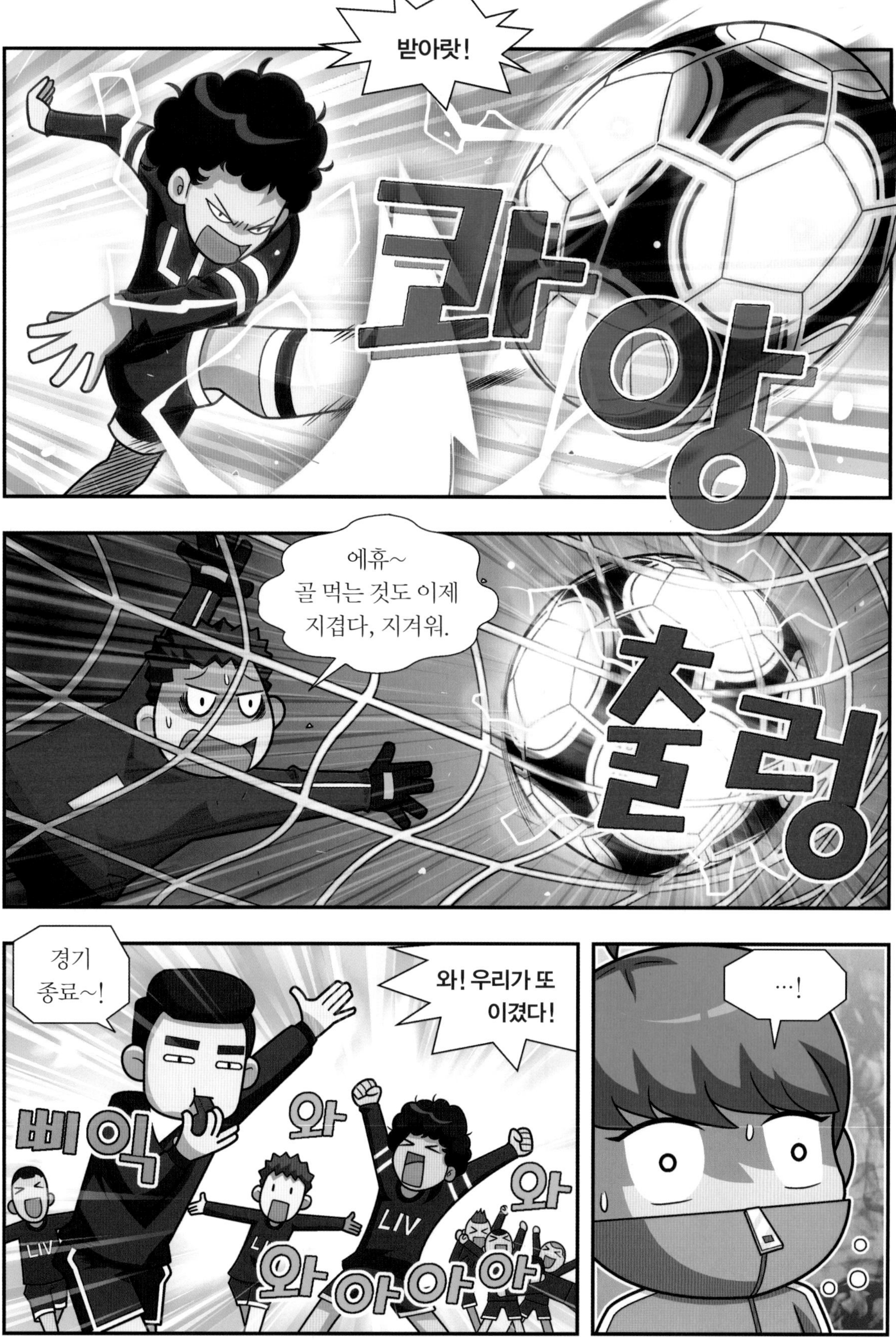
받아랏!
콰앙
에휴~ 골 먹는 것도 이제 지겹다, 지겨워.
출렁
경기 종료~!
삐익
와! 우리가 또 이겼다!
와
와
와아아아
…!

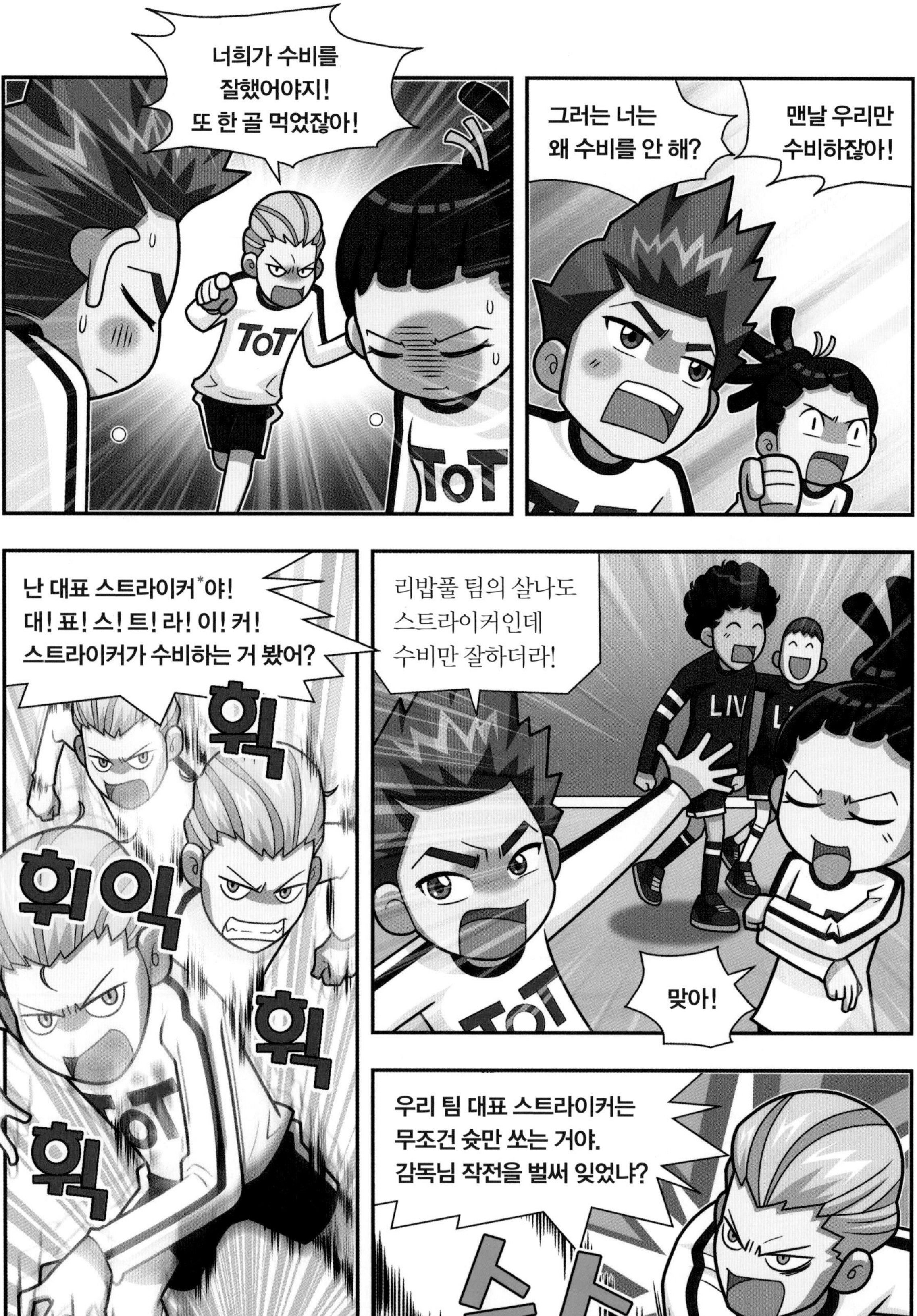
너희가 수비를
잘했어야지!
또 한 골 먹었잖아!
그러는 너는
왜 수비를 안 해?
맨날 우리만
수비하잖아!
난 대표 스트라이커*야!
대! 표! 스! 트! 라! 이! 커!
스트라이커가 수비하는 거 봤어?
휙
휘익
휙
휙
리밥풀 팀의 살나도
스트라이커인데
수비만 잘하더라!
맞아!
우리 팀 대표 스트라이커는
무조건 슛만 쏘는 거야.
감독님 작전을 벌써 잊었냐?
슉
슉

* striker[ˈstraɪkə(r)]: 공격수

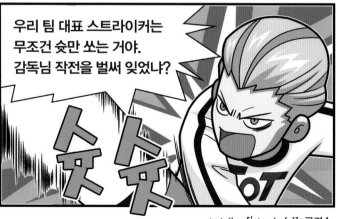

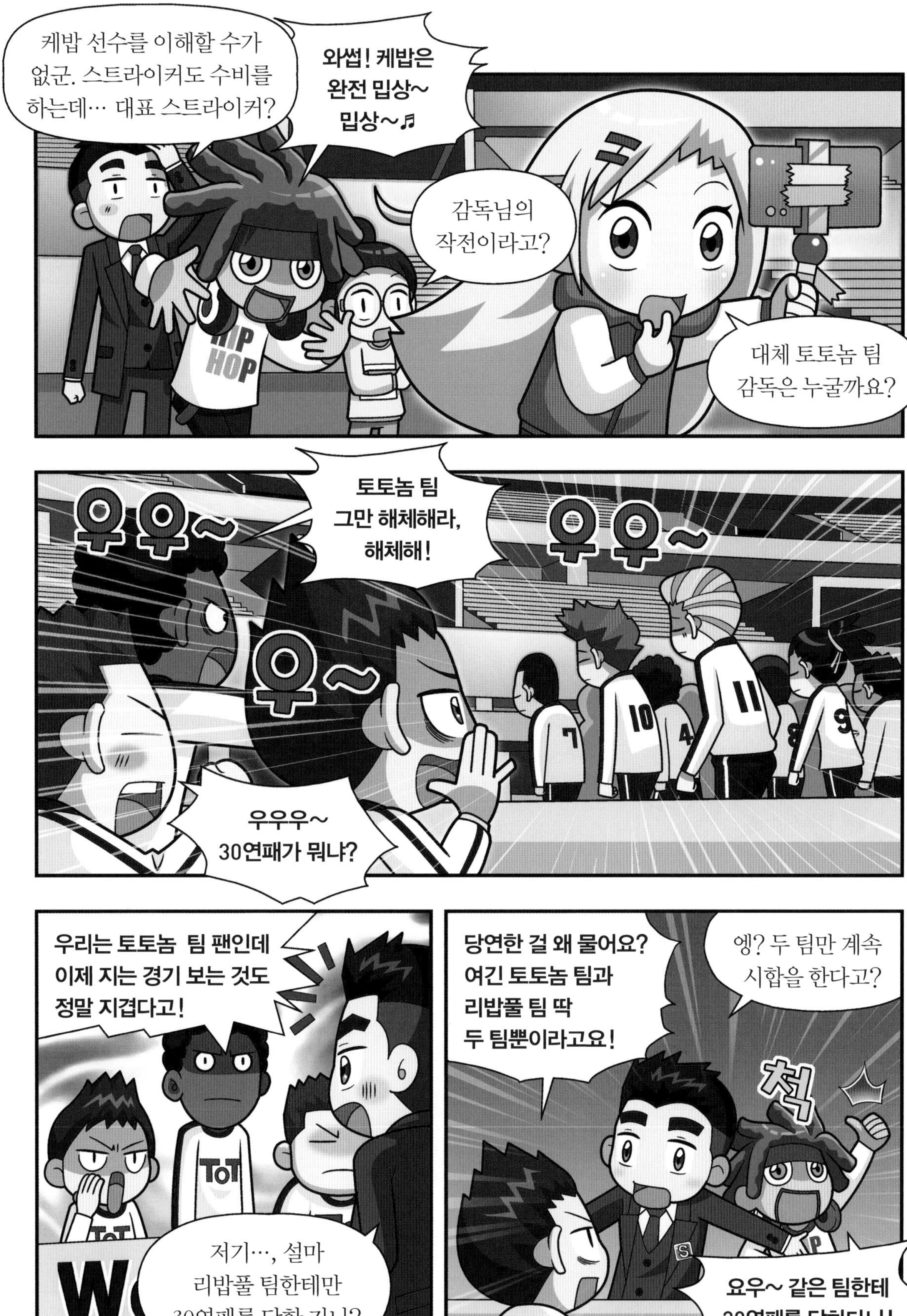

케밥 선수를 이해할 수가 없군. 스트라이커도 수비를 하는데… 대표 스트라이커?
와썹! 케밥은 완전 밉상~ 밉상~♬
감독님의 작전이라고?
대체 토토놈 팀 감독은 누굴까요?
토토놈 팀 그만 해체해라, 해체해!
우우~
우우~
우~
우우우~ 30연패가 뭐냐?
우리는 토토놈 팀 팬인데 이제 지는 경기 보는 것도 정말 지겹다고!
저기…, 설마 리밥풀 팀한테만 30연패를 당한 거니?
당연한 걸 왜 물어요? 여긴 토토놈 팀과 리밥풀 팀 딱 두 팀뿐이라고요!
엥? 두 팀만 계속 시합을 한다고?
척
요우~ 같은 팀한테 30연패를 당하다니!

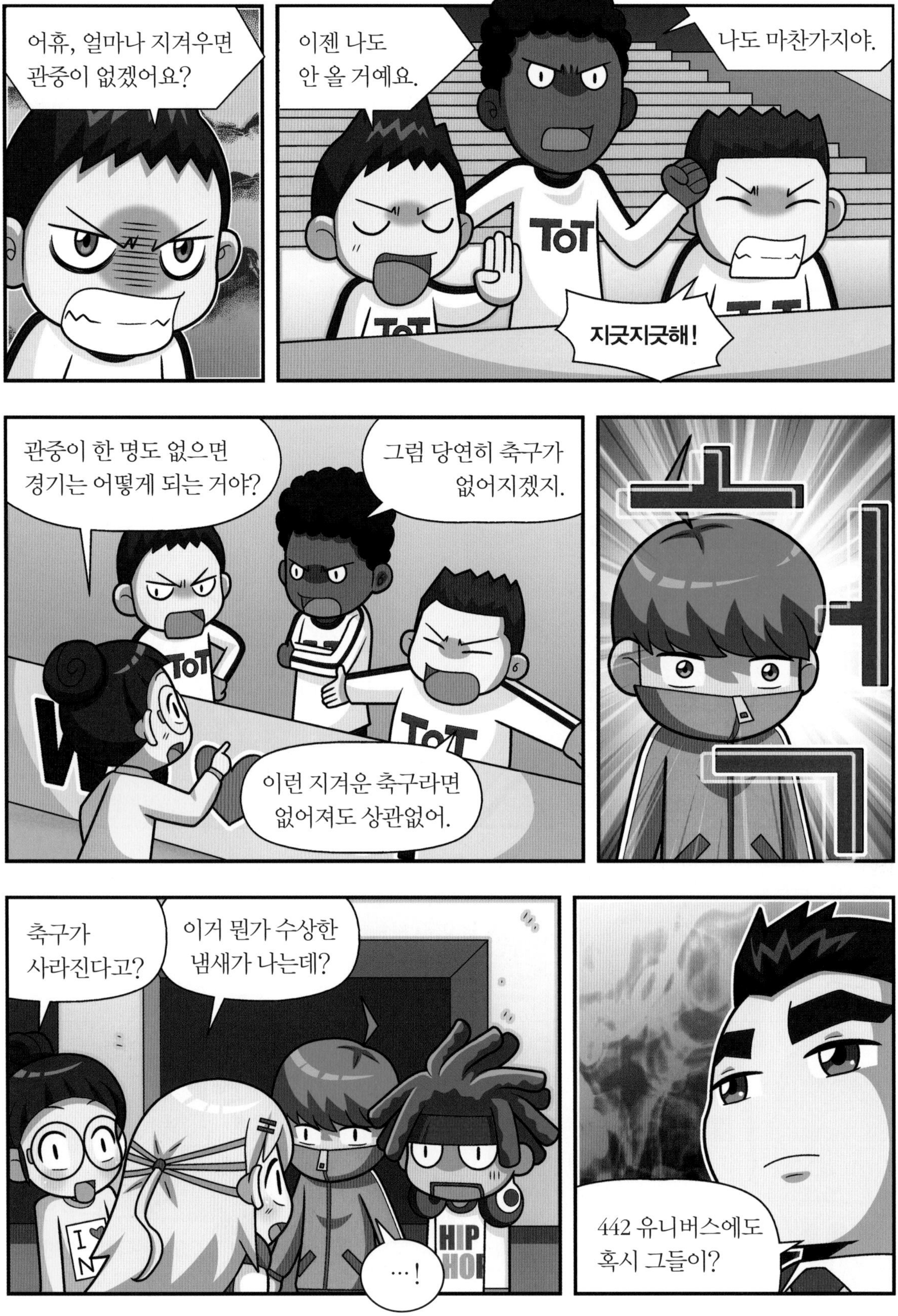

어휴, 얼마나 지겨우면 관중이 없겠어요?
이젠 나도 안 올 거예요.
나도 마찬가지야.
지긋지긋해!
관중이 한 명도 없으면 경기는 어떻게 되는 거야?
그럼 당연히 축구가 없어지겠지.
이런 지겨운 축구라면 없어져도 상관없어.
축구가 사라진다고?
이거 뭔가 수상한 냄새가 나는데?
…!
442 유니버스에도 혹시 그들이?

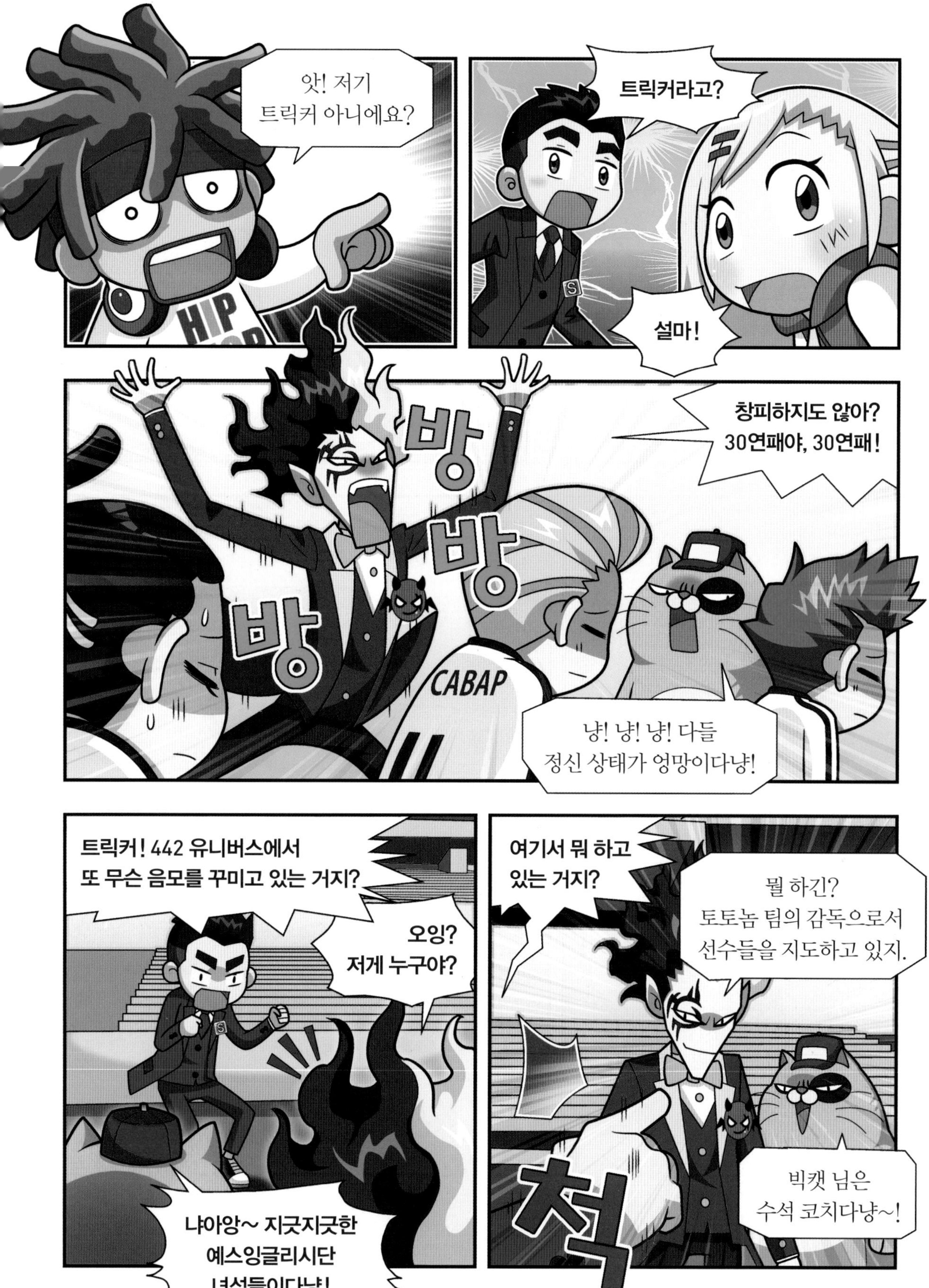

앗! 저기
트릭커 아니에요?
트릭커라고?
설마!
창피하지도 않아?
30연패야, 30연패!
방
방
방
CABAP
냥! 냥! 냥! 다들
정신 상태가 엉망이다냥!
트릭커! 442 유니버스에서
또 무슨 음모를 꾸미고 있는 거지?
오잉?
저게 누구야?
냐아앙~ 지긋지긋한
예스잉글리시단
녀석들이다냥!
여기서 뭐 하고
있는 거지?
뭘 하긴?
토토놈 팀의 감독으로서
선수들을 지도하고 있지.
척
빅캣 님은
수석 코치다냥~!

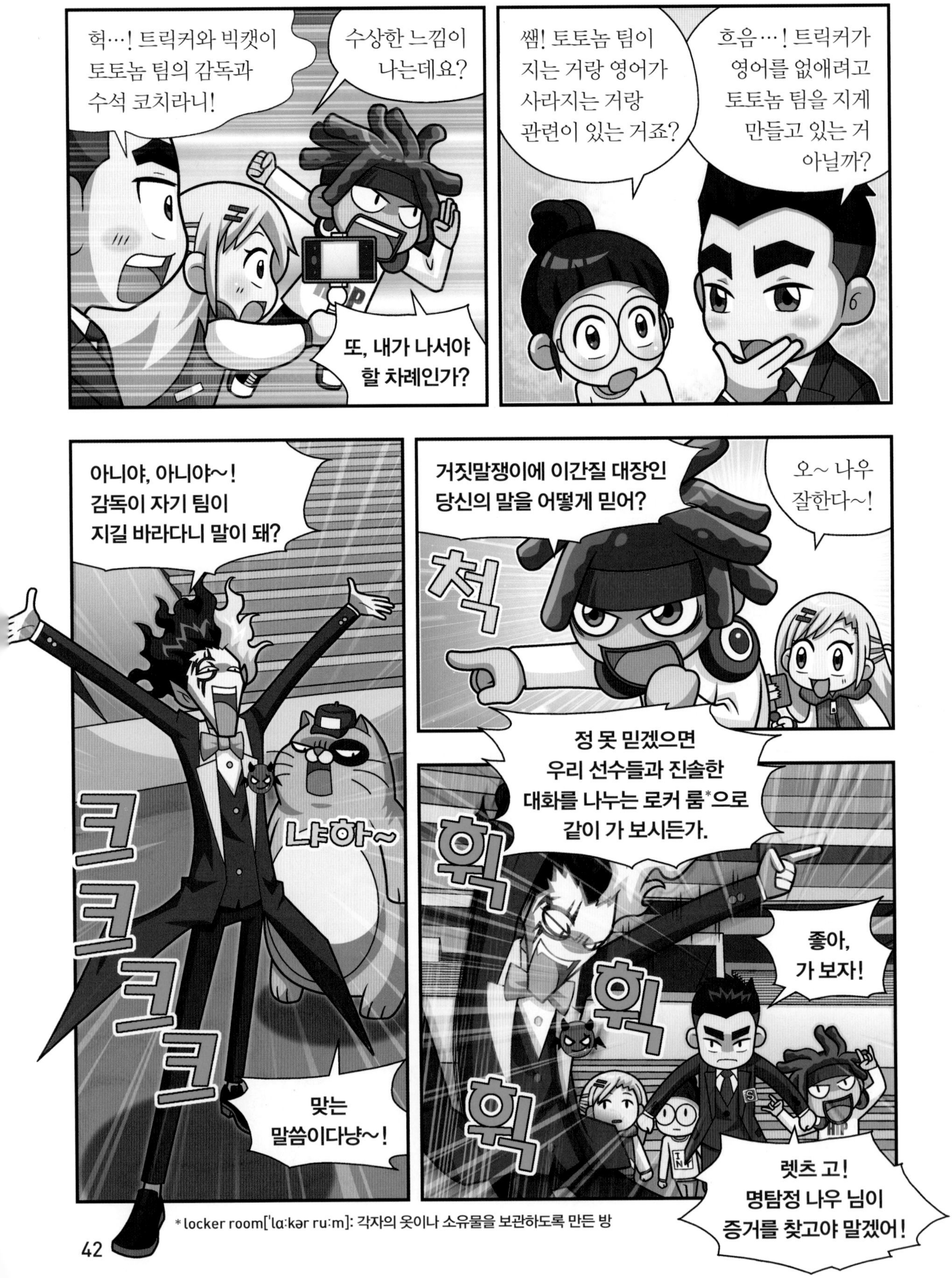
헉…! 트릭커와 빅캣이 토토놈 팀의 감독과 수석 코치라니!
수상한 느낌이 나는데요?
또, 내가 나서야 할 차례인가?
쌤! 토토놈 팀이 지는 거랑 영어가 사라지는 거랑 관련이 있는 거죠?
흐음…! 트릭커가 영어를 없애려고 토토놈 팀을 지게 만들고 있는 거 아닐까?
아니야, 아니야~! 감독이 자기 팀이 지길 바라다니 말이 돼?
크크크크
냐하~
맞는 말씀이다냥~!
거짓말쟁이에 이간질 대장인 당신의 말을 어떻게 믿어?
척
오~ 나우 잘한다~!
정 못 믿겠으면 우리 선수들과 진솔한 대화를 나누는 로커 룸*으로 같이 가 보시든가.
휙 휙 휙
좋아, 가 보자!
렛츠 고! 명탐정 나우 님이 증거를 찾고야 말겠어!

* locker room[ˈlɑːkər ruːm]: 각자의 옷이나 소유물을 보관하도록 만든 방

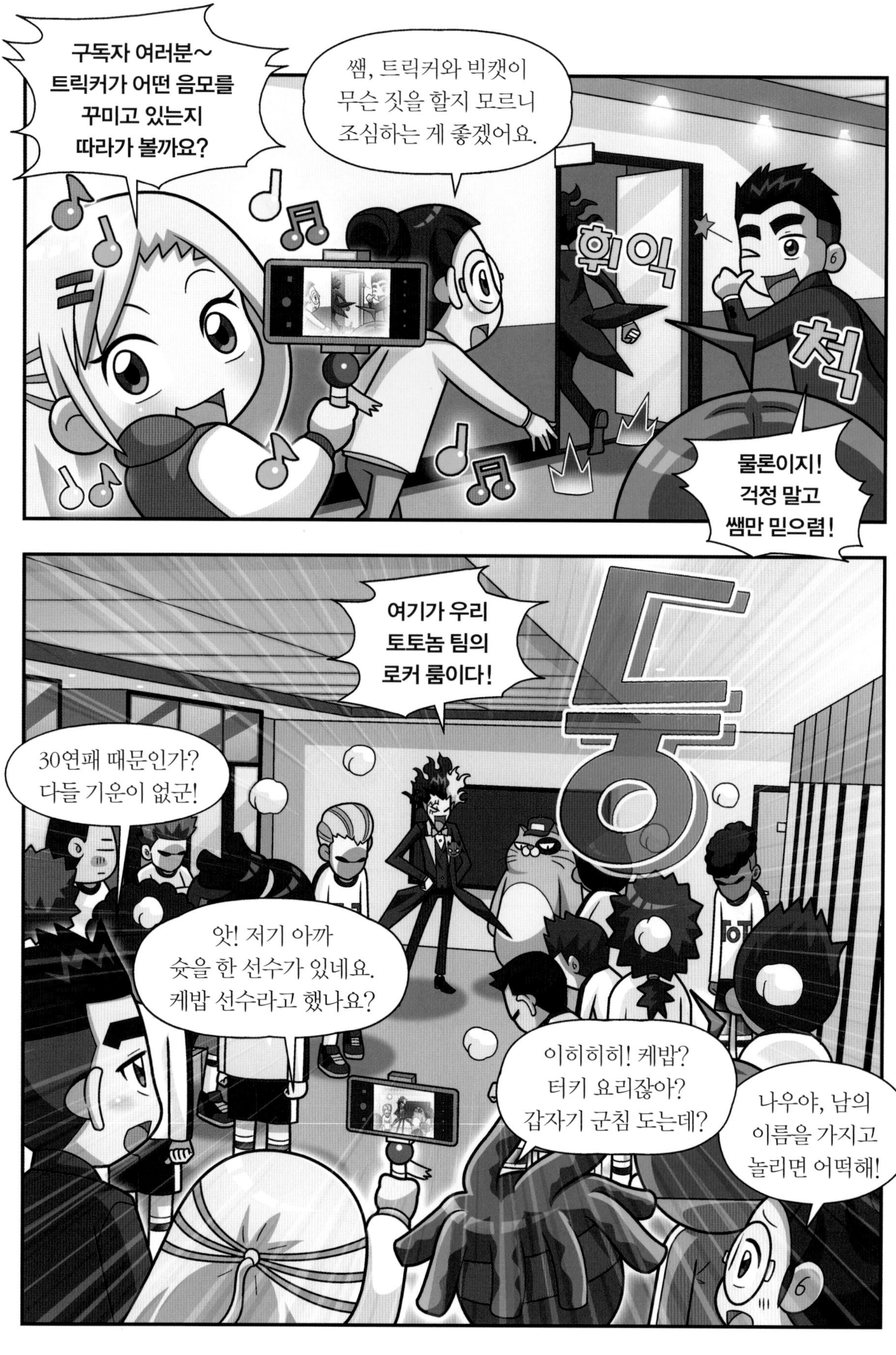
구독자 여러분~ 트릭커가 어떤 음모를 꾸미고 있는지 따라가 볼까요?
쌤, 트릭커와 빅캣이 무슨 짓을 할지 모르니 조심하는 게 좋겠어요.
휘익
척
물론이지! 걱정 말고 쌤만 믿으렴!
여기가 우리 토토놈 팀의 로커 룸이다!
둥
30연패 때문인가? 다들 기운이 없군!
앗! 저기 아까 슛을 한 선수가 있네요. 케밥 선수라고 했나요?
이히히히! 케밥? 터키 요리잖아? 갑자기 군침 도는데?
나우야, 남의 이름을 가지고 놀리면 어떡해!

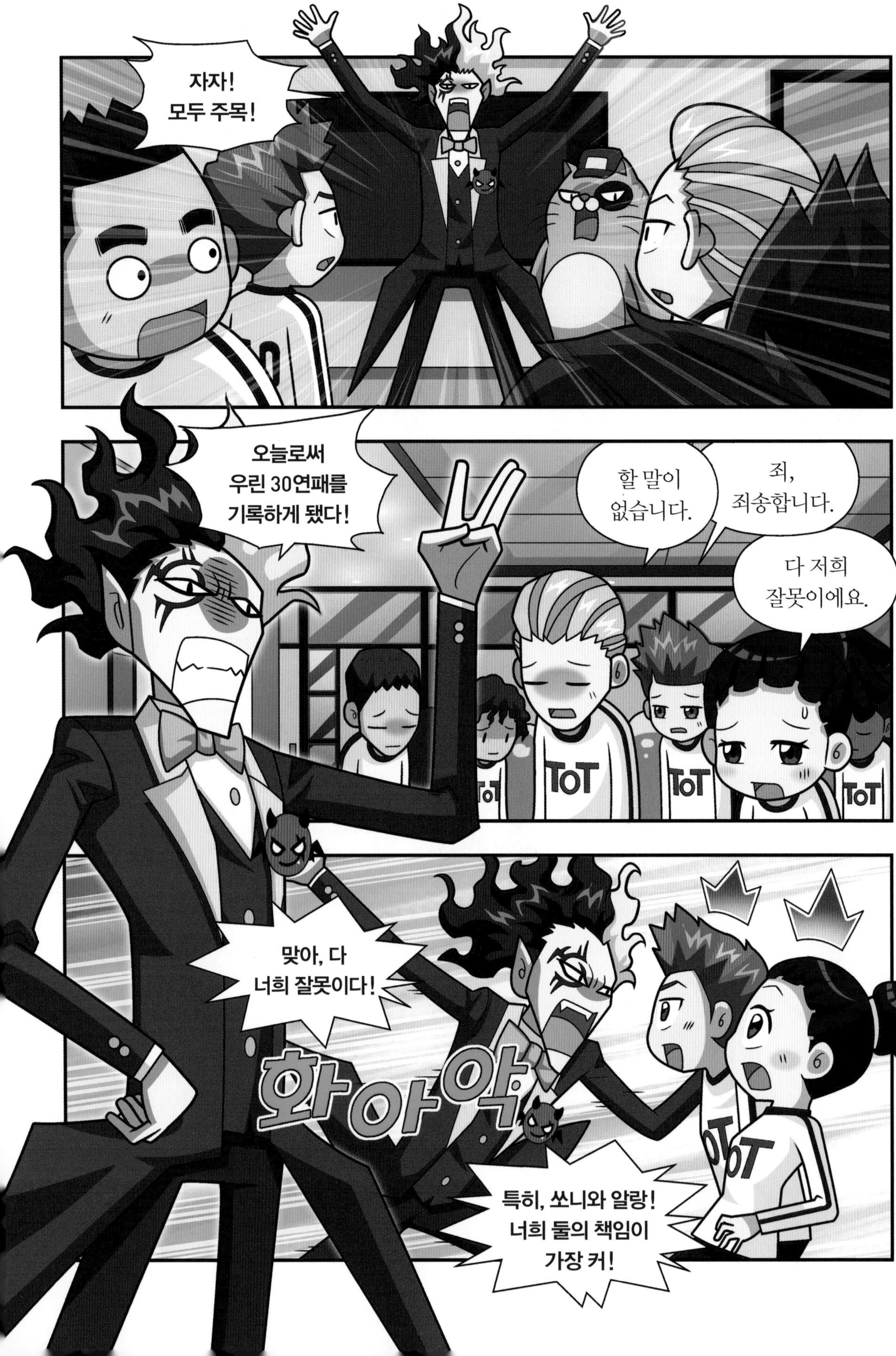

자자!
모두 주목!
오늘로써
우린 30연패를
기록하게 됐다!
죄,
죄송합니다.
할 말이
없습니다.
다 저희
잘못이에요.
맞아, 다
너희 잘못이다!
화아악
특히, 쏘니와 알랑!
너희 둘의 책임이
가장 커!

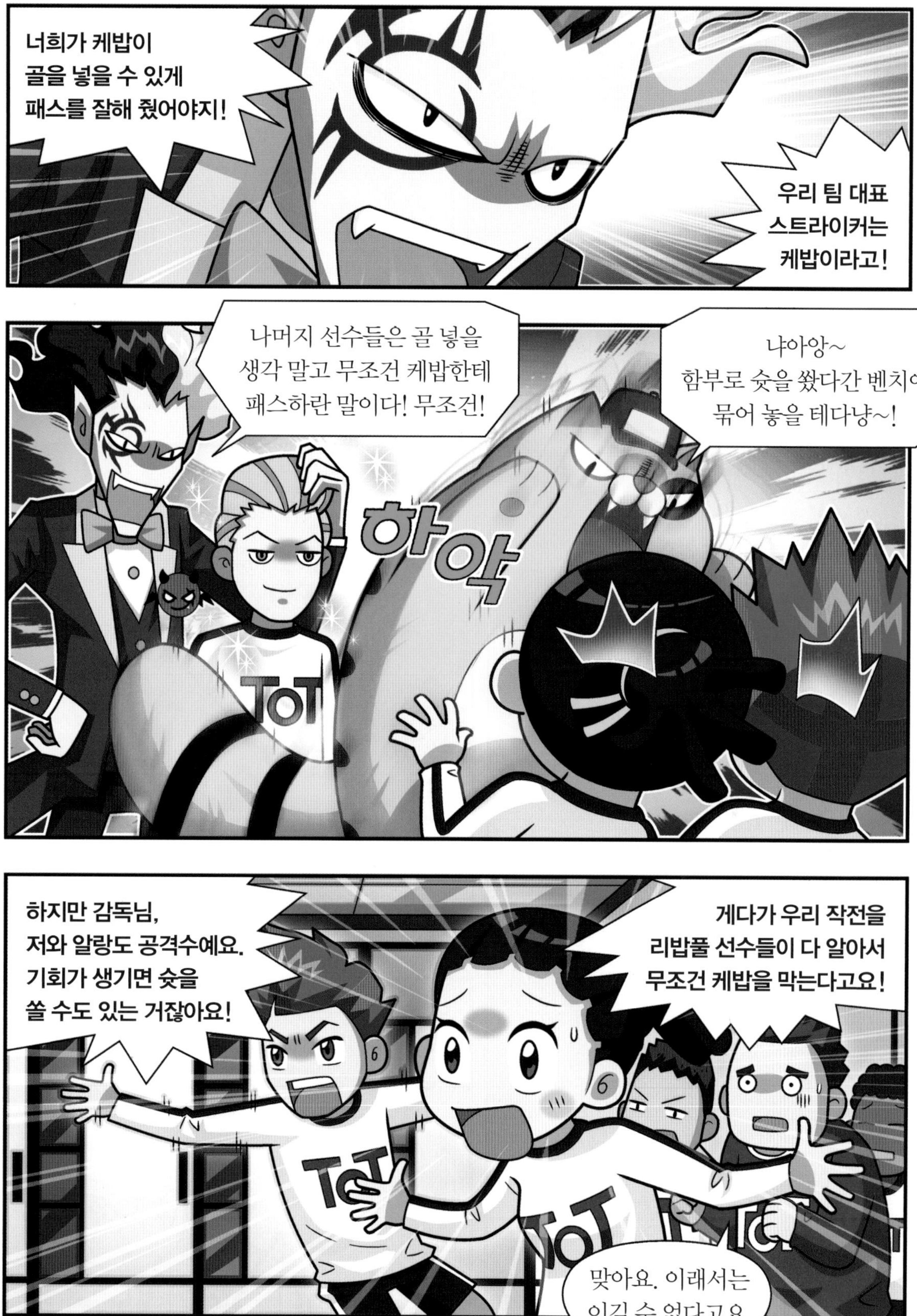
너희가 케밥이
골을 넣을 수 있게
패스를 잘해 줬어야지!
우리 팀 대표
스트라이커는
케밥이라고!
나머지 선수들은 골 넣을
생각 말고 무조건 케밥한테
패스하란 말이다! 무조건!
냐아앙~
함부로 슛을 쐈다간 벤치에
묶어 놓을 테다냥~!
하악
하지만 감독님,
저와 알랑도 공격수예요.
기회가 생기면 슛을
쏠 수도 있는 거잖아요!
게다가 우리 작전을
리밥풀 선수들이 다 알아서
무조건 케밥을 막는다고요!
맞아요. 이래서는
이길 수 없다고요.

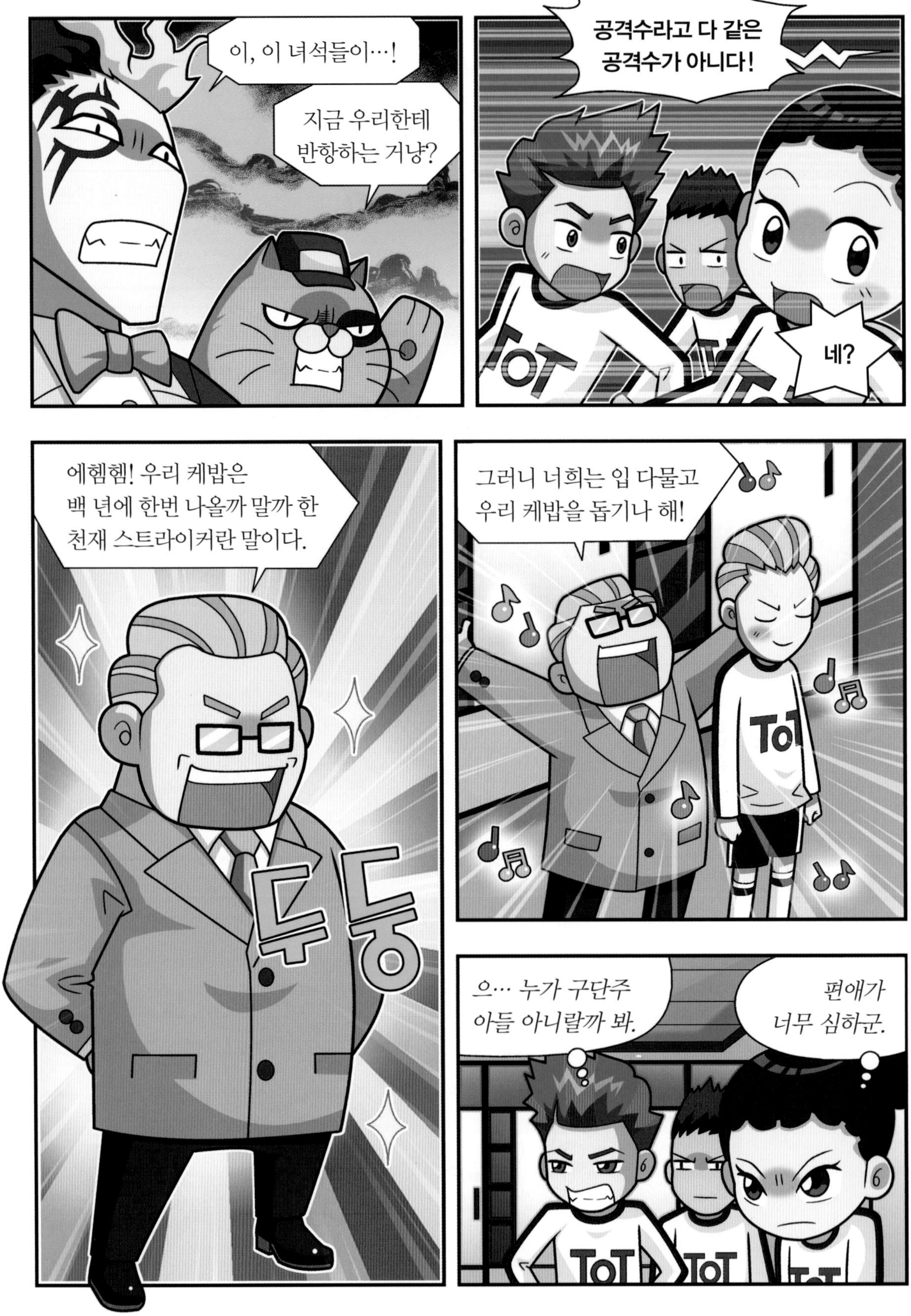
이, 이 녀석들이…!
지금 우리한테 반항하는 거냥?
공격수라고 다 같은 공격수가 아니다!
네?
에헴헴! 우리 케밥은 백 년에 한번 나올까 말까 한 천재 스트라이커란 말이다.
두둥
그러니 너희는 입 다물고 우리 케밥을 돕기나 해!
으… 누가 구단주 아들 아니랄까 봐.
편애가 너무 심하군.

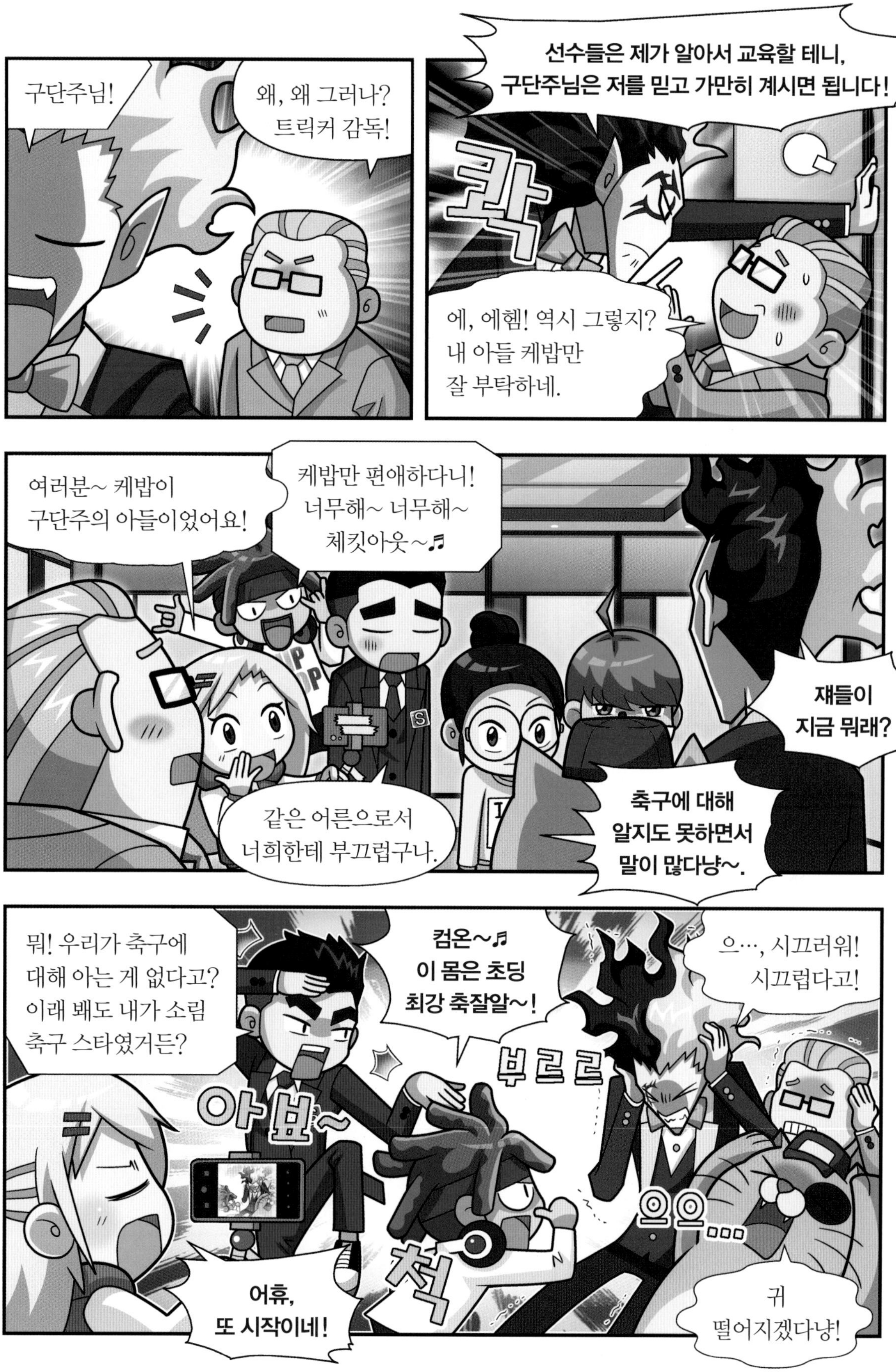

구단주님!
왜, 왜 그러나? 트릭커 감독!
선수들은 제가 알아서 교육할 테니, 구단주님은 저를 믿고 가만히 계시면 됩니다!
콱
에, 에헴! 역시 그렇지? 내 아들 케밥만 잘 부탁하네.
여러분~ 케밥이 구단주의 아들이었어요!
케밥만 편애하다니! 너무해~ 너무해~ 체킷아웃~♬
걔들이 지금 뭐래?
같은 어른으로서 너희한테 부끄럽구나.
축구에 대해 알지도 못하면서 말이 많다냥~.
뭐! 우리가 축구에 대해 아는 게 없다고? 이래 봬도 내가 소림 축구 스타였거든?
컴온~♬ 이 몸은 초딩 최강 축잘알~!
으…, 시끄러워! 시끄럽다고!
부르르
아뵤~
으으...
척
어휴, 또 시작이네!
귀 떨어지겠다냥!

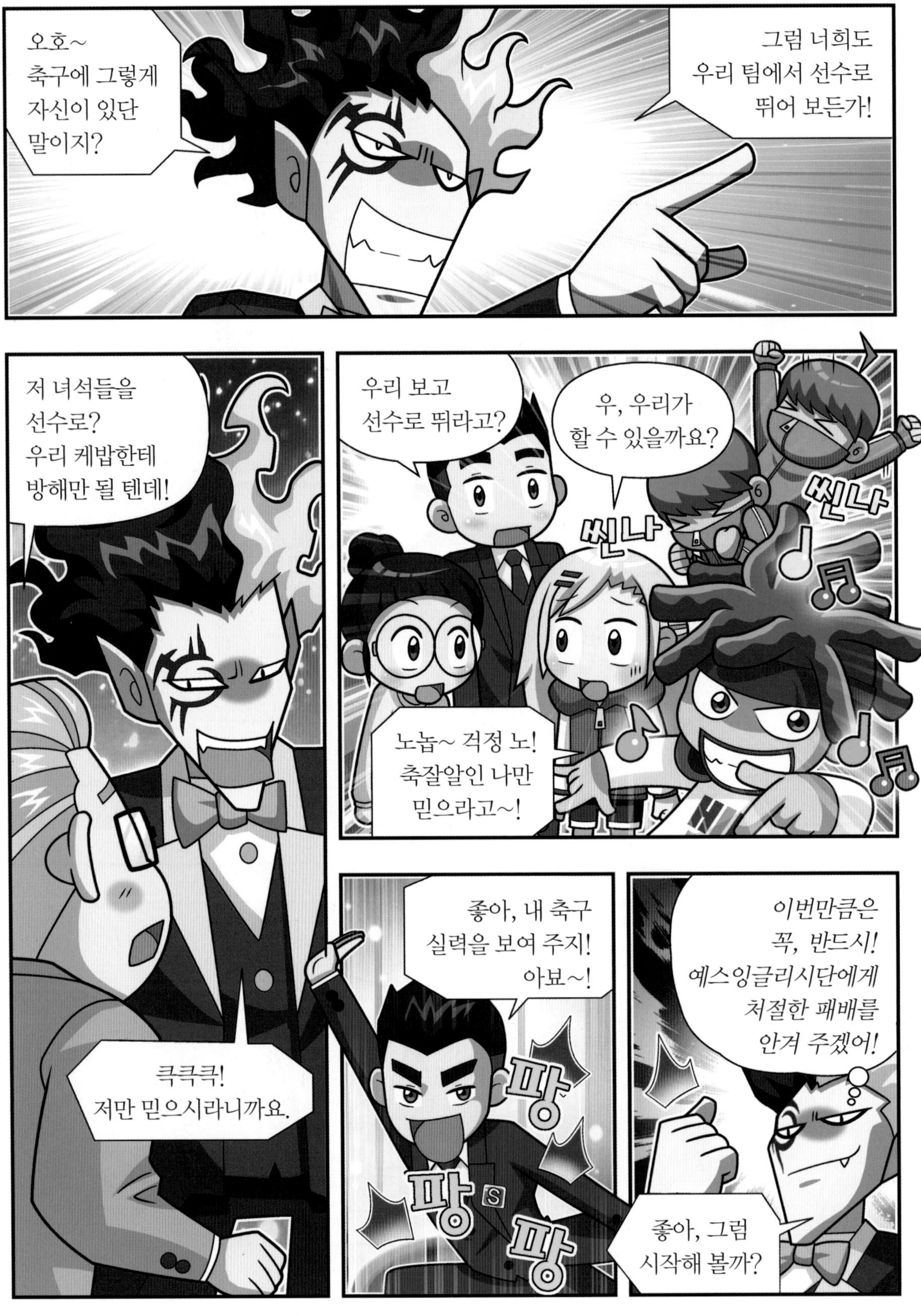
오호~ 축구에 그렇게 자신이 있단 말이지?
그럼 너희도 우리 팀에서 선수로 뛰어 보든가!
저 녀석들을 선수로? 우리 케밥한테 방해만 될 텐데!
우리 보고 선수로 뛰라고?
우, 우리가 할 수 있을까요?
씬나
씬나
노놉~ 걱정 노! 축잘알인 나만 믿으라고~!
큭큭큭! 저만 믿으시라니까요.
좋아, 내 축구 실력을 보여 주지! 아뵤~!
팡
팡
팡
이번만큼은 꼭, 반드시! 예스잉글리시단에게 처절한 패배를 안겨 주겠어!
좋아, 그럼 시작해 볼까?

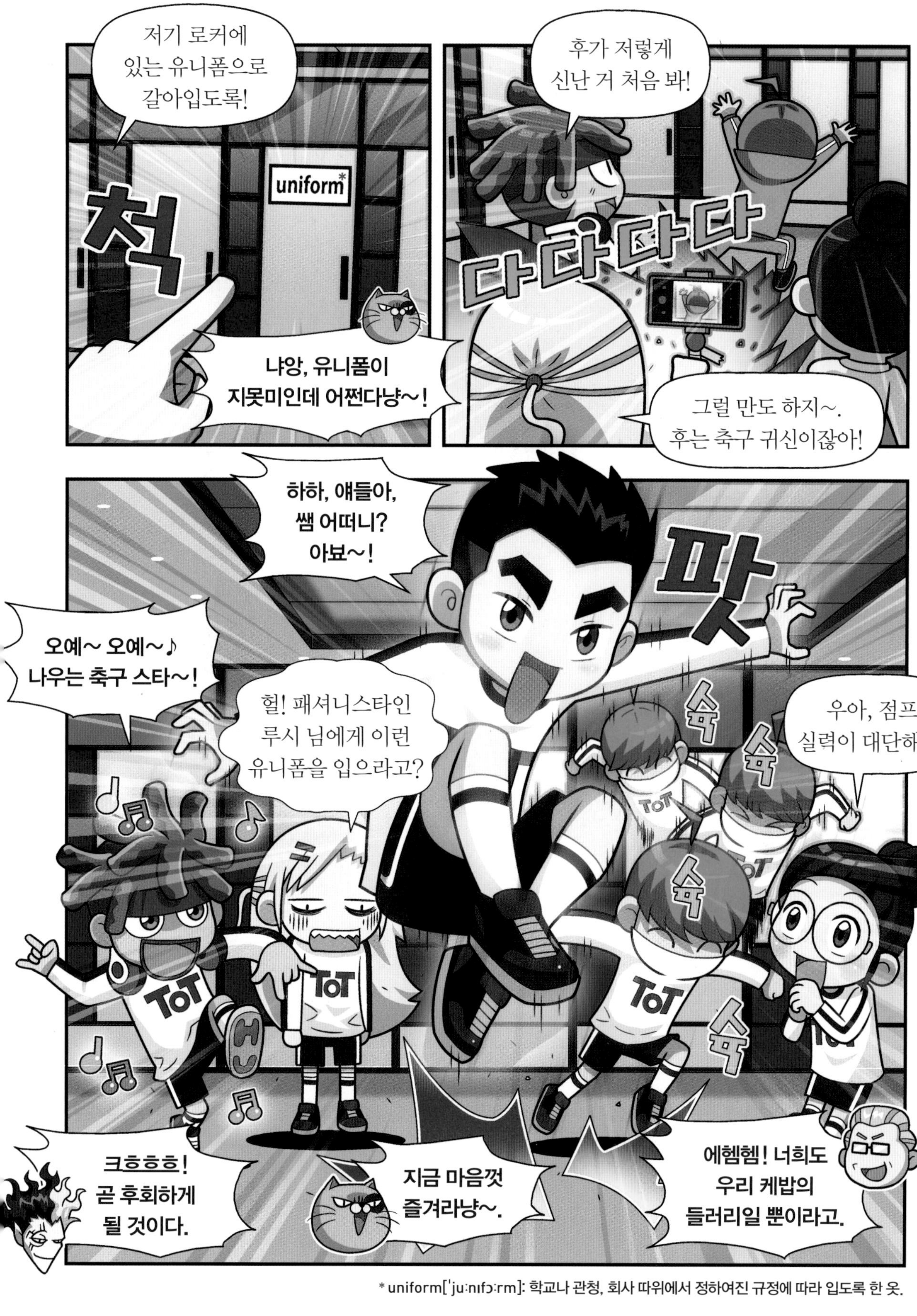

저기 로커에 있는 유니폼으로 갈아입도록!
uniform*
척
냐앙, 유니폼이 지못미인데 어쩐다냥~!
후가 저렇게 신난 거 처음 봐!
다다다다
그럴 만도 하지~. 후는 축구 귀신이잖아!
하하, 얘들아, 쌤 어떠니? 아뵤~!
팟
오예~ 오예~♪ 나우는 축구 스타~!
헐! 패셔니스타인 루시 님에게 이런 유니폼을 입으라고?
우아, 점프 실력이 대단해요!
슉
슉
슉
슉
크흐흐흐! 곧 후회하게 될 것이다.
지금 마음껏 즐겨라냥~.
에헴헴! 너희도 우리 케밥의 들러리일 뿐이라고.

* uniform[ˈjuːnɪfɔːrm]: 학교나 관청, 회사 따위에서 정하여진 규정에 따라 입도록 한 옷.

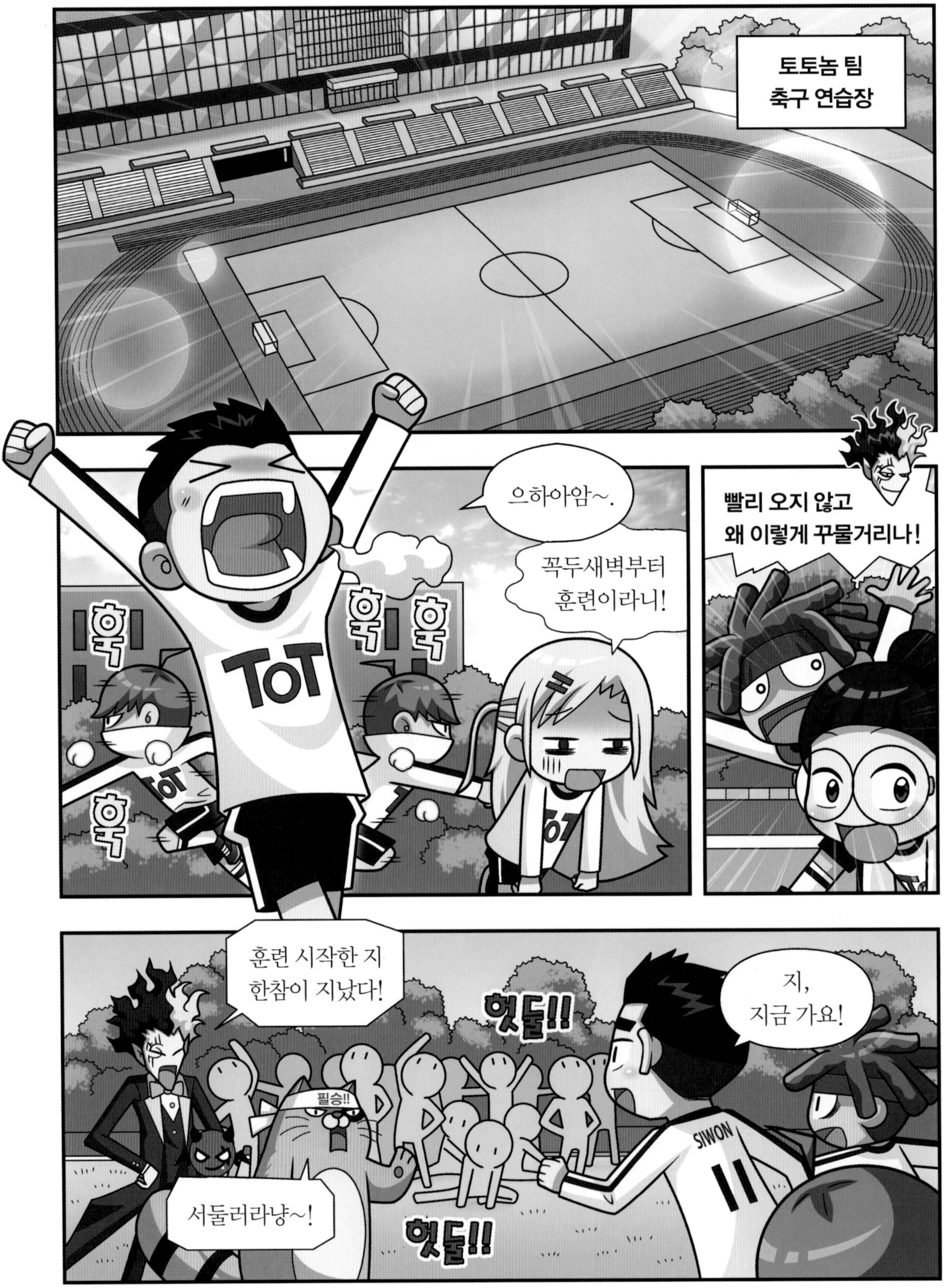
토토놈 팀
축구 연습장
으하아암~.
꼭두새벽부터
훈련이라니!
헉
헉 헉
헉
빨리 오지 않고
왜 이렇게 꾸물거리나!
훈련 시작한 지
한참이 지났다!
헛둘!!
지,
지금 가요!
필승!!
SIWON
11
서둘러라냥~!
헛둘!!

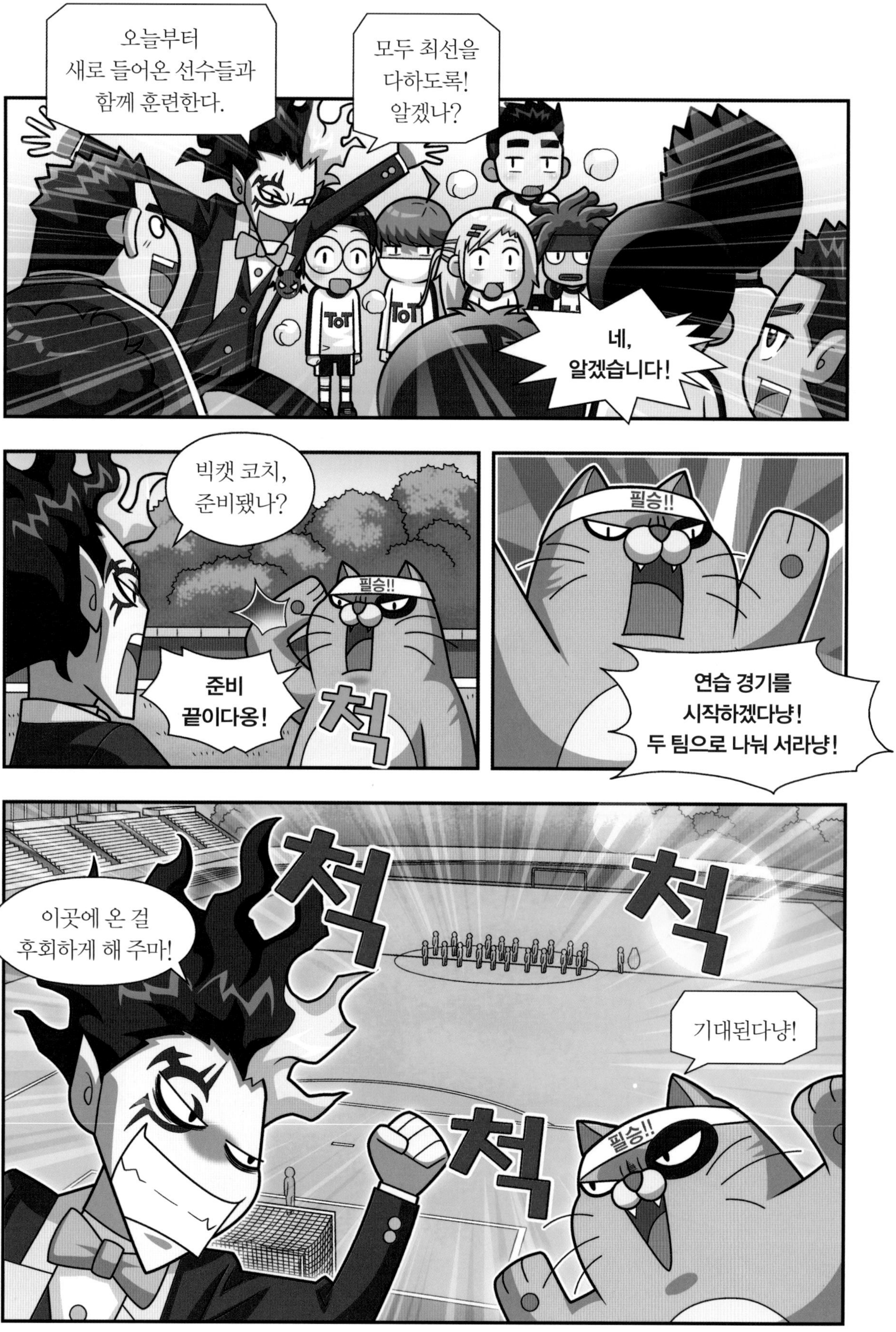
오늘부터 새로 들어온 선수들과 함께 훈련한다.
모두 최선을 다하도록! 알겠나?
네, 알겠습니다!
빅캣 코치, 준비됐나?
준비 끝이다옹!
필승!!
척
필승!!
연습 경기를 시작하겠다냥! 두 팀으로 나눠 서라냥!
이곳에 온 걸 후회하게 해 주마!
척
척
기대된다냥!
척
필승!!

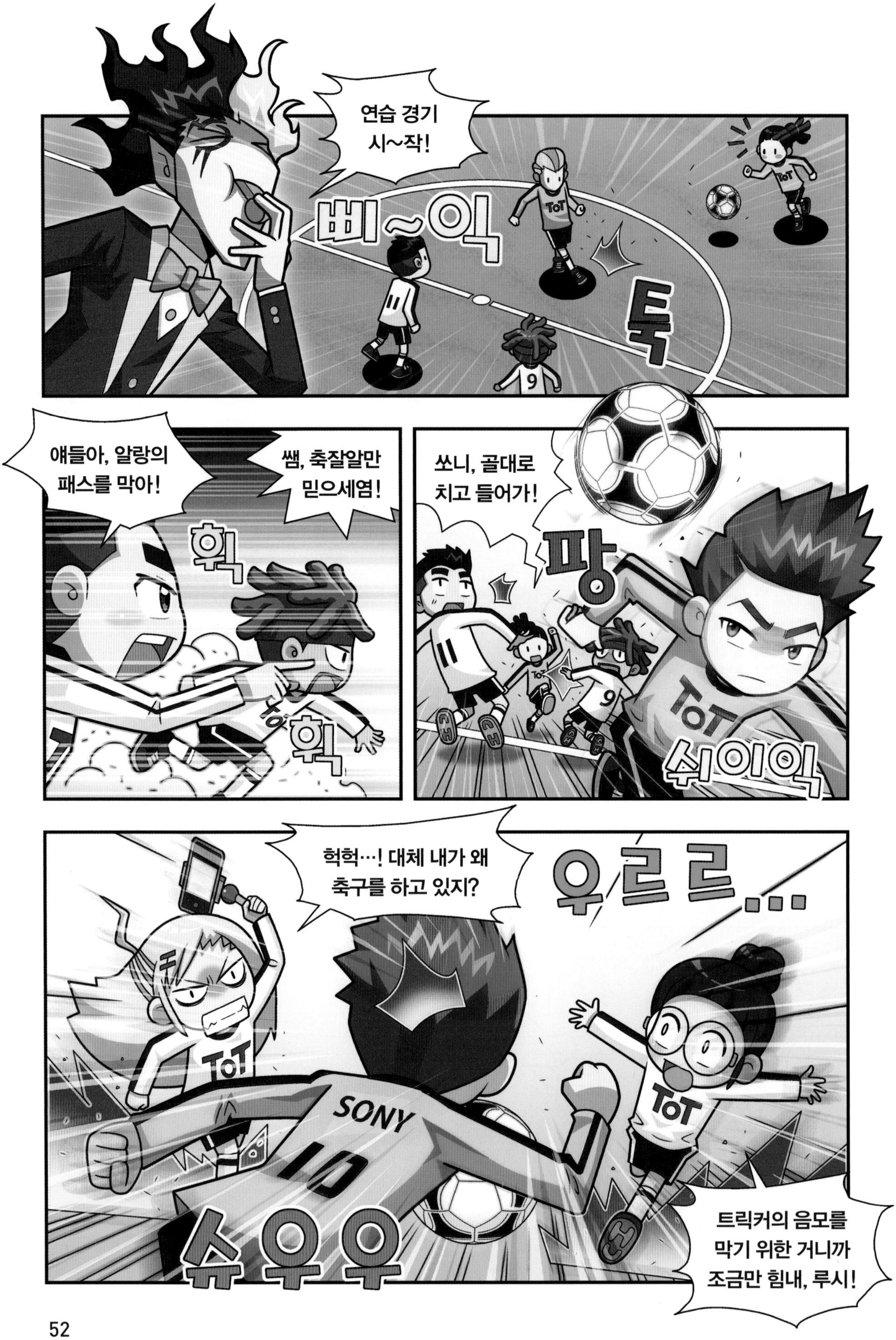

연습 경기 시~작!
삐~익
툭
애들아, 알랑의 패스를 막아!
쌤, 축잘알만 믿으세염!
휙
휙
쏘니, 골대로 치고 들어가!
팡
쉬이익
헉헉…! 대체 내가 왜 축구를 하고 있지?
우르르...
트릭커의 음모를 막기 위한 거니까 조금만 힘내, 루시!
슈우우

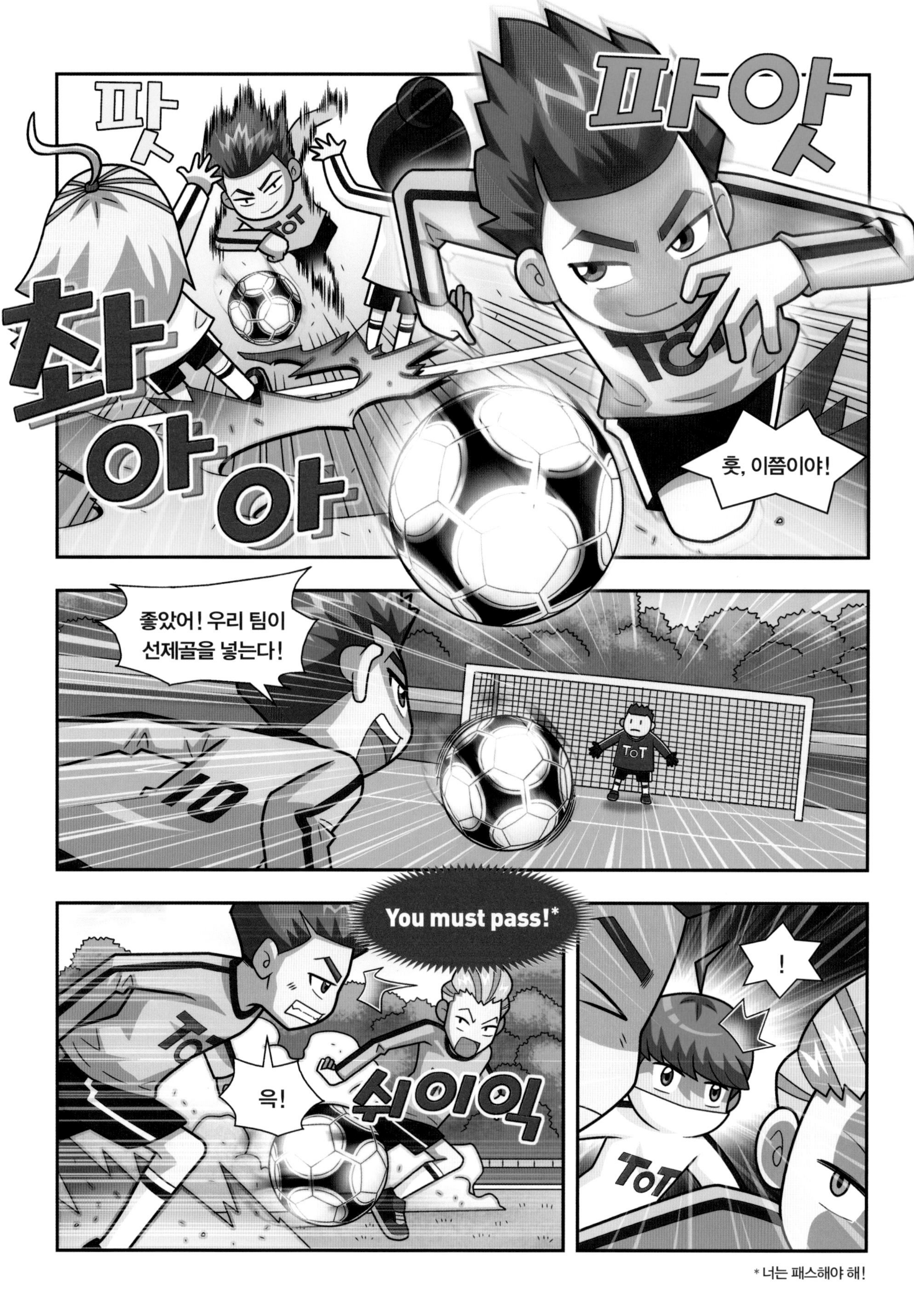
파앗
파앗
차아아
훗, 이쯤이야!
좋았어! 우리 팀이 선제골을 넣는다!
You must pass!*
욱!
쉬이익
!

* 너는 패스해야 해!

Chapter 3

트릭커의 수상한 전술

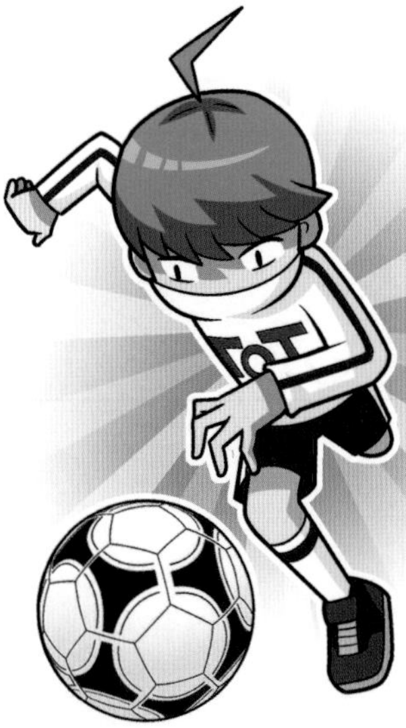

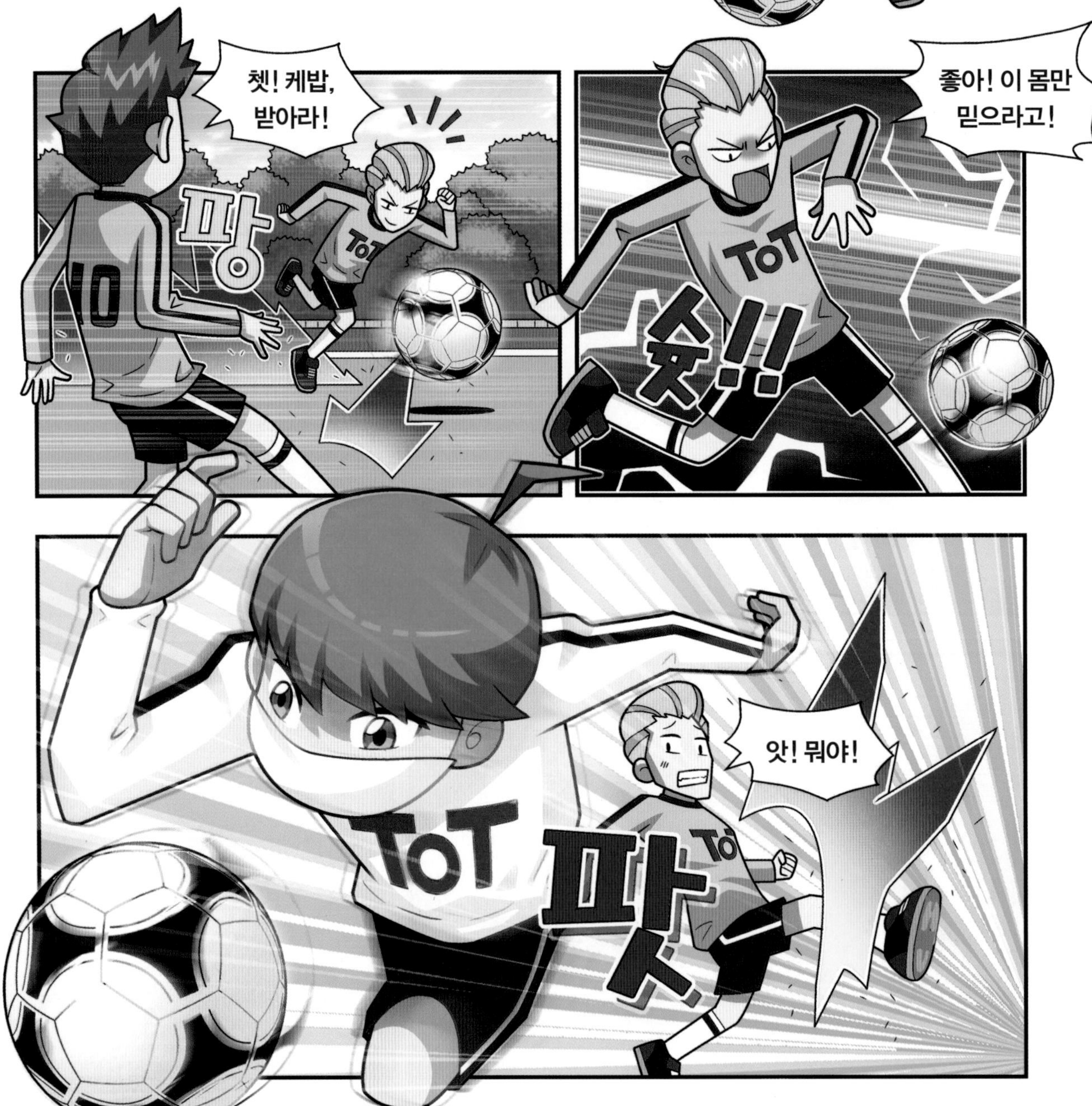
쳇! 케밥,
받아라!
팡
좋아! 이 몸만
믿으라고!
슛!!
앗! 뭐야!
팟

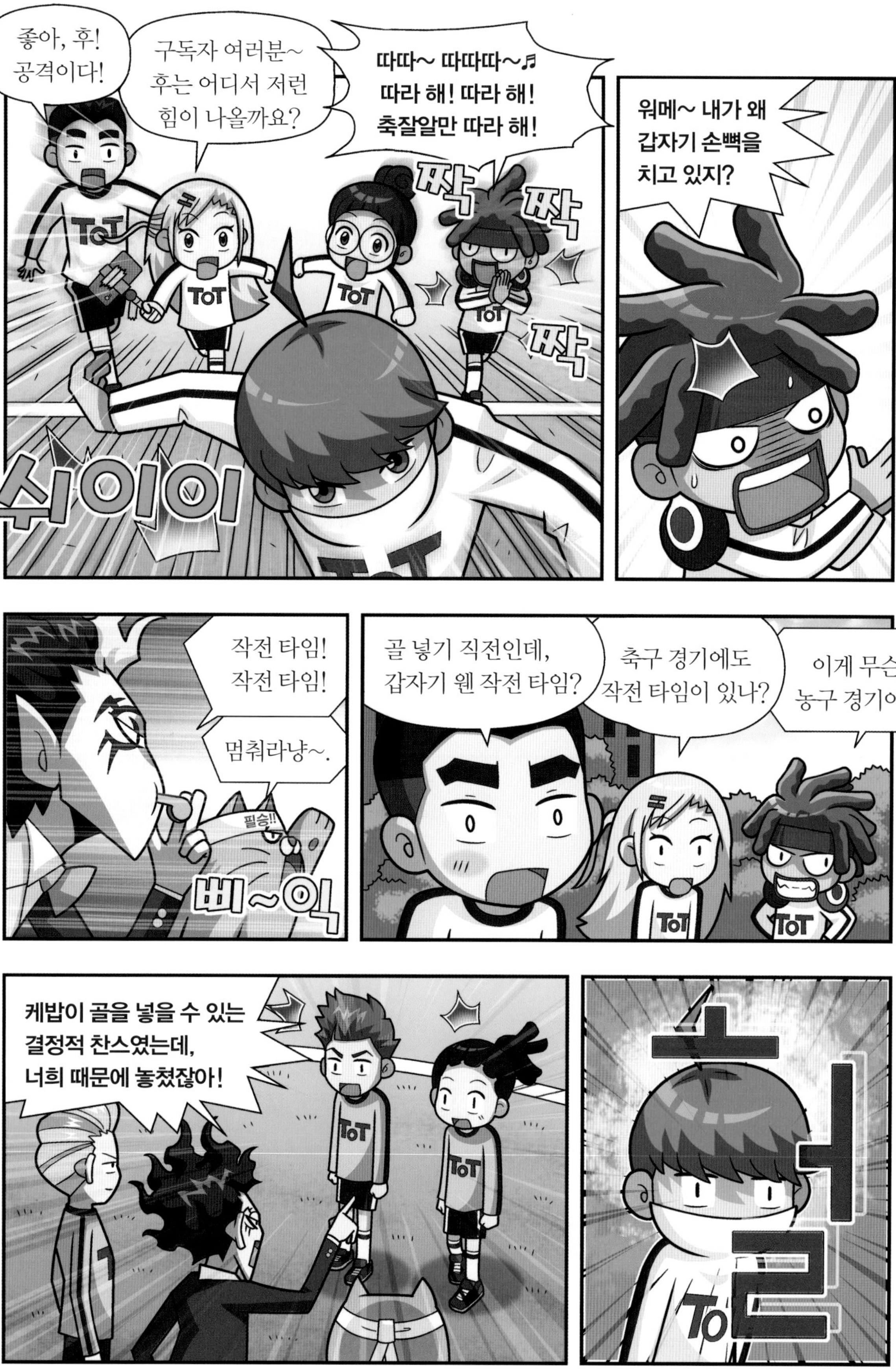

좋아, 후! 공격이다!
구독자 여러분~ 후는 어디서 저런 힘이 나올까요?
따따~ 따따따~♬ 따라 해! 따라 해! 축잘알만 따라 해!
짝
짝
짝
쉬이이
워메~ 내가 왜 갑자기 손뼉을 치고 있지?
작전 타임! 작전 타임!
멈춰라냥~.
필승!!
삐~익
골 넣기 직전인데, 갑자기 웬 작전 타임?
축구 경기에도 작전 타임이 있나?
이게 무슨 농구 경기야?
케밥이 골을 넣을 수 있는 결정적 찬스였는데, 너희 때문에 놓쳤잖아!
흐ㅓㄹ

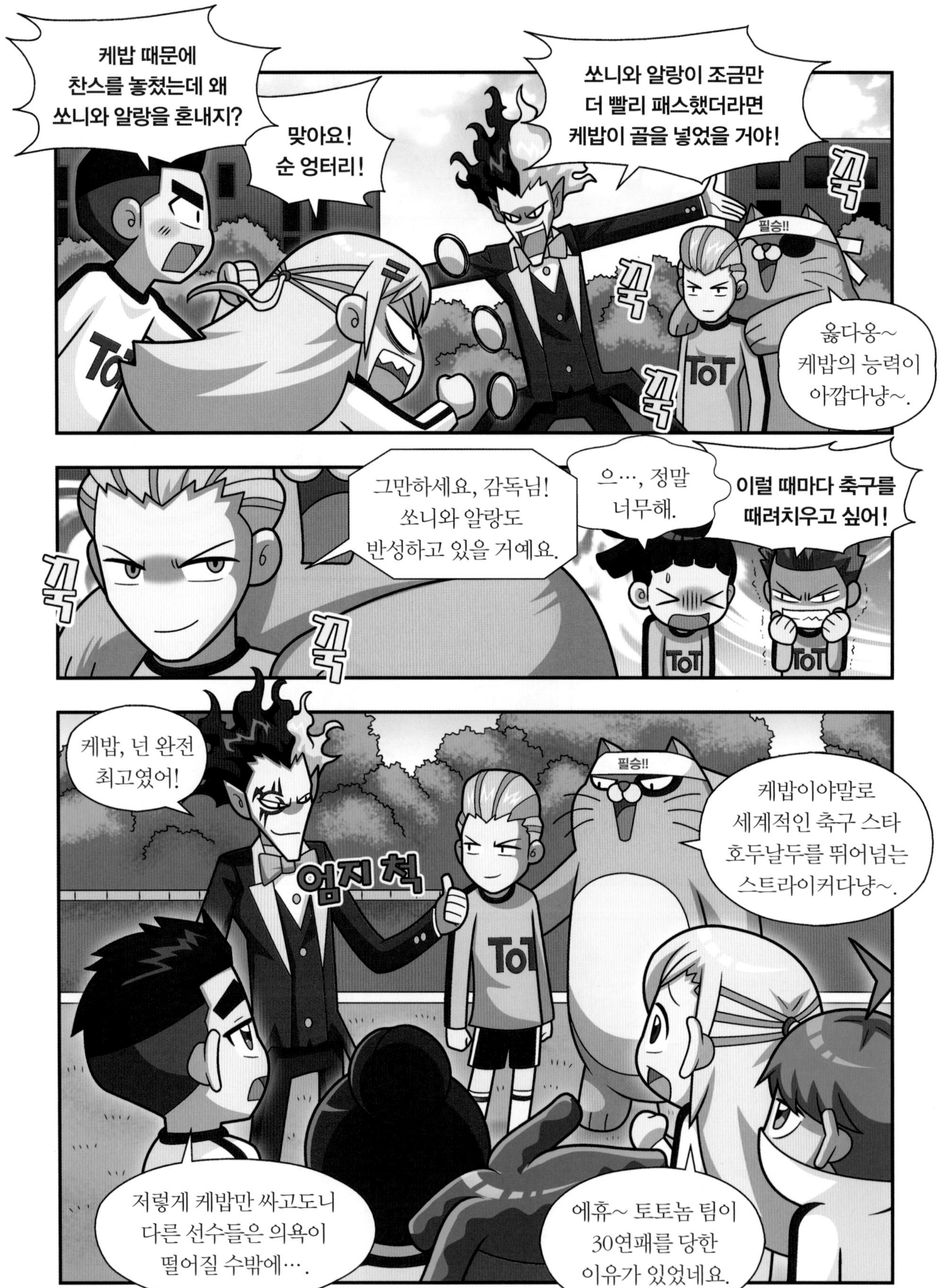
케밥 때문에
찬스를 놓쳤는데 왜
쏘니와 알랑을 혼내지?
맞아요!
순 엉터리!
쏘니와 알랑이 조금만
더 빨리 패스했더라면
케밥이 골을 넣었을 거야!
꿈
꿈
필승!!
TOT
TOT
옳다옹~
케밥의 능력이
아깝다냥~.
꿈
그만하세요, 감독님!
쏘니와 알랑도
반성하고 있을 거예요.
으…, 정말
너무해.
이럴 때마다 축구를
때려치우고 싶어!
꿈
꿈
TOT
TOT
케밥, 넌 완전
최고였어!
필승!!
엄지 척
TOT
케밥이야말로
세계적인 축구 스타
호두날두를 뛰어넘는
스트라이커다냥~.
저렇게 케밥만 싸고도니
다른 선수들은 의욕이
떨어질 수밖에….
에휴~ 토토놈 팀이
30연패를 당한
이유가 있었네요.

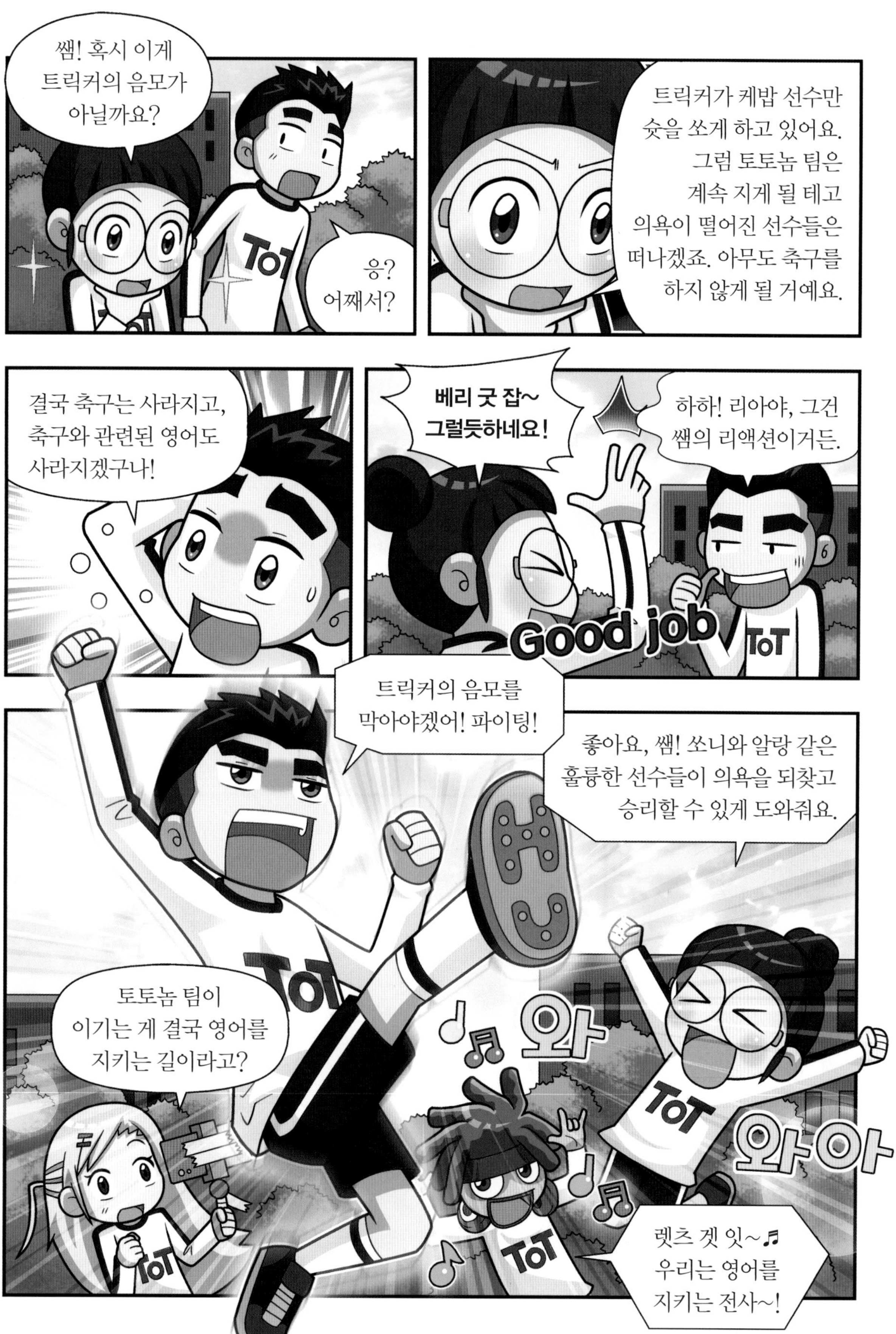
쌤! 혹시 이게 트릭커의 음모가 아닐까요?
응? 어째서?
트릭커가 케밥 선수만 슛을 쏘게 하고 있어요. 그럼 토토놈 팀은 계속 지게 될 테고 의욕이 떨어진 선수들은 떠나겠죠. 아무도 축구를 하지 않게 될 거예요.
결국 축구는 사라지고, 축구와 관련된 영어도 사라지겠구나!
베리 굿 잡~ 그럴듯하네요!
하하! 리아야, 그건 쌤의 리액션이거든.
Good job
ToT
트릭커의 음모를 막아야겠어! 파이팅!
좋아요, 쌤! 쏘니와 알랑 같은 훌륭한 선수들이 의욕을 되찾고 승리할 수 있게 도와줘요.
토토놈 팀이 이기는 게 결국 영어를 지키는 길이라고?
와
와아
렛츠 겟 잇~♬ 우리는 영어를 지키는 전사~!

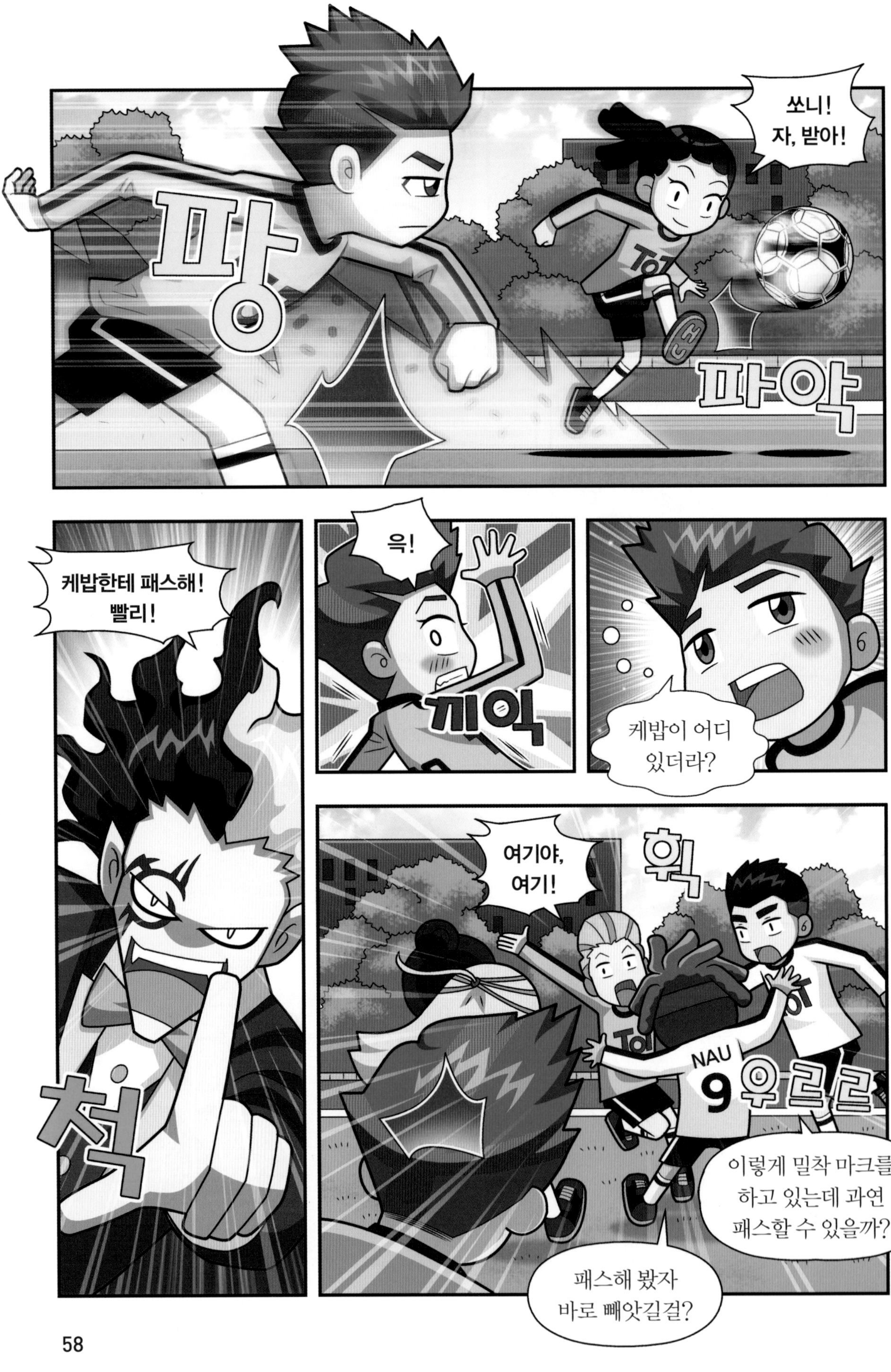
쏘니!
자, 받아!
팡
파악
케밥한테 패스해!
빨리!
윽!
끼익
케밥이 어디
있더라?
척
여기야,
여기!
휙
NAU
9
우르르
이렇게 밀착 마크를
하고 있는데 과연
패스할 수 있을까?
패스해 봤자
바로 빼앗길걸?

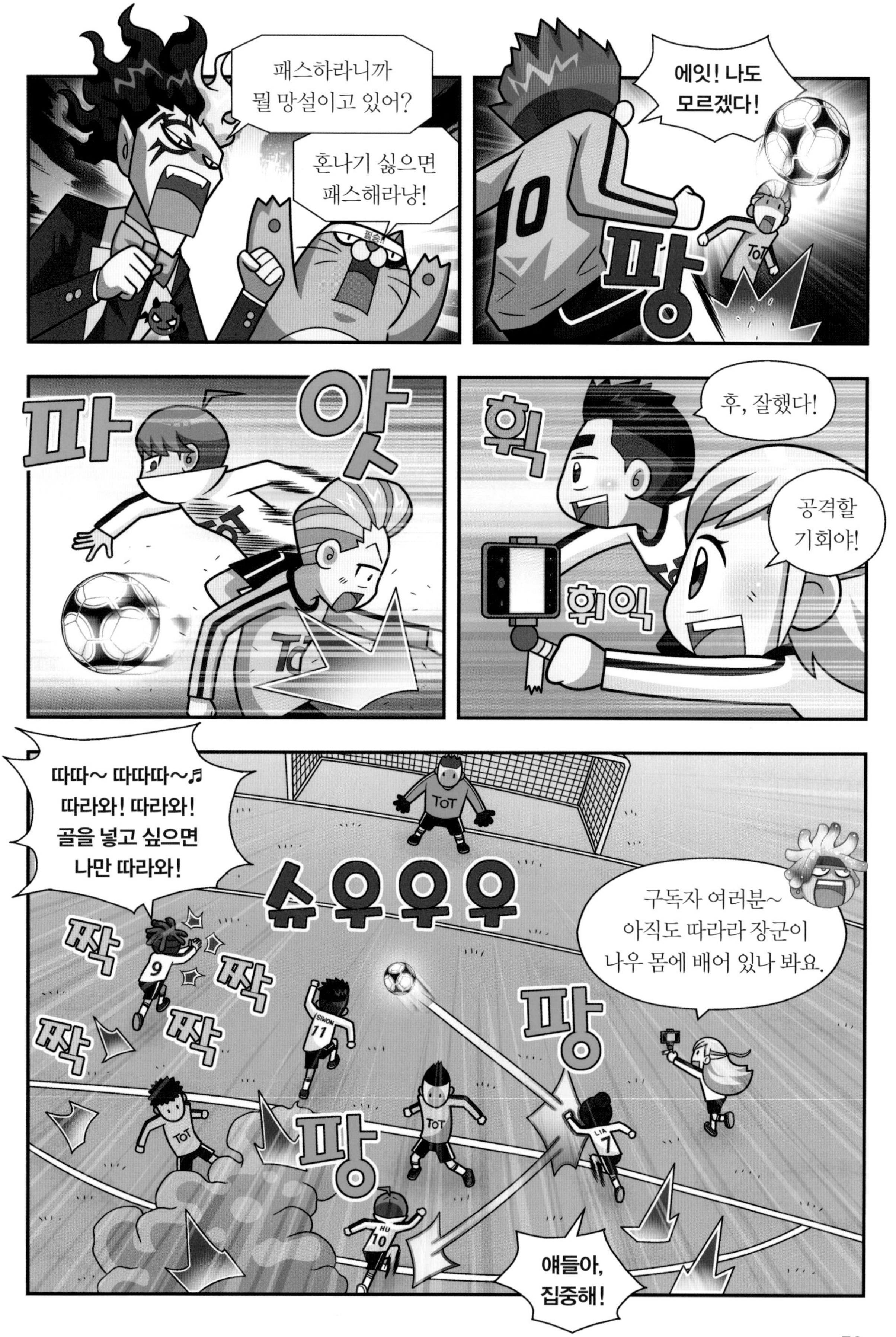
패스하라니까
뭘 망설이고 있어?
혼나기 싫으면
패스해라냥!
필승!
에잇! 나도
모르겠다!
팡
파
앗
후, 잘했다!
휙
공격할
기회야!
휘익
따따~ 따따따~♬
따라와! 따라와!
골을 넣고 싶으면
나만 따라와!
슈우우우
구독자 여러분~
아직도 따라라 장군이
나우 몸에 배어 있나 봐요.
짝
짝
짝
짝
팡
팡
애들아,
집중해!

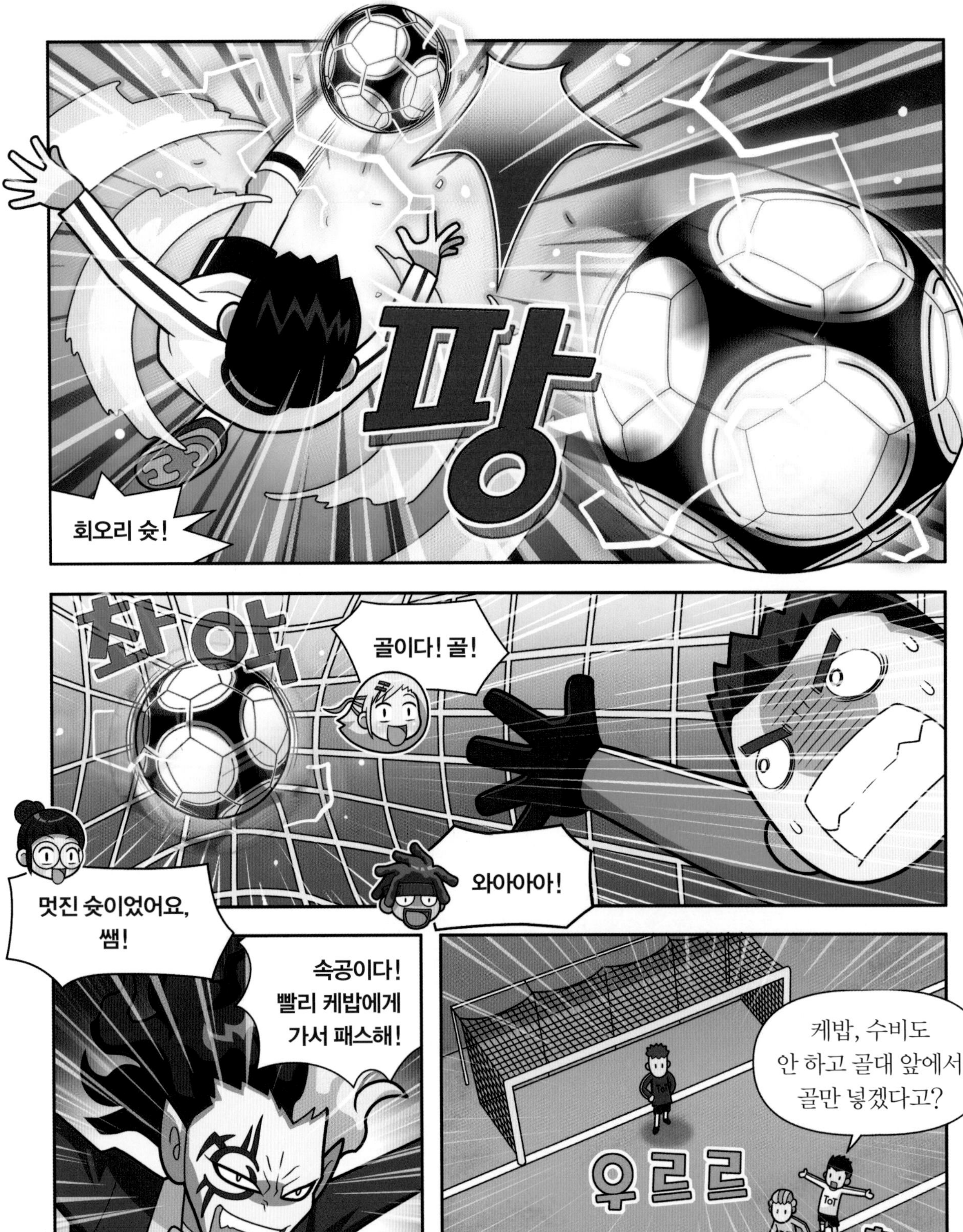

팡
회오리 슛!
촤악
골이다! 골!
와아아아!
멋진 슛이었어요, 쌤!
속공이다! 빨리 케밥에게 가서 패스해!
케밥, 수비도 안 하고 골대 앞에서 골만 넣겠다고?
우르르
휙
휙
그렇게는 안 될걸요!

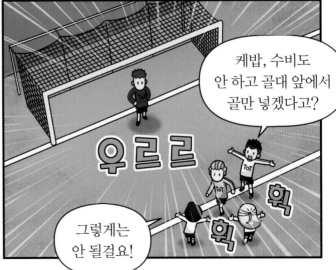

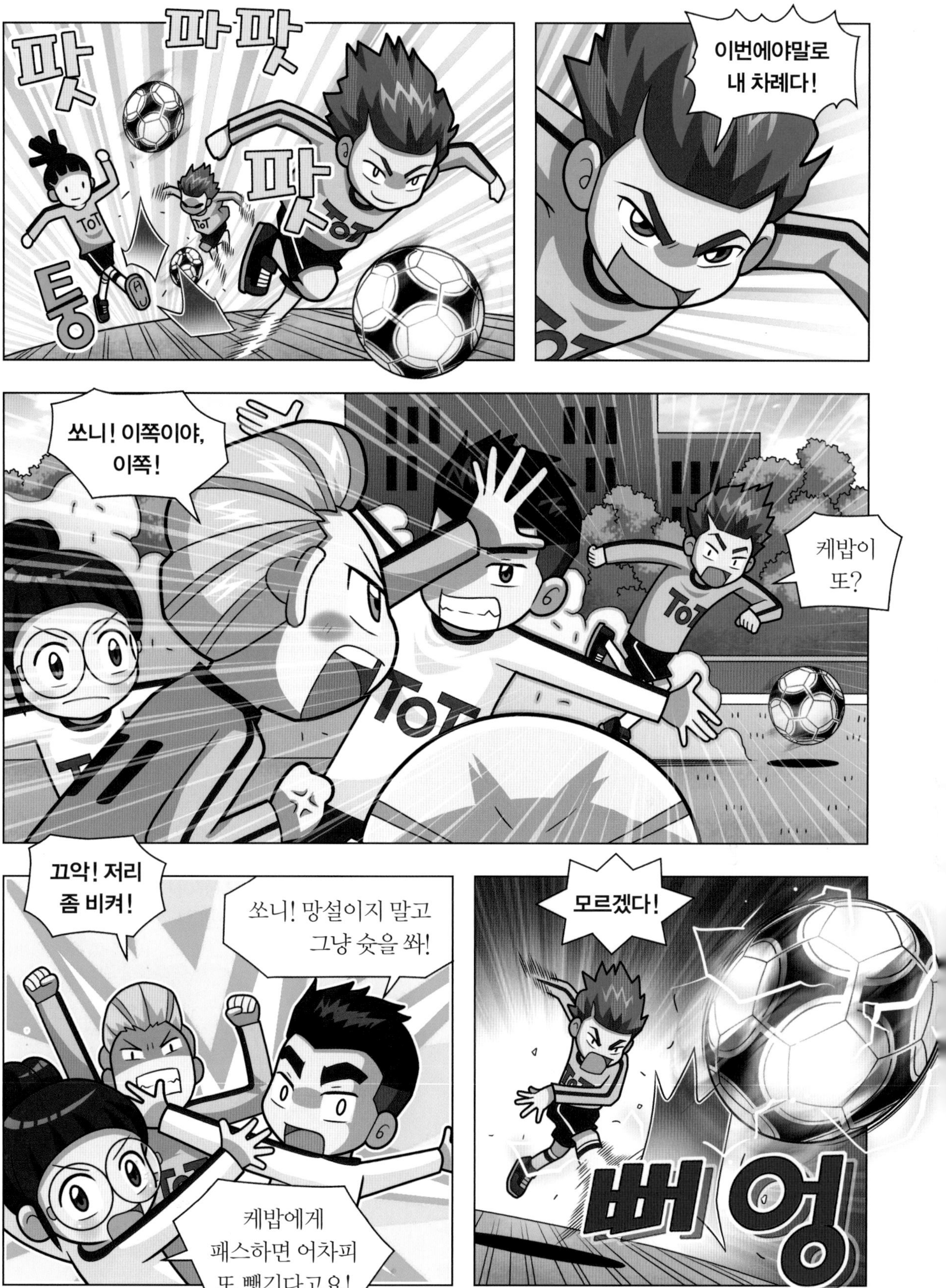
팍
파팍
파팍
퉁
이번에야말로 내 차례다!
쏘니! 이쪽이야, 이쪽!
케밥이 또?
끄악! 저리 좀 비켜!
쏘니! 망설이지 말고 그냥 슛을 쏴!
케밥에게 패스하면 어차피 또 뺏긴다고요!
모르겠다!
뻐엉

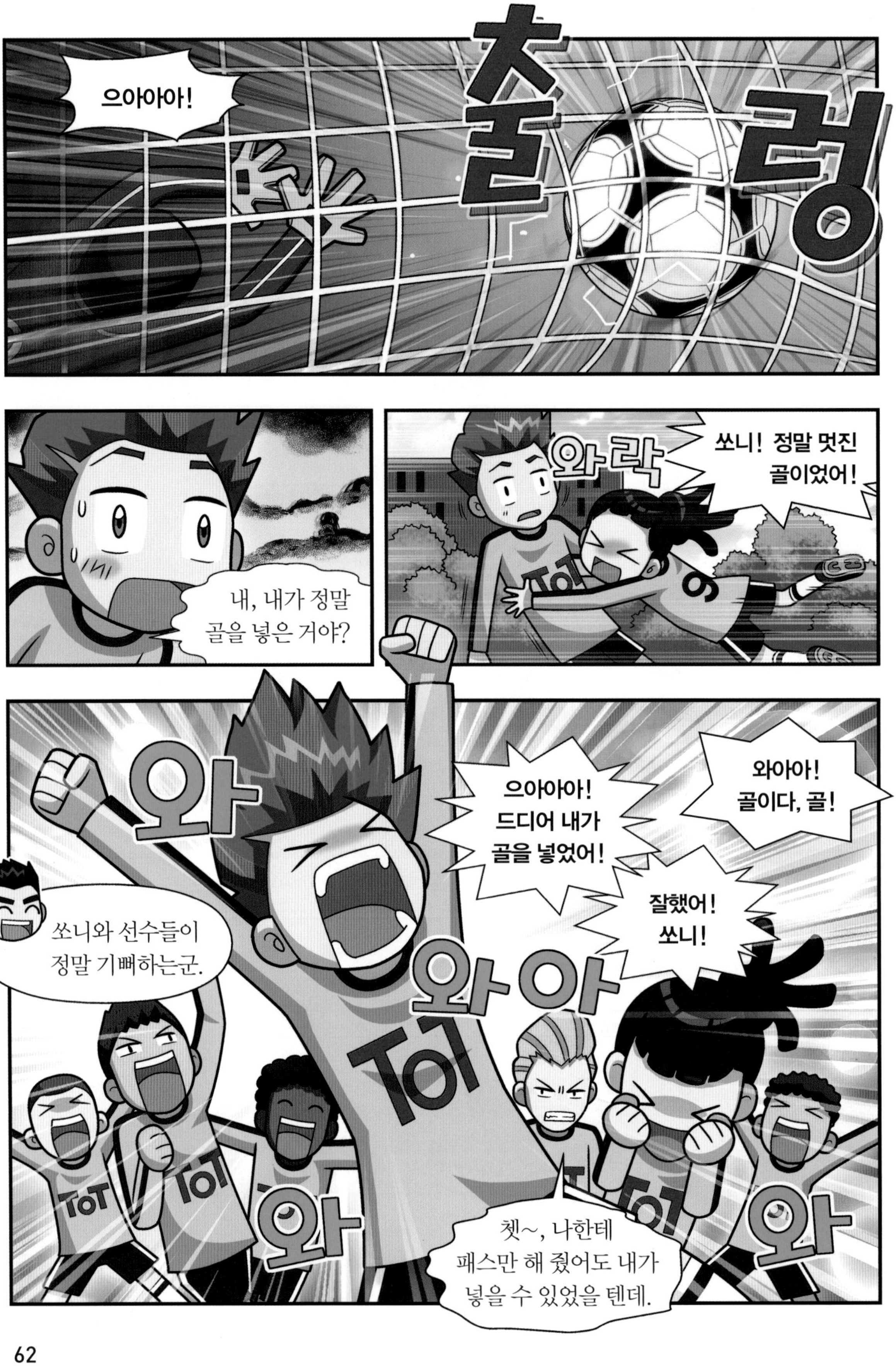

으아아아!
출렁
내, 내가 정말
골을 넣은 거야?
와락
쏘니! 정말 멋진
골이었어!
와
으아아아!
드디어 내가
골을 넣었어!
와아아!
골이다, 골!
쏘니와 선수들이
정말 기뻐하는군.
잘했어!
쏘니!
와아아
와
첫~, 나한테
패스만 해 줬어도 내가
넣을 수 있었을 텐데.
와

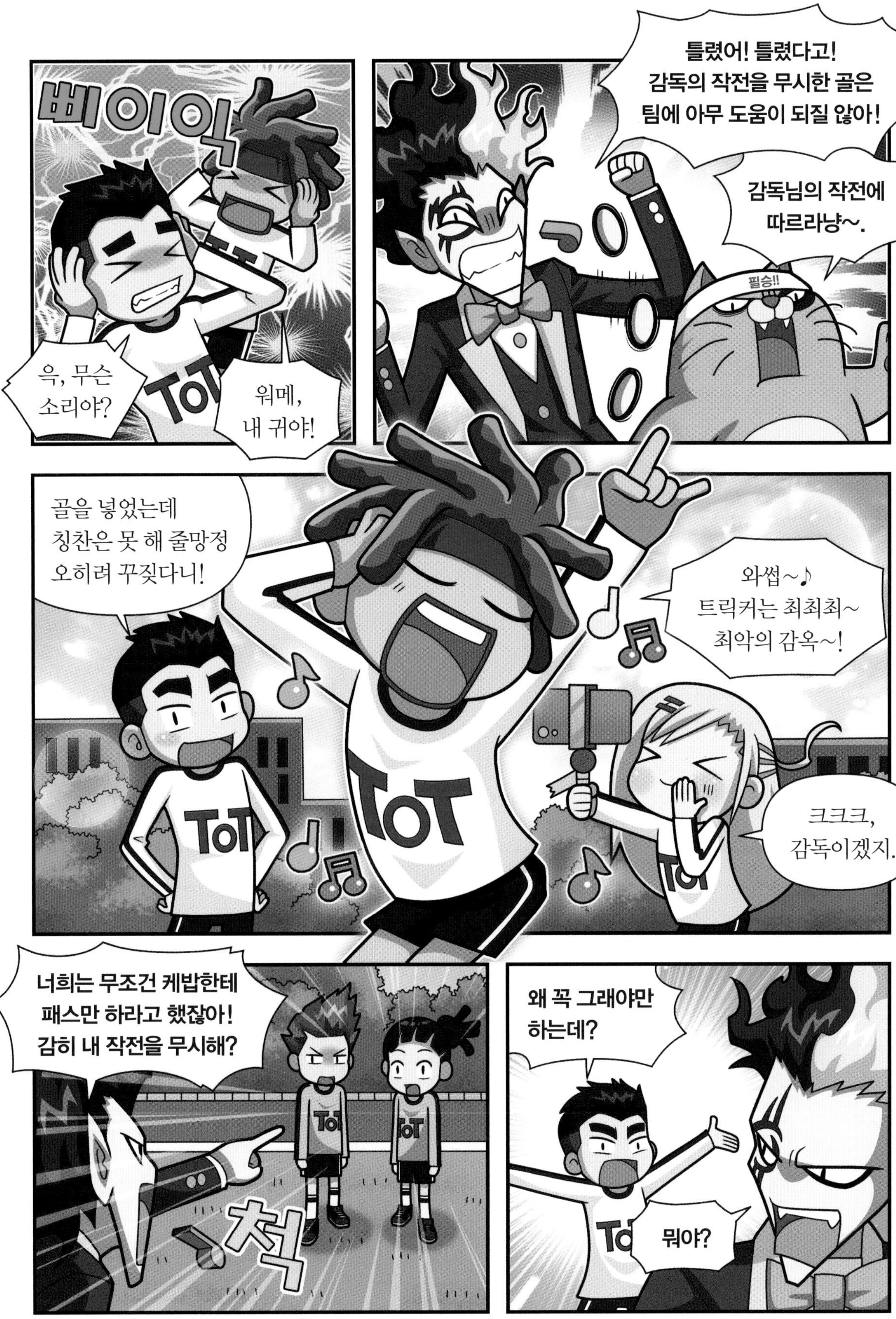
삐이익
윽, 무슨 소리야?
워메, 내 귀야!
틀렸어! 틀렸다고! 감독의 작전을 무시한 골은 팀에 아무 도움이 되질 않아!
감독님의 작전에 따르라냥~.
필승!!
골을 넣었는데 칭찬은 못 해 줄망정 오히려 꾸짖다니!
와썹~♪ 트릭커는 최최최~ 최악의 감옥~!
크크크, 감독이겠지.
너희는 무조건 케밥한테 패스만 하라고 했잖아! 감히 내 작전을 무시해?
척
왜 꼭 그래야만 하는데?
뭐야?

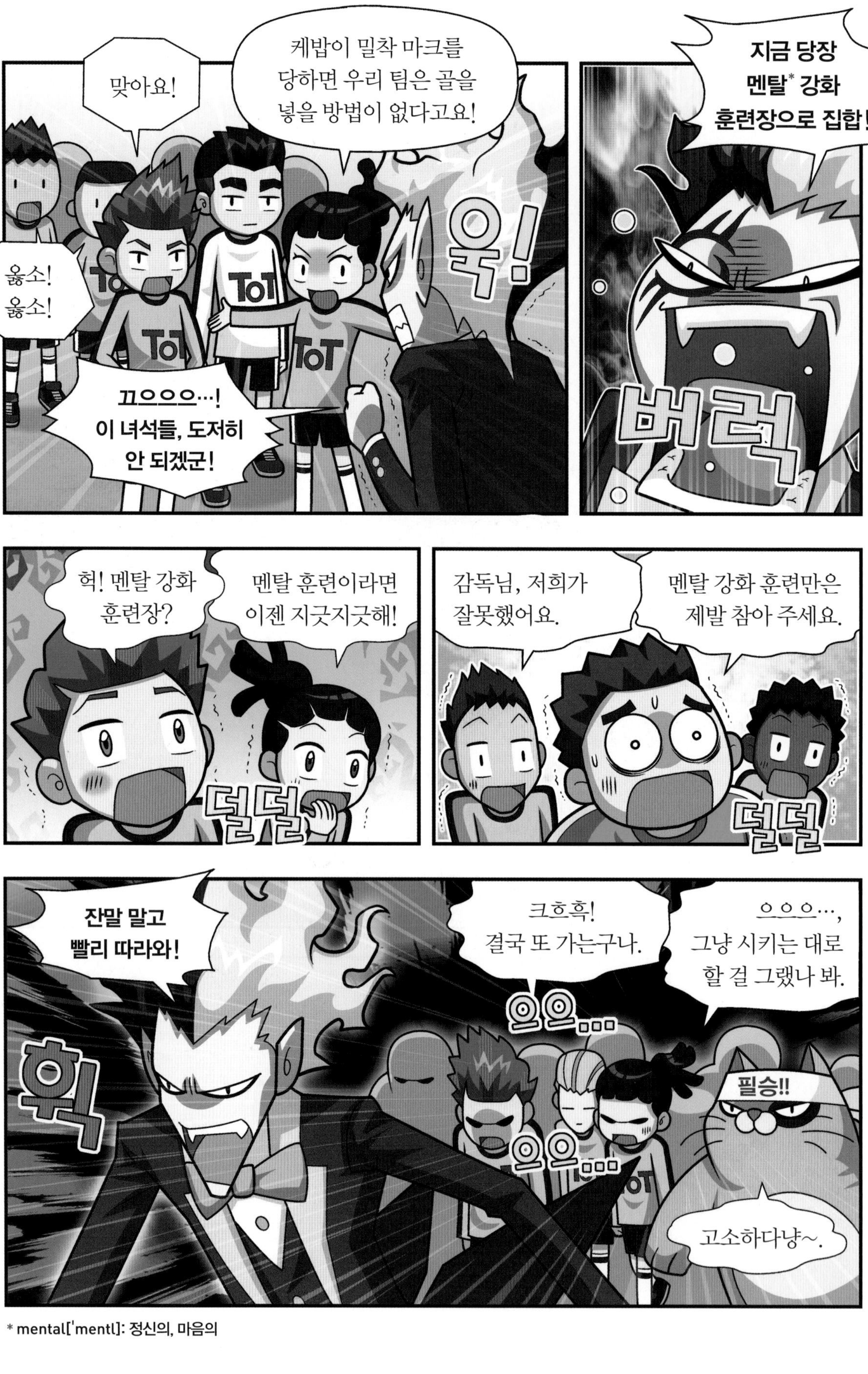
맞아요!
케밥이 밀착 마크를 당하면 우리 팀은 골을 넣을 방법이 없다고요!
옳소! 옳소!
끄으으으…! 이 녀석들, 도저히 안 되겠군!
욱!
지금 당장 멘탈* 강화 훈련장으로 집합!
버럭
헉! 멘탈 강화 훈련장?
멘탈 훈련이라면 이젠 지긋지긋해!
덜덜
감독님, 저희가 잘못했어요.
멘탈 강화 훈련만은 제발 참아 주세요.
덜덜
잔말 말고 빨리 따라와!
휙
크흐흑! 결국 또 가는구나.
으으으…, 그냥 시키는 대로 할 걸 그랬나 봐.
으으...
으으...
필승!!
고소하다냥~.

* mental['mentl]: 정신의, 마음의

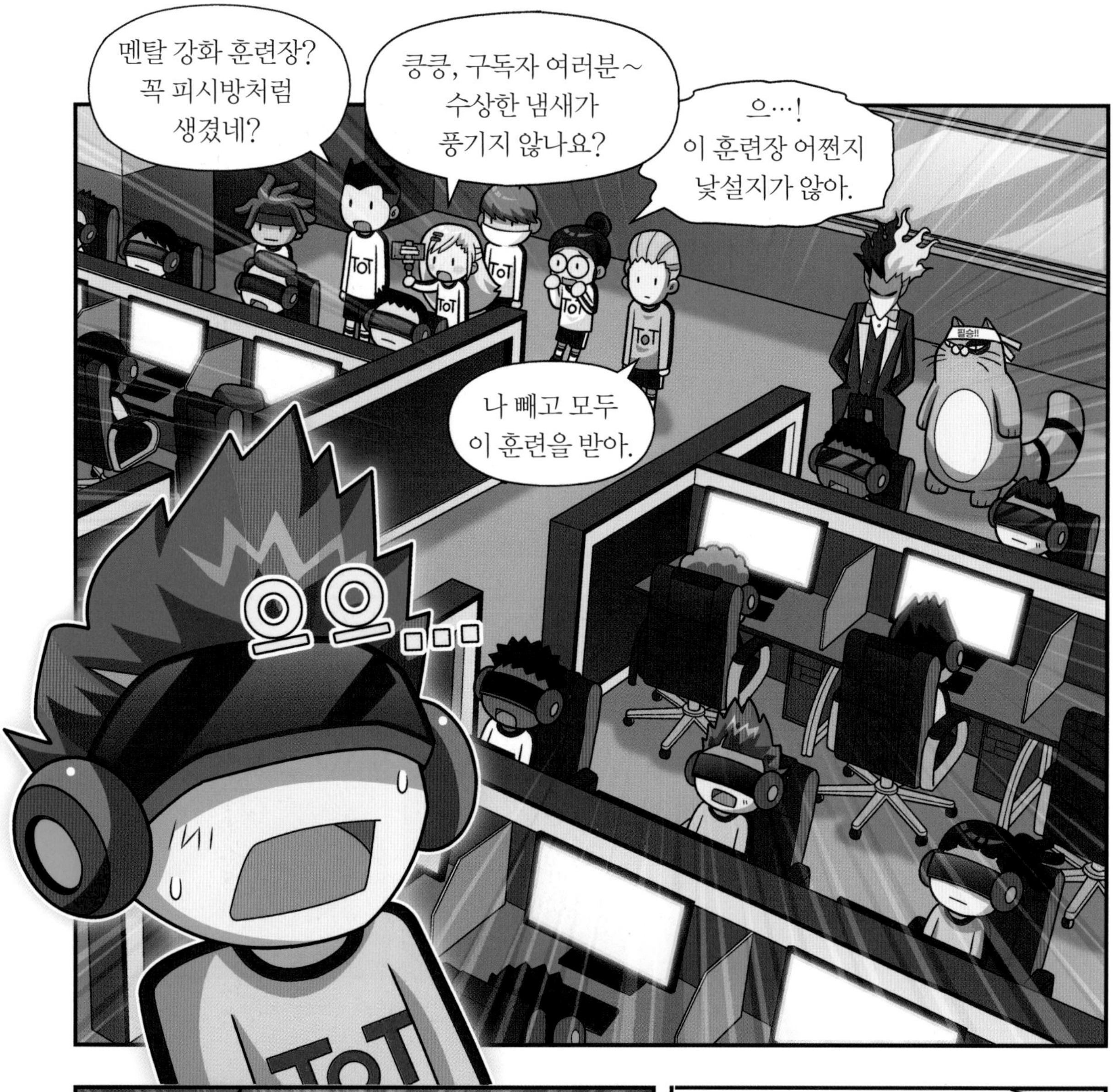
멘탈 강화 훈련장? 꼭 피시방처럼 생겼네?
킁킁, 구독자 여러분~ 수상한 냄새가 풍기지 않나요?
으…! 이 훈련장 어쩐지 낯설지가 않아.
나 빼고 모두 이 훈련을 받아.
오오…
필승!!
ToT

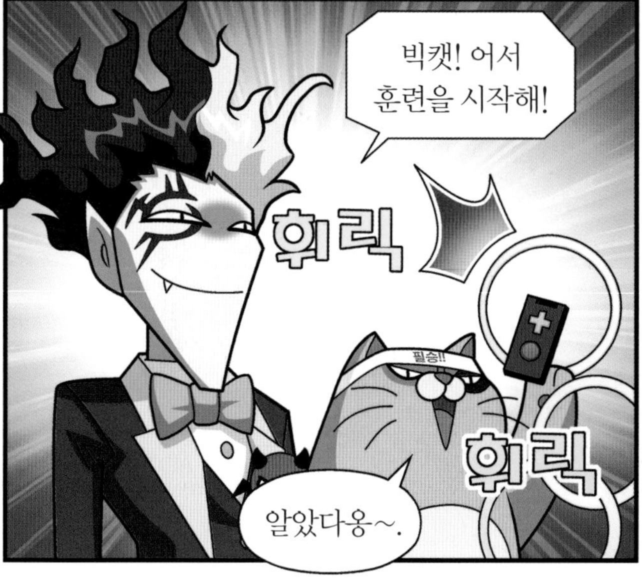
빅캣! 어서 훈련을 시작해!
휘릭
필승!!
휘릭
알았다옹~.

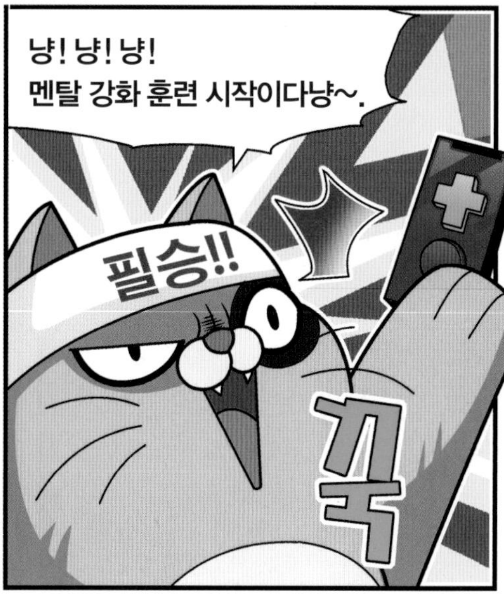
냥! 냥! 냥!
멘탈 강화 훈련 시작이다냥~.
필승!!
꾹

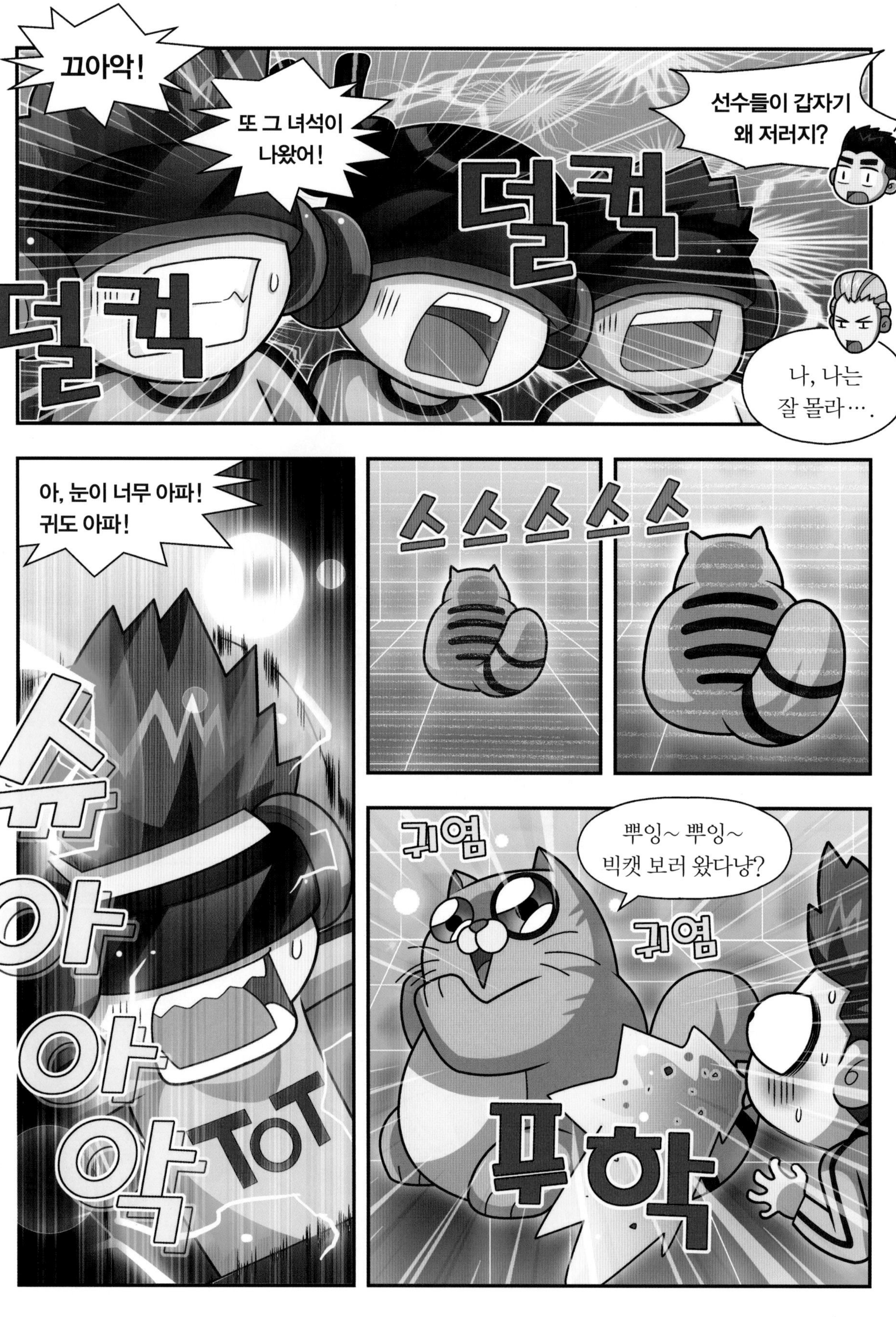
끄아악!
또 그 녀석이 나왔어!
덜컥
덜컥
선수들이 갑자기 왜 저러지?
나, 나는 잘 몰라….
아, 눈이 너무 아파! 귀도 아파!
슈아아악 TOT
스스스스스
귀염
뿌잉~ 뿌잉~ 빅캣 보러 왔다냥?
귀염
푸학

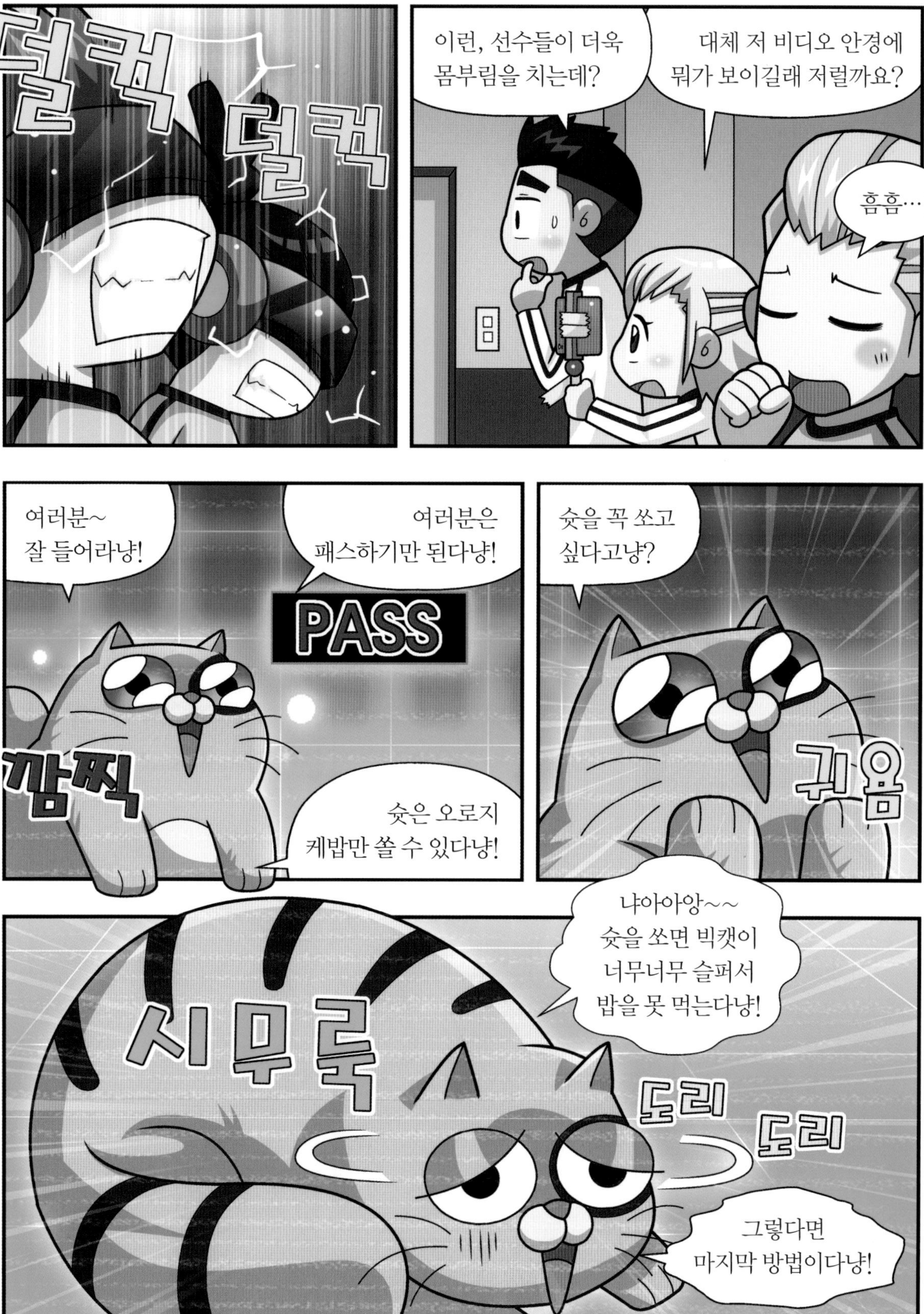
덜컥
덜컥
이런, 선수들이 더욱 몸부림을 치는데?
대체 저 비디오 안경에 뭐가 보이길래 저럴까요?
흠흠…!
여러분~ 잘 들어라냥!
여러분은 패스하기만 된다냥!
PASS
깜짝
숫은 오로지 케밥만 쏠 수 있다냥!
숫을 꼭 쏘고 싶다고냥?
귀욤
냐아아앙~~ 숫을 쏘면 빅캣이 너무너무 슬퍼서 밥을 못 먹는다냥!
시무룩
도리
도리
그렇다면 마지막 방법이다냥!

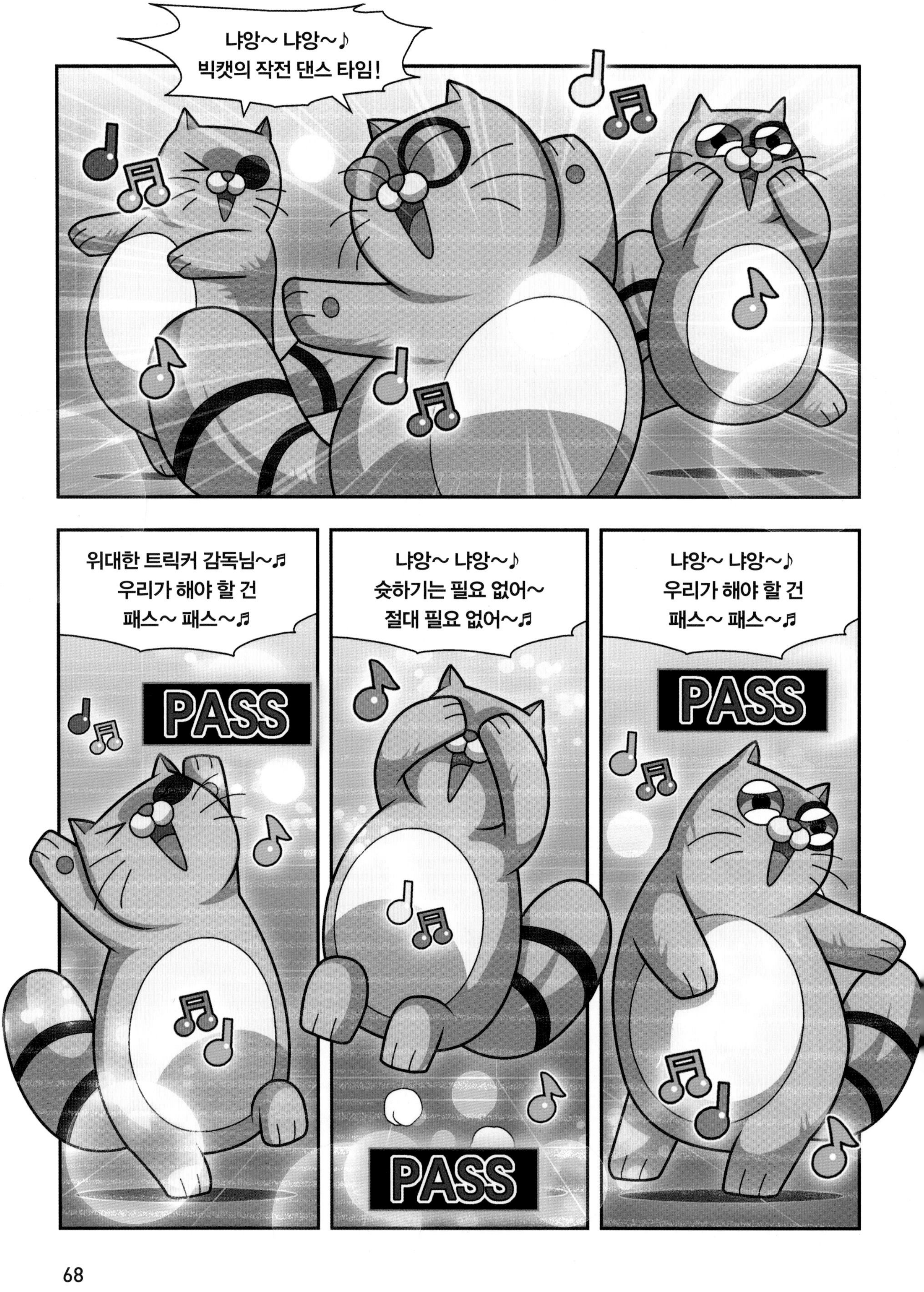
냐앙~ 냐앙~♪
빅캣의 작전 댄스 타임!
위대한 트릭커 감독님~♬
우리가 해야 할 건
패스~ 패스~♬
PASS
냐앙~ 냐앙~♪
슛하기는 필요 없어~
절대 필요 없어~♬
PASS
냐앙~ 냐앙~♪
우리가 해야 할 건
패스~ 패스~♬
PASS

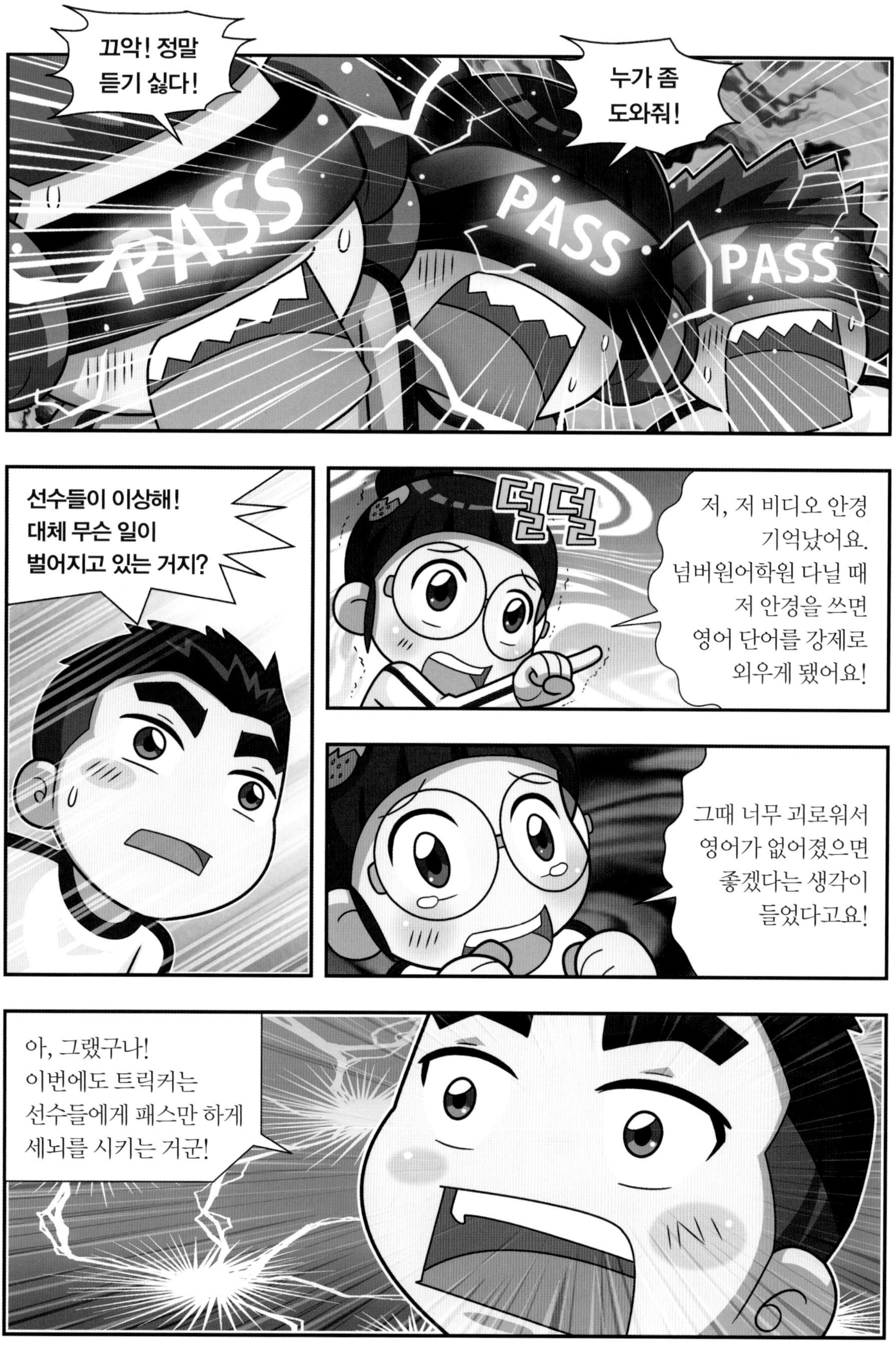
끄악! 정말 듣기 싫다!
누가 좀 도와줘!
PASS
PASS
PASS
선수들이 이상해! 대체 무슨 일이 벌어지고 있는 거지?
덜덜
저, 저 비디오 안경 기억났어요. 넘버원어학원 다닐 때 저 안경을 쓰면 영어 단어를 강제로 외우게 됐어요!
그때 너무 괴로워서 영어가 없어졌으면 좋겠다는 생각이 들었다고요!
아, 그랬구나! 이번에도 트릭커는 선수들에게 패스만 하게 세뇌를 시키는 거군!

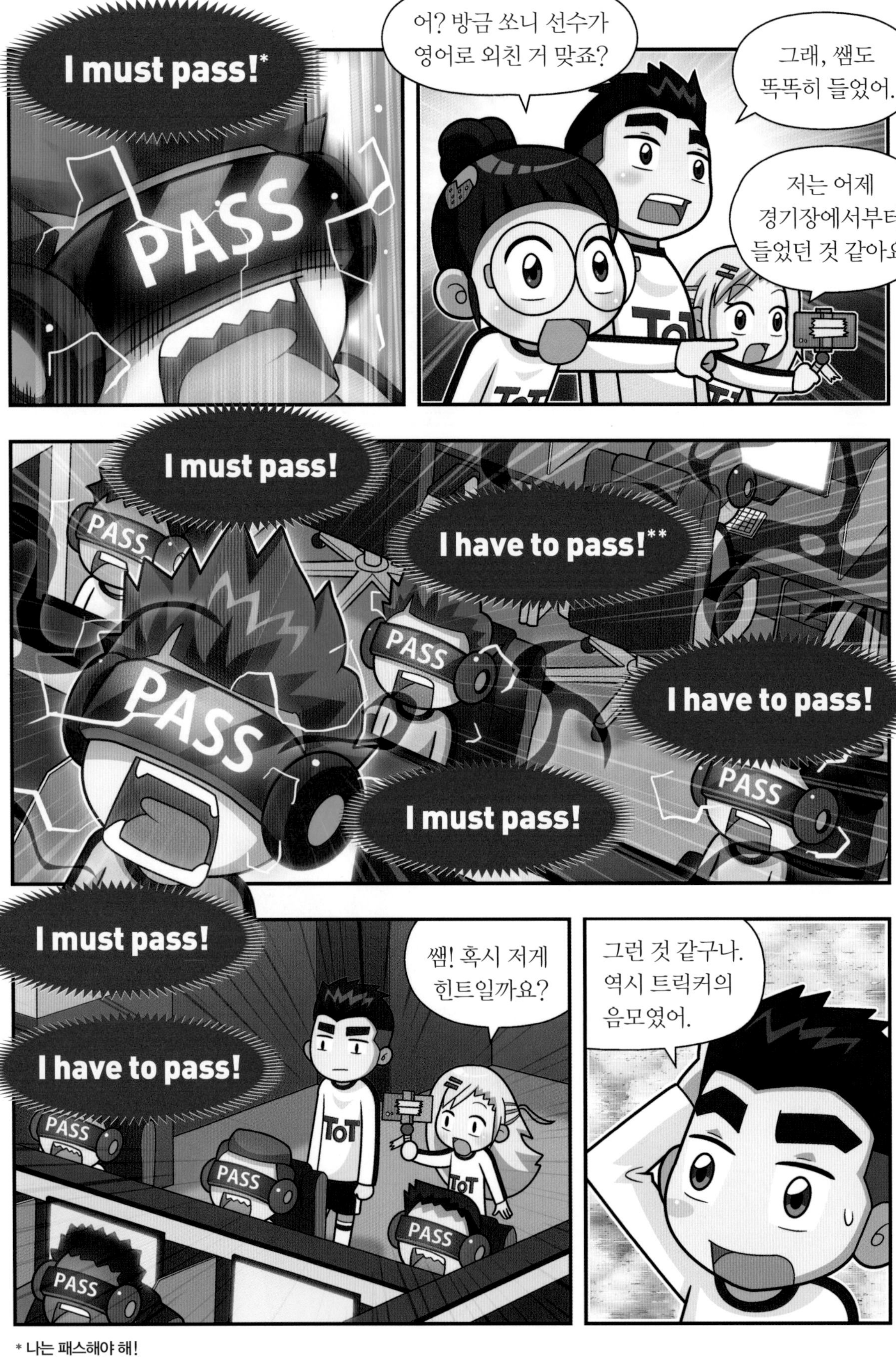
I must pass!*
PASS
어? 방금 쏘니 선수가 영어로 외친 거 맞죠?
그래, 쌤도 똑똑히 들었어.
저는 어제 경기장에서부터 들었던 것 같아요.
I must pass!
PASS
I have to pass!**
PASS
PASS
I have to pass!
PASS
I must pass!
I must pass!
I have to pass!
쌤! 혹시 저게 힌트일까요?
PASS
PASS
PASS
PASS
그런 것 같구나. 역시 트릭커의 음모였어.

* 나는 패스해야 해!
** 나는 패스해야 해!

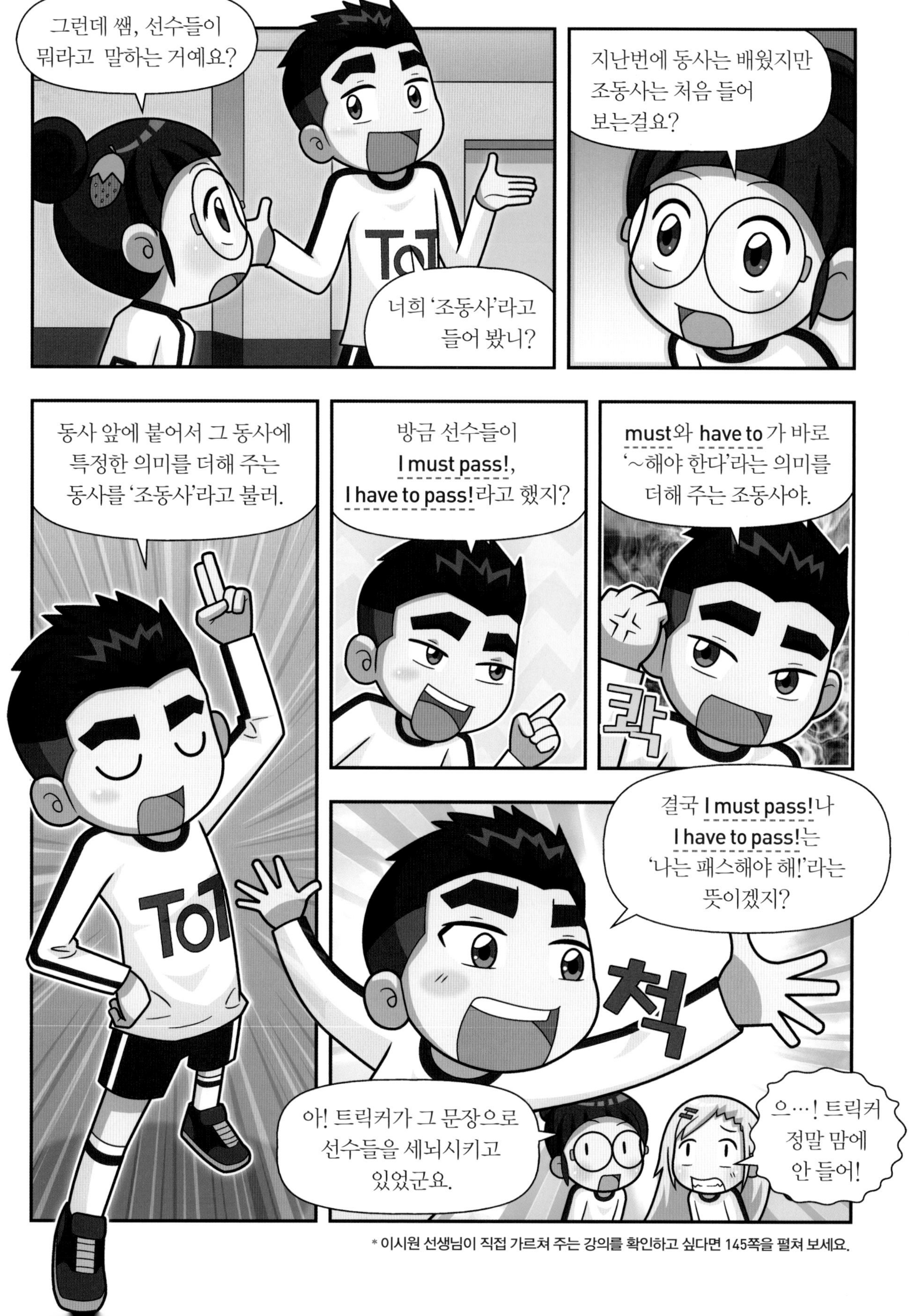
그런데 쌤, 선수들이
뭐라고 말하는 거예요?
너희 '조동사'라고
들어 봤니?
지난번에 동사는 배웠지만
조동사는 처음 들어
보는걸요?
동사 앞에 붙어서 그 동사에
특정한 의미를 더해 주는
동사를 '조동사'라고 불러.
방금 선수들이
I must pass!,
I have to pass!라고 했지?
must와 have to가 바로
'~해야 한다'라는 의미를
더해 주는 조동사야.
콱
결국 I must pass!나
I have to pass!는
'나는 패스해야 해!'라는
뜻이겠지?
척
아! 트릭커가 그 문장으로
선수들을 세뇌시키고
있었군요.
으…! 트릭커
정말 맘에
안 들어!

* 이시원 선생님이 직접 가르쳐 주는 강의를 확인하고 싶다면 145쪽을 펼쳐 보세요.

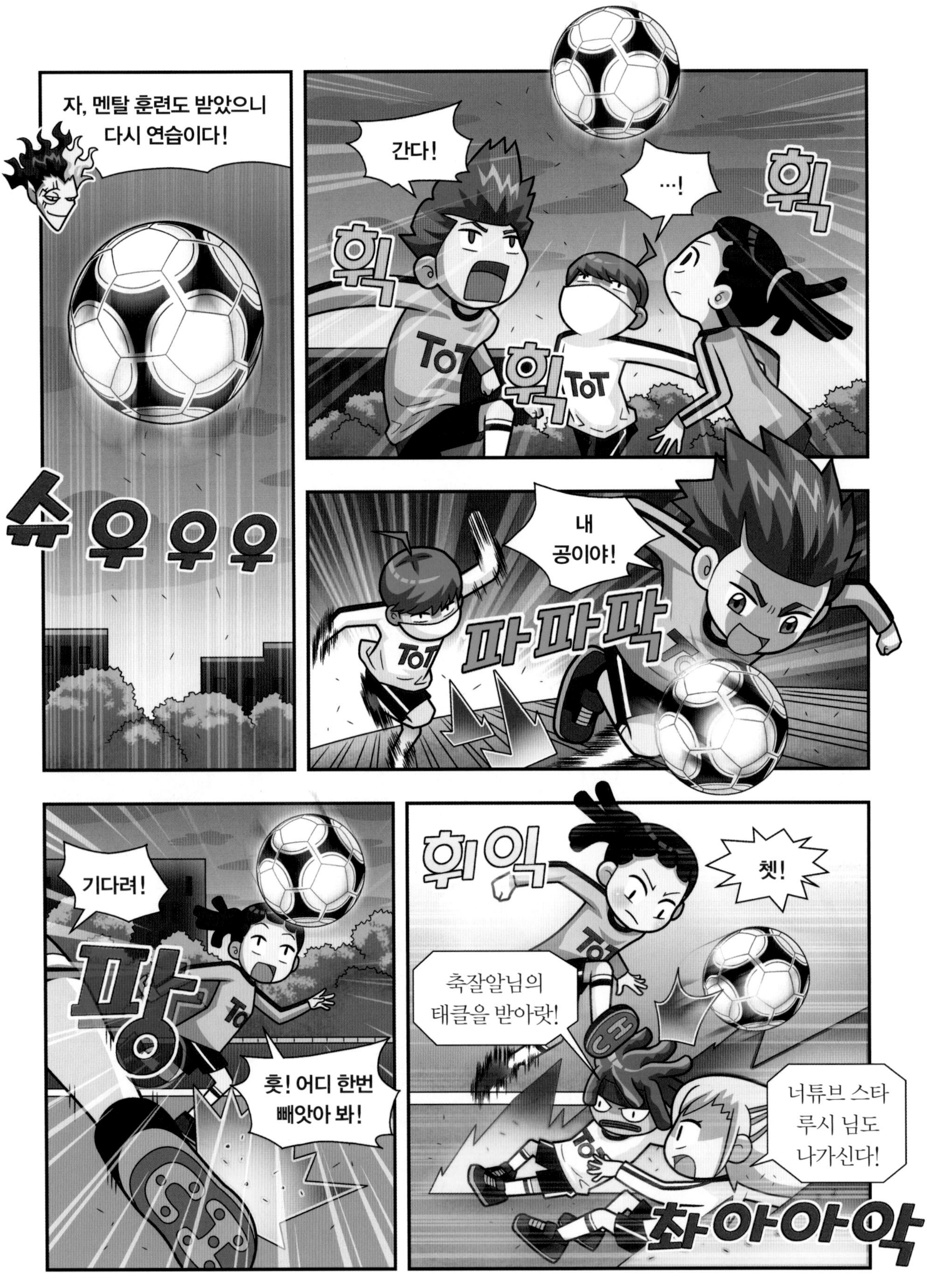
자, 멘탈 훈련도 받았으니 다시 연습이다!
슈우우우
간다!
…!
휙
휙
휙
내 공이야!
파파팍
기다려!
팡
훗! 어디 한번 빼앗아 봐!
휘익
쳇!
축잘알님의 태클을 받아랏!
너튜브 스타 루시 님도 나가신다!
촤아아악

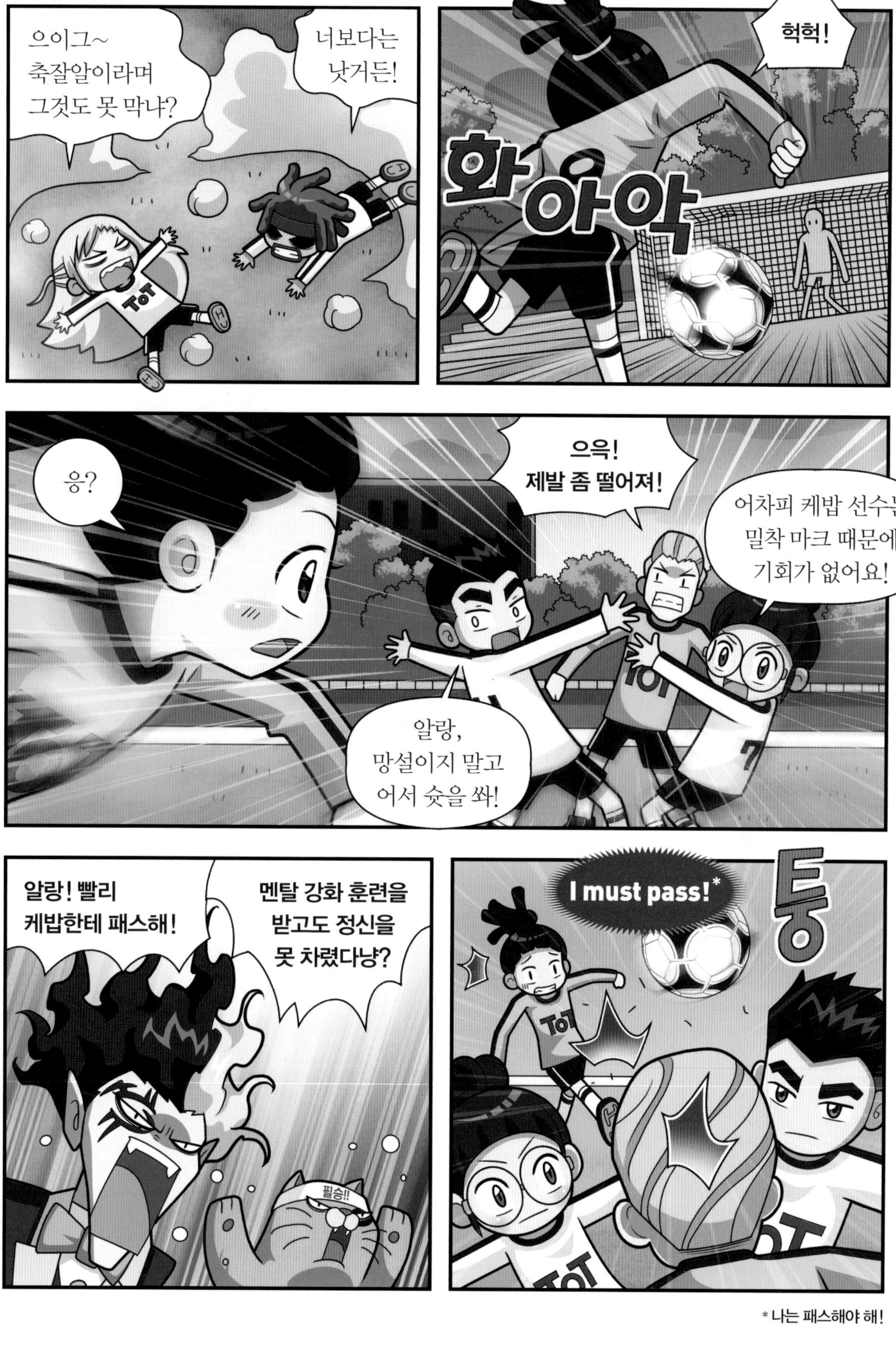

으이그~
축잘알이라며
그것도 못 막냐?
너보다는
낫거든!
헉헉!
화아악
응?
으윽!
제발 좀 떨어져!
어차피 케밥 선수는
밀착 마크 때문에
기회가 없어요!
알랑,
망설이지 말고
어서 슛을 쏴!
알랑! 빨리
케밥한테 패스해!
멘탈 강화 훈련을
받고도 정신을
못 차렸다냥?
필승!!
I must pass!*
퉁

* 나는 패스해야 해!

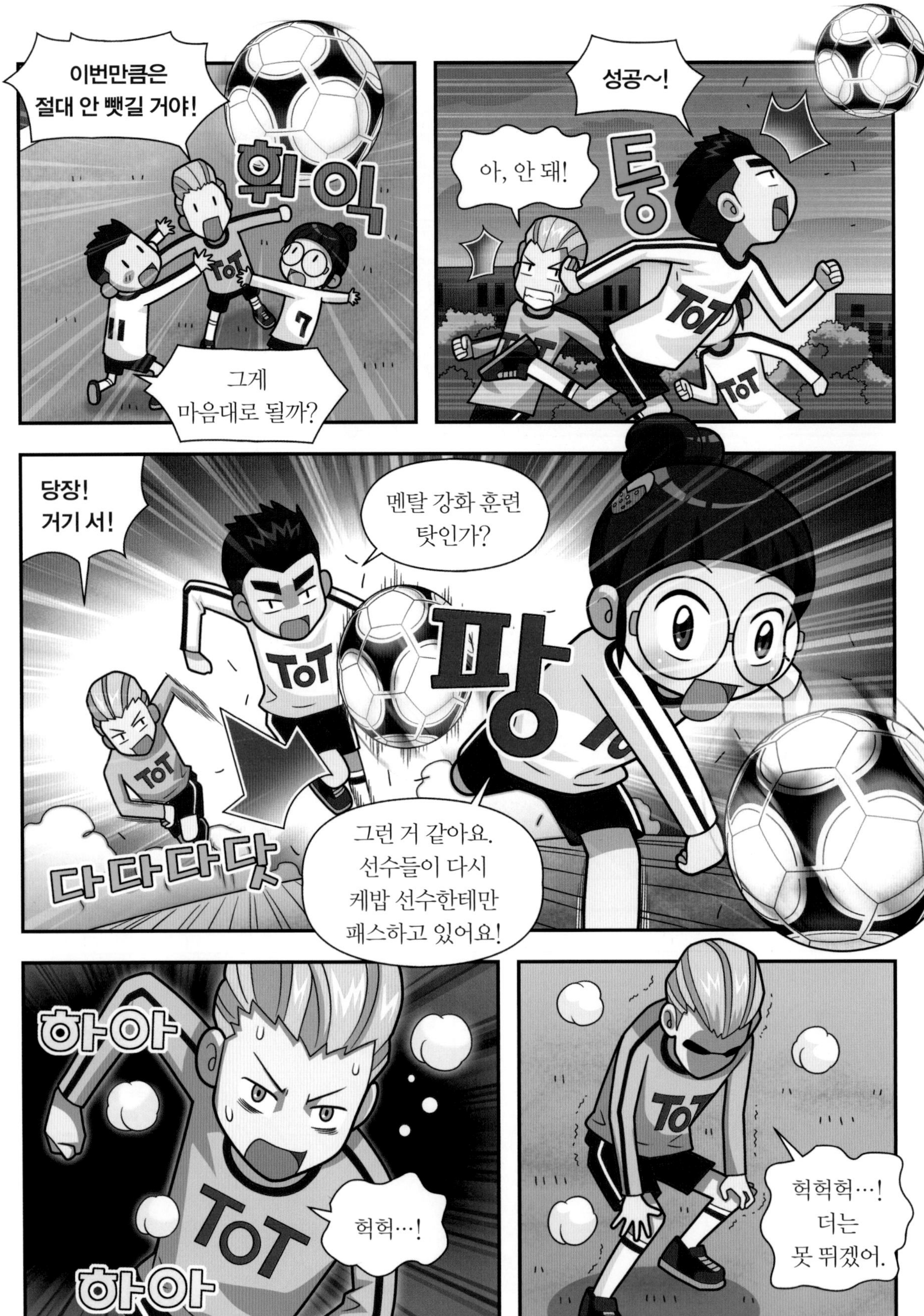

이번만큼은 절대 안 뺏길 거야!
휘익
그게 마음대로 될까?
성공~!
아, 안 돼!
퉁
당장! 거기 서!
멘탈 강화 훈련 탓인가?
팡
다다다다닥
그런 거 같아요. 선수들이 다시 케밥 선수한테만 패스하고 있어요!
하아
헉헉…!
하아
헉헉헉…! 더는 못 뛰겠어.

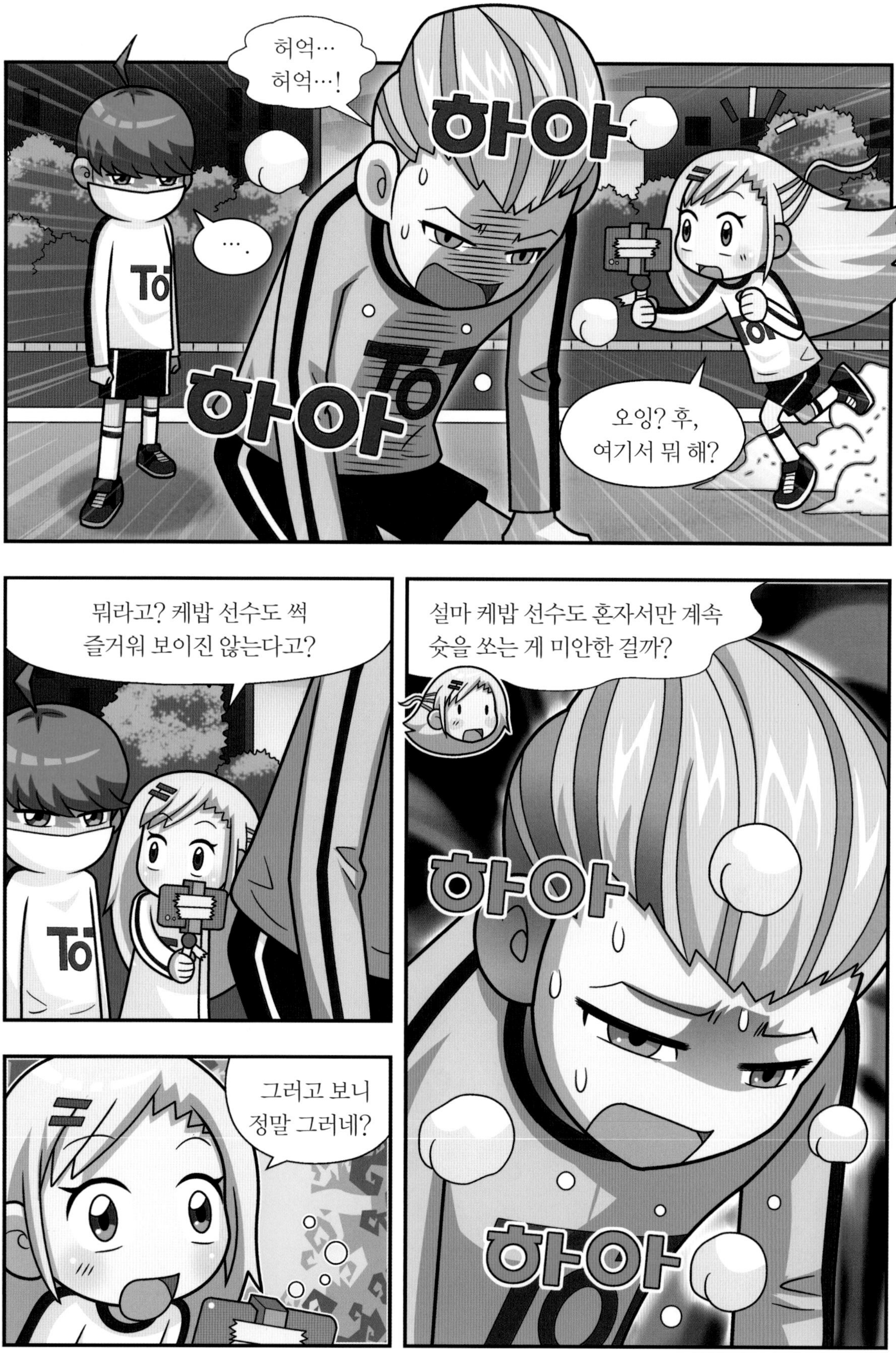
허억…
허억…!
하아
…
하아
오잉? 후,
여기서 뭐 해?
뭐라고? 케밥 선수도 썩
즐거워 보이진 않는다고?
설마 케밥 선수도 혼자서만 계속
슛을 쏘는 게 미안한 걸까?
하아
그러고 보니
정말 그러네?
하아

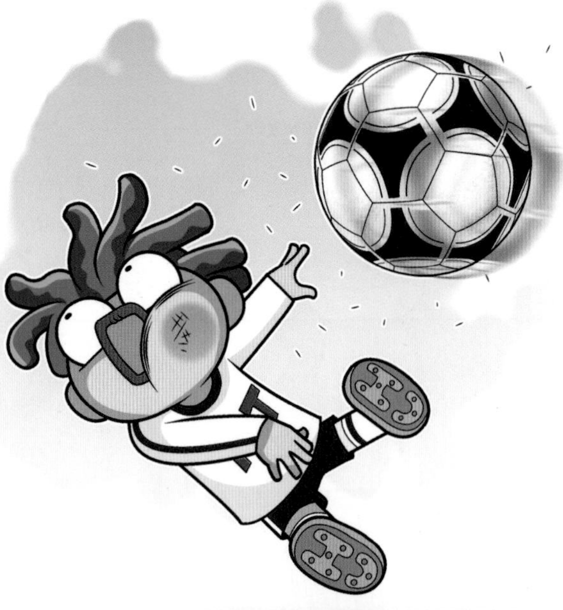

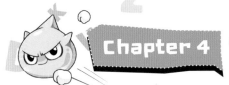

Chapter 4

축구를 즐기는 특별한 방법

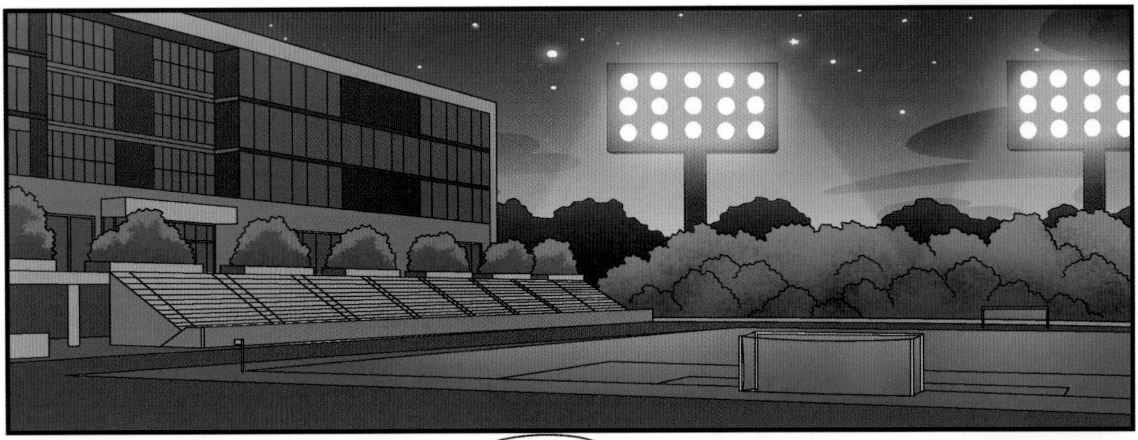

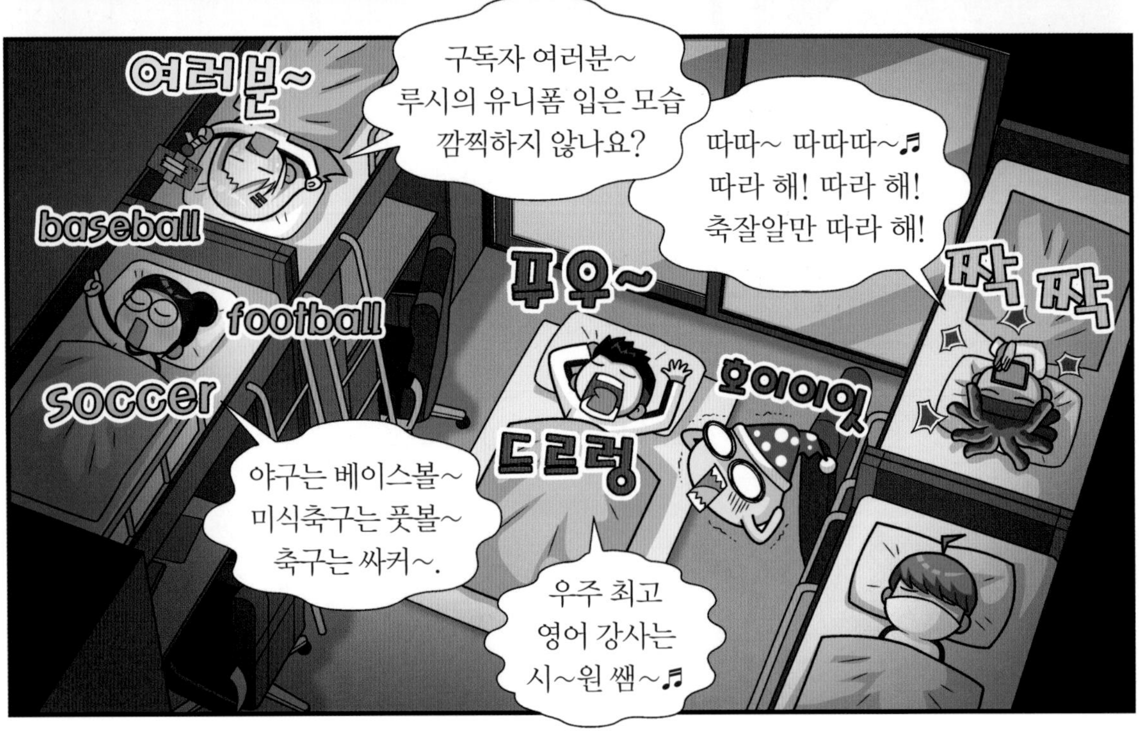

여러분~
구독자 여러분~ 루시의 유니폼 입은 모습 깜찍하지 않나요?
baseball
football
soccer
야구는 베이스볼~ 미식축구는 풋볼~ 축구는 싸커~.
따따~ 따따따~♬ 따라 해! 따라 해! 축잘알만 따라 해!
푸우~
드르렁
호이이잇
짝 짝
우주 최고 영어 강사는 시~원 쌤~♬

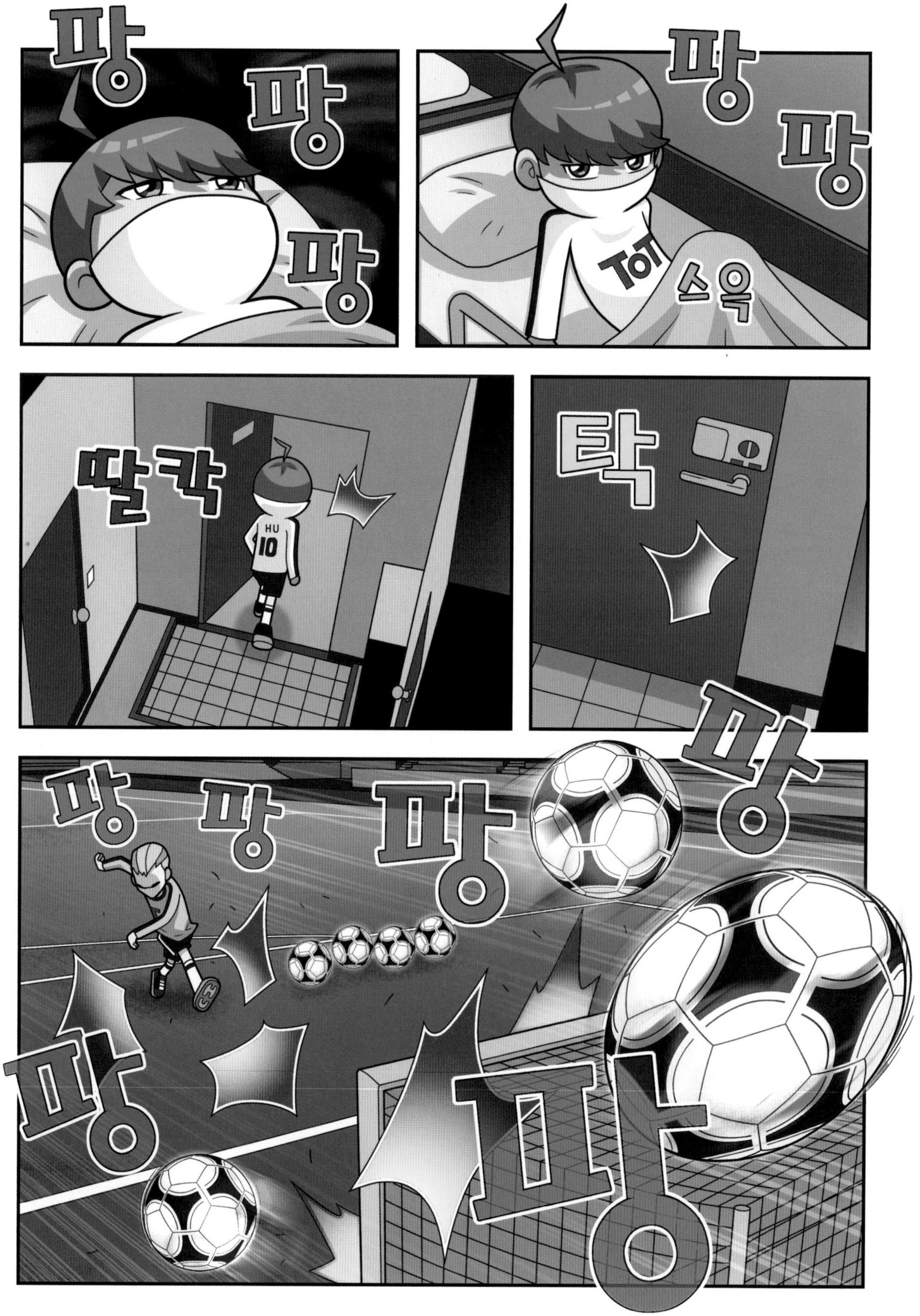
팡
팡
팡
팡
팡
TOT
스윽
딸칵
HU
10
탁
팡
팡
팡
팡
팡
팡

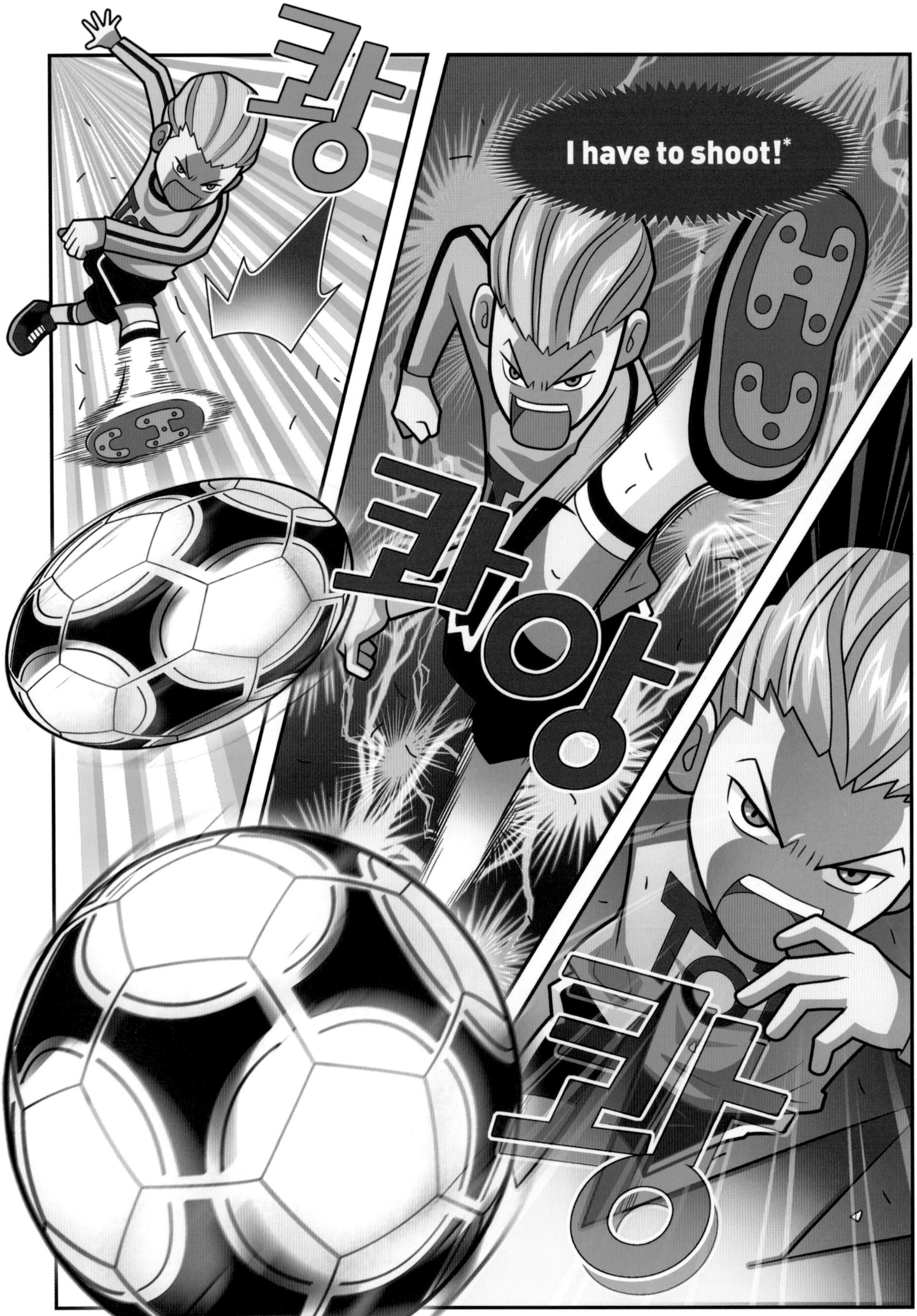
쾅
I have to shoot!*
콰앙
쾅

* 나는 슛해야 해!

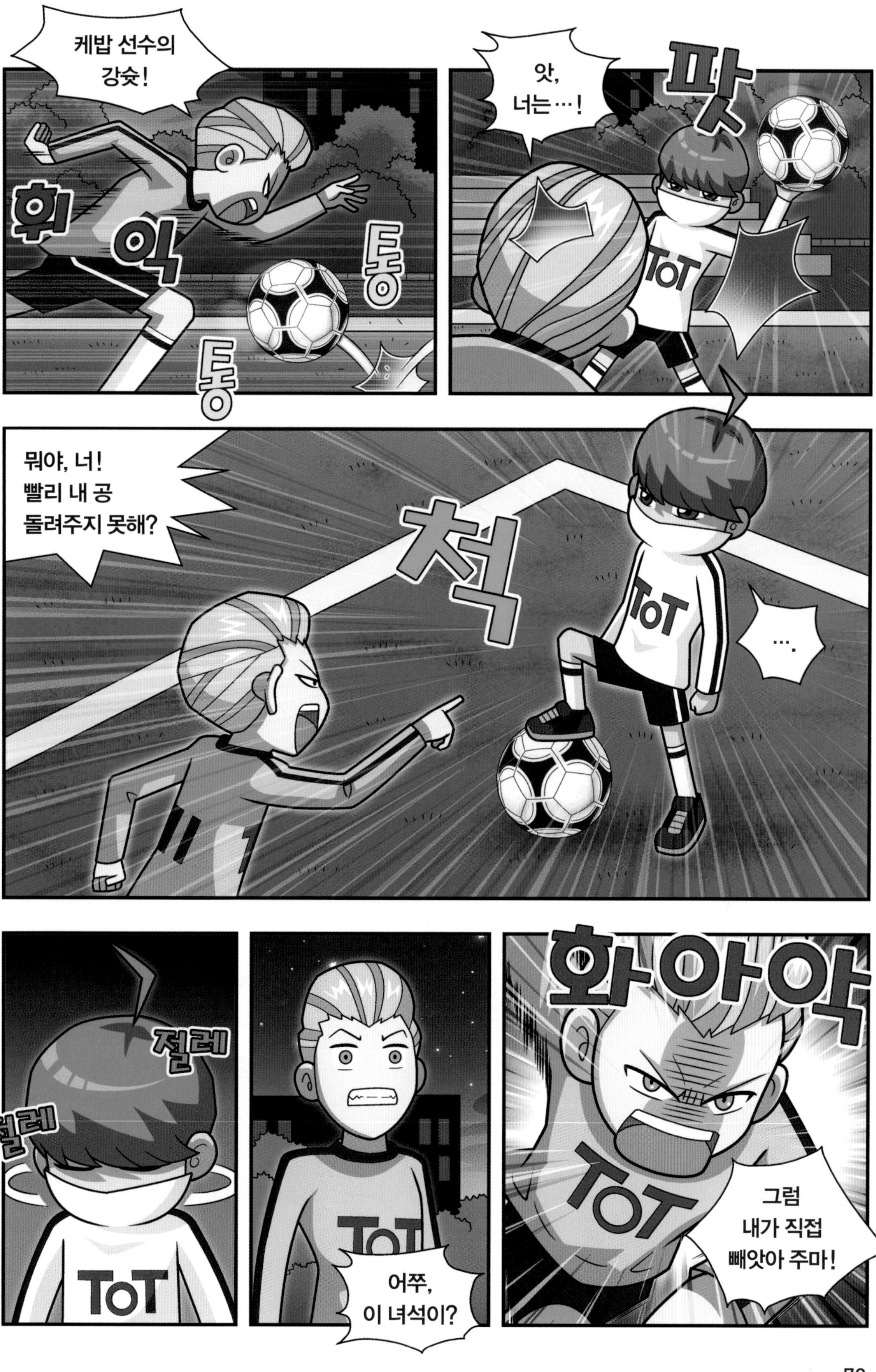
케밥 선수의
강슛!
휘익
통
통
앗,
너는…!
팟
뭐야, 너!
빨리 내 공
돌려주지 못해?
척
….
절레
절레
어쭈,
이 녀석이?
화아악
그럼
내가 직접
빼앗아 주마!

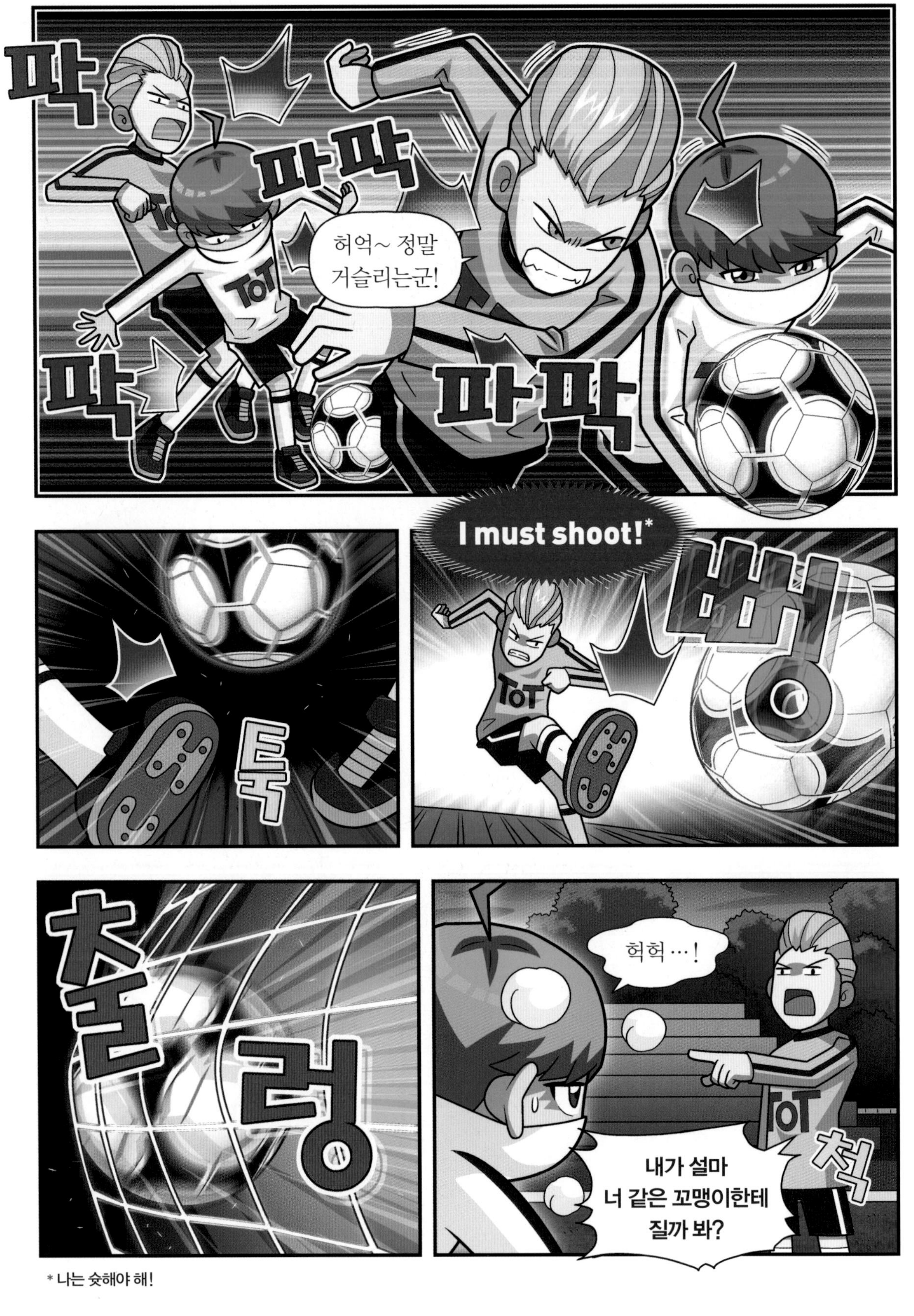
팍
파팍
허억~ 정말
거슬리는군!
팍
파팍
I must shoot!*
툭
뻥
출렁
헉헉…!
내가 설마
너 같은 꼬맹이한테
질까 봐?
척

* 나는 슛해야 해!

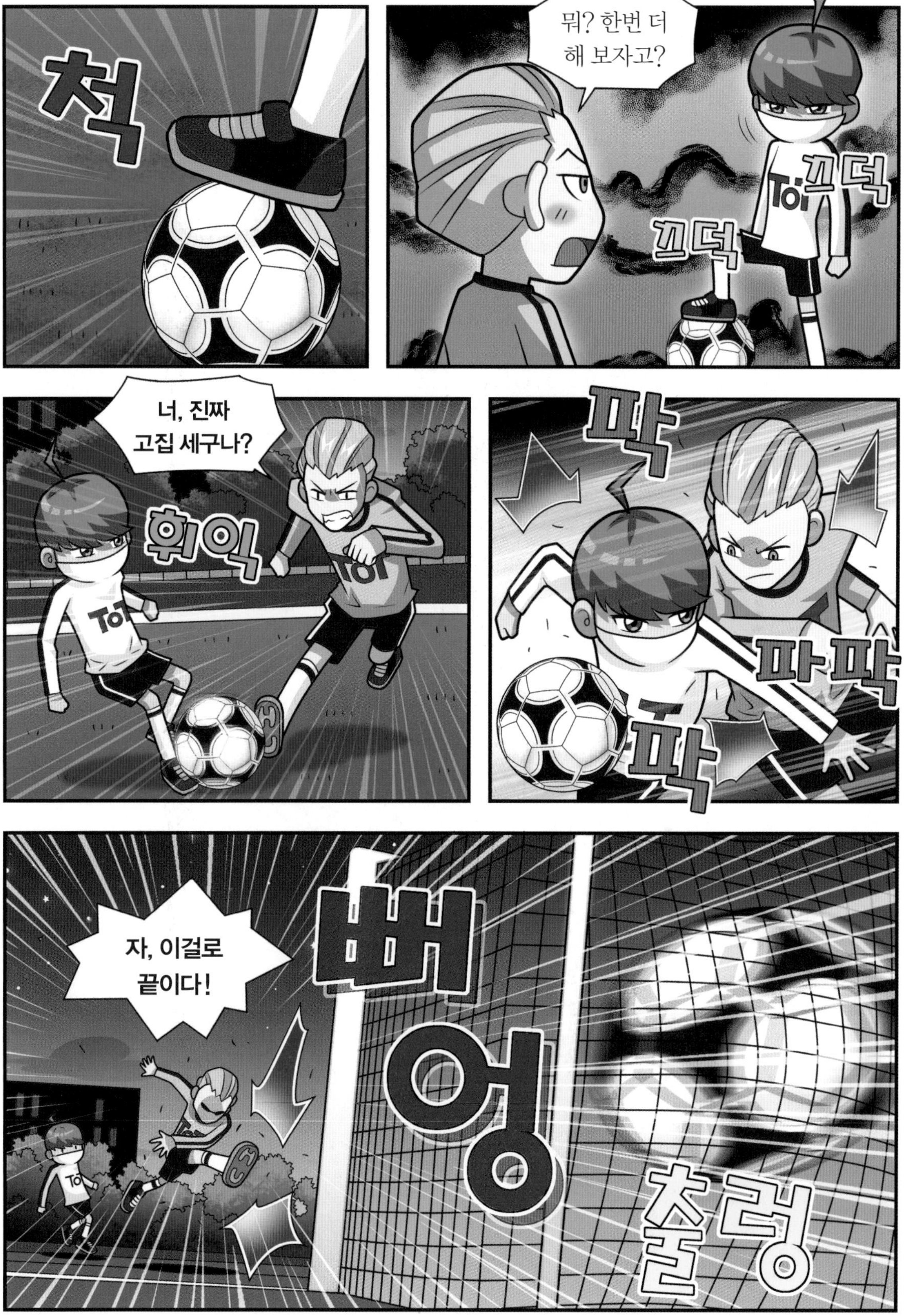
척
뭐? 한번 더 해 보자고?
끄덕
끄덕
너, 진짜 고집 세구나?
휘익
팍
파팍
팍
자, 이걸로 끝이다!
뻐엉
출렁

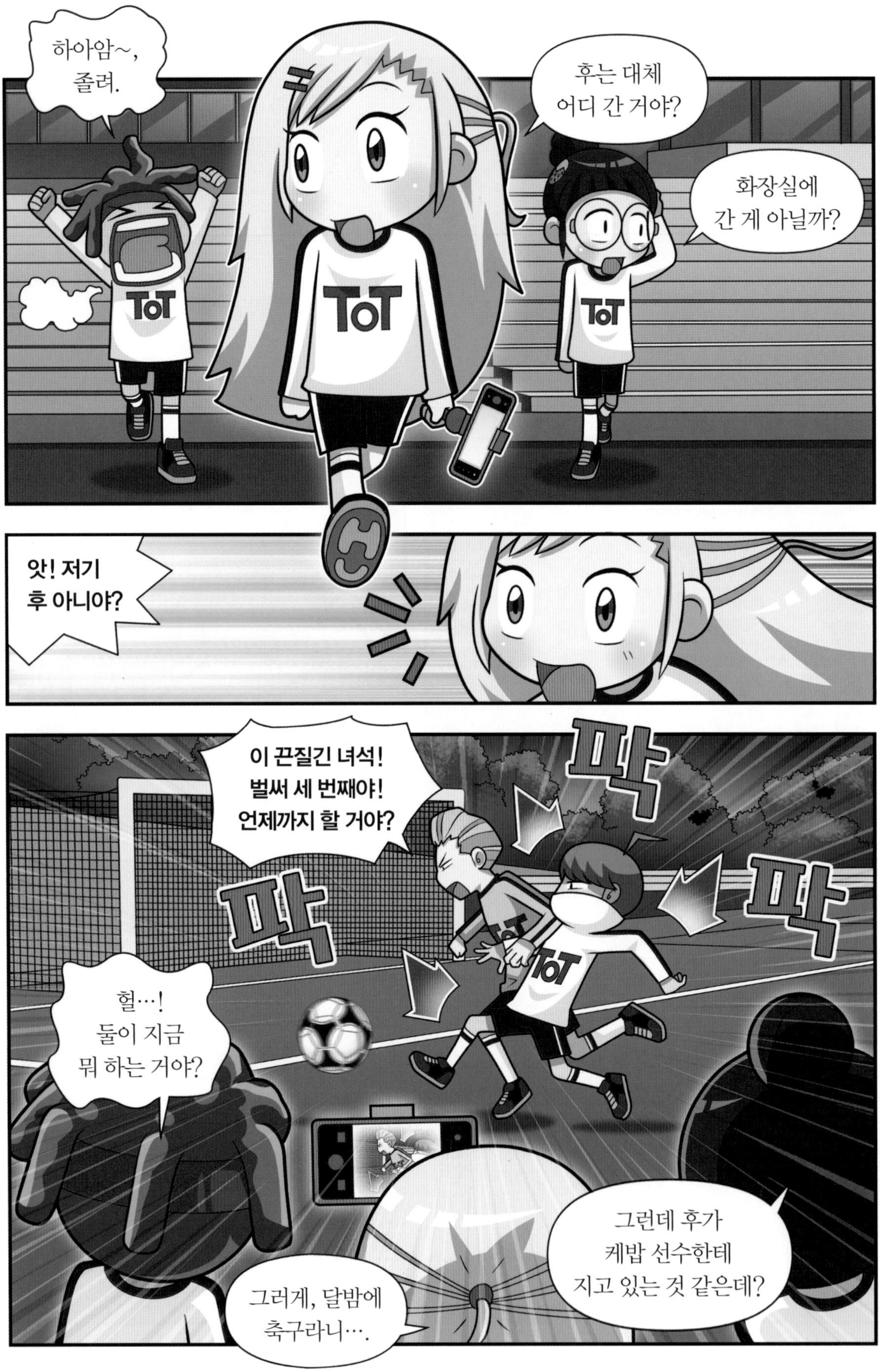

하아암~,
졸려.
후는 대체
어디 간 거야?
화장실에
간 게 아닐까?
앗! 저기
후 아니야?
이 끈질긴 녀석!
벌써 세 번째야!
언제까지 할 거야?
파
팍
팍
헐…!
둘이 지금
뭐 하는 거야?
그런데 후가
케밥 선수한테
지고 있는 것 같은데?
그러게, 달밤에
축구라니….

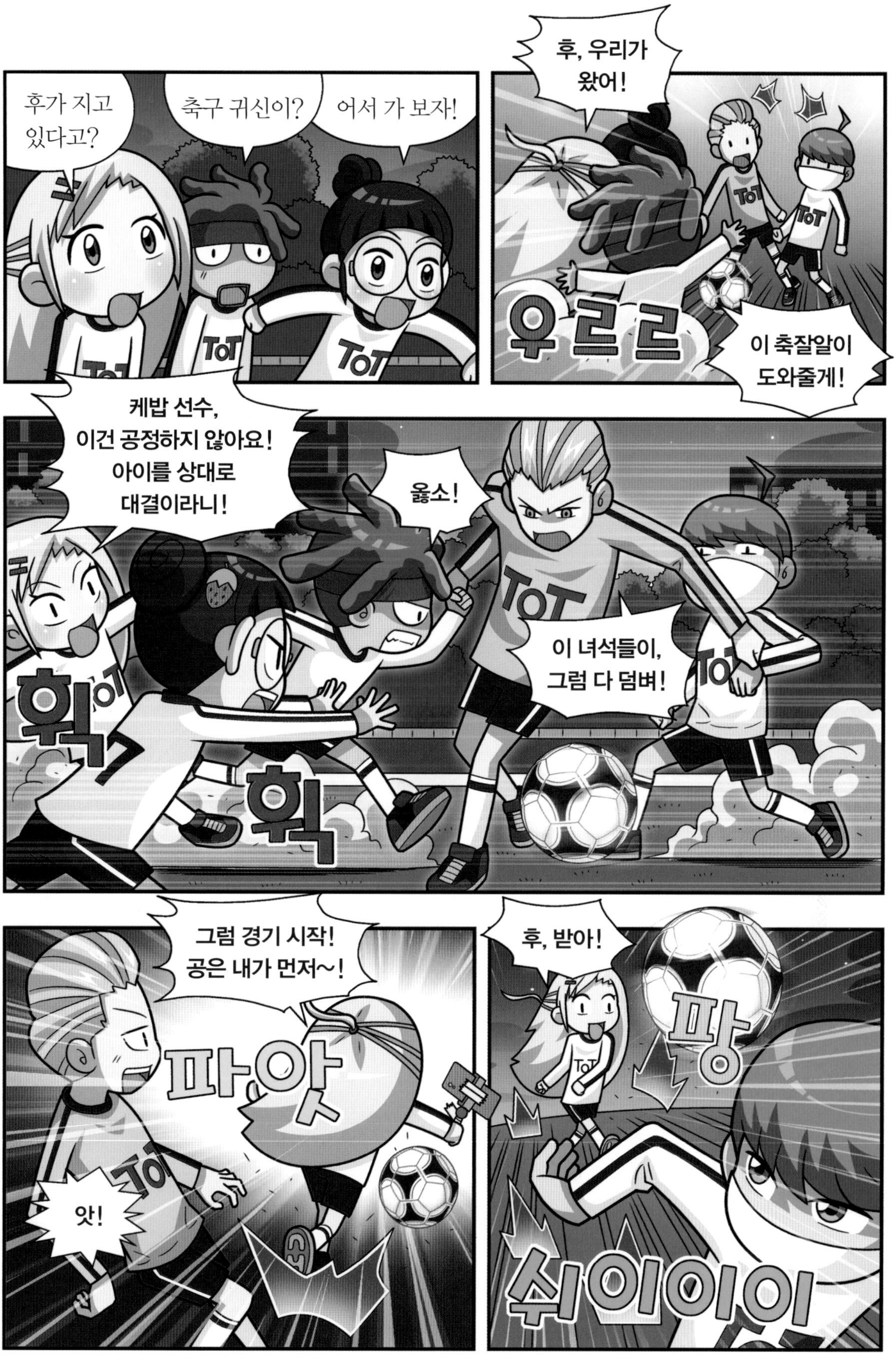

후가 지고 있다고?
축구 귀신이?
어서 가 보자!
후, 우리가 왔어!
우르르
이 축잘알이 도와줄게!
케밥 선수, 이건 공정하지 않아요! 아이를 상대로 대결이라니!
옳소!
이 녀석들이, 그럼 다 덤벼!
휙
휙
그럼 경기 시작! 공은 내가 먼저~!
파앗
앗!
후, 받아!
팡
쉬이이이

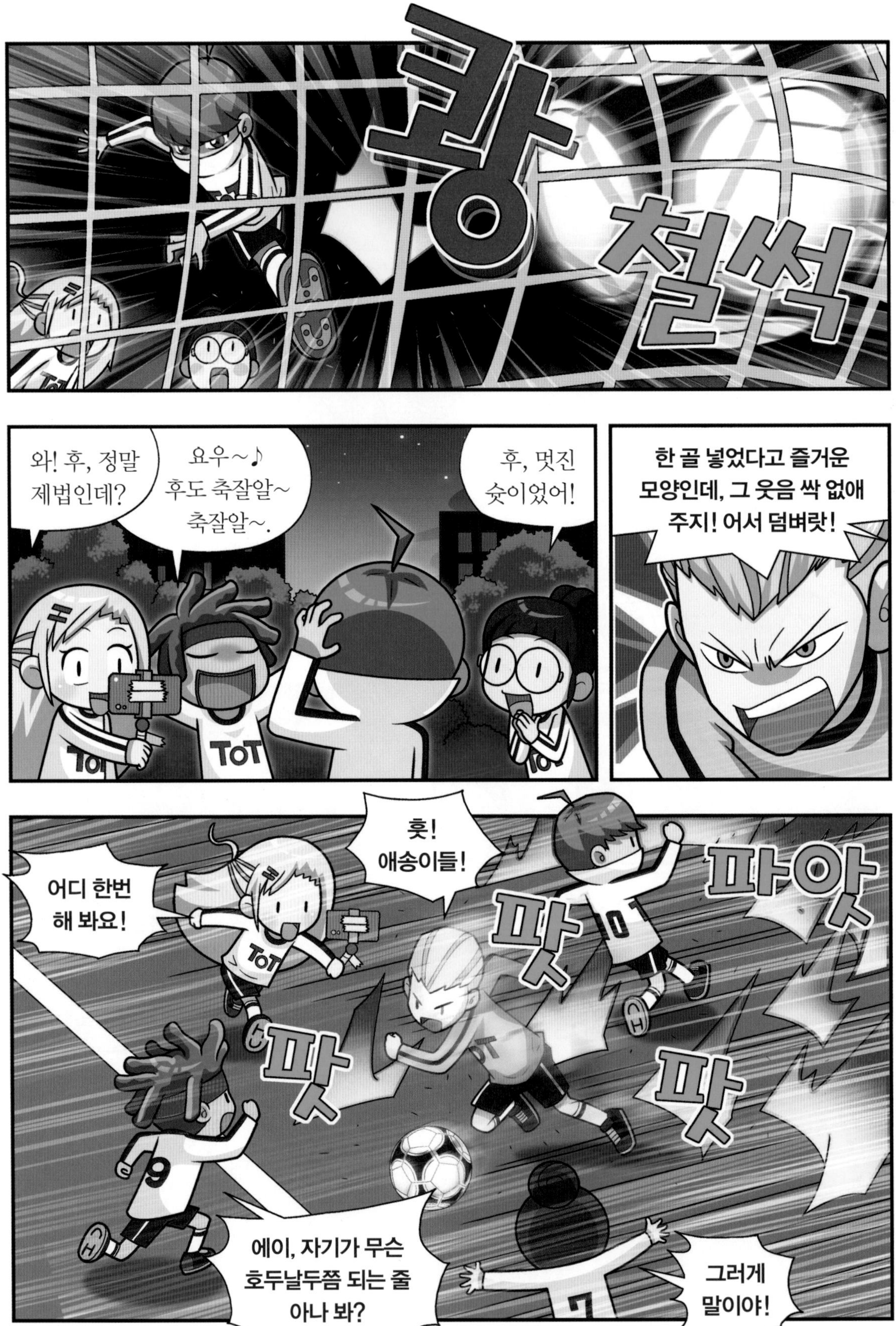
콰
철썩
와! 후, 정말 제법인데?
요우~♪ 후도 축잘알~ 축잘알~.
후, 멋진 슛이었어!
한 골 넣었다고 즐거운 모양인데, 그 웃음 싹 없애 주지! 어서 덤벼랏!
어디 한번 해 봐요!
훗! 애송이들!
파앗
팟
팟
팟
에이, 자기가 무슨 호두날두쯤 되는 줄 아나 봐?
그러게 말이야!

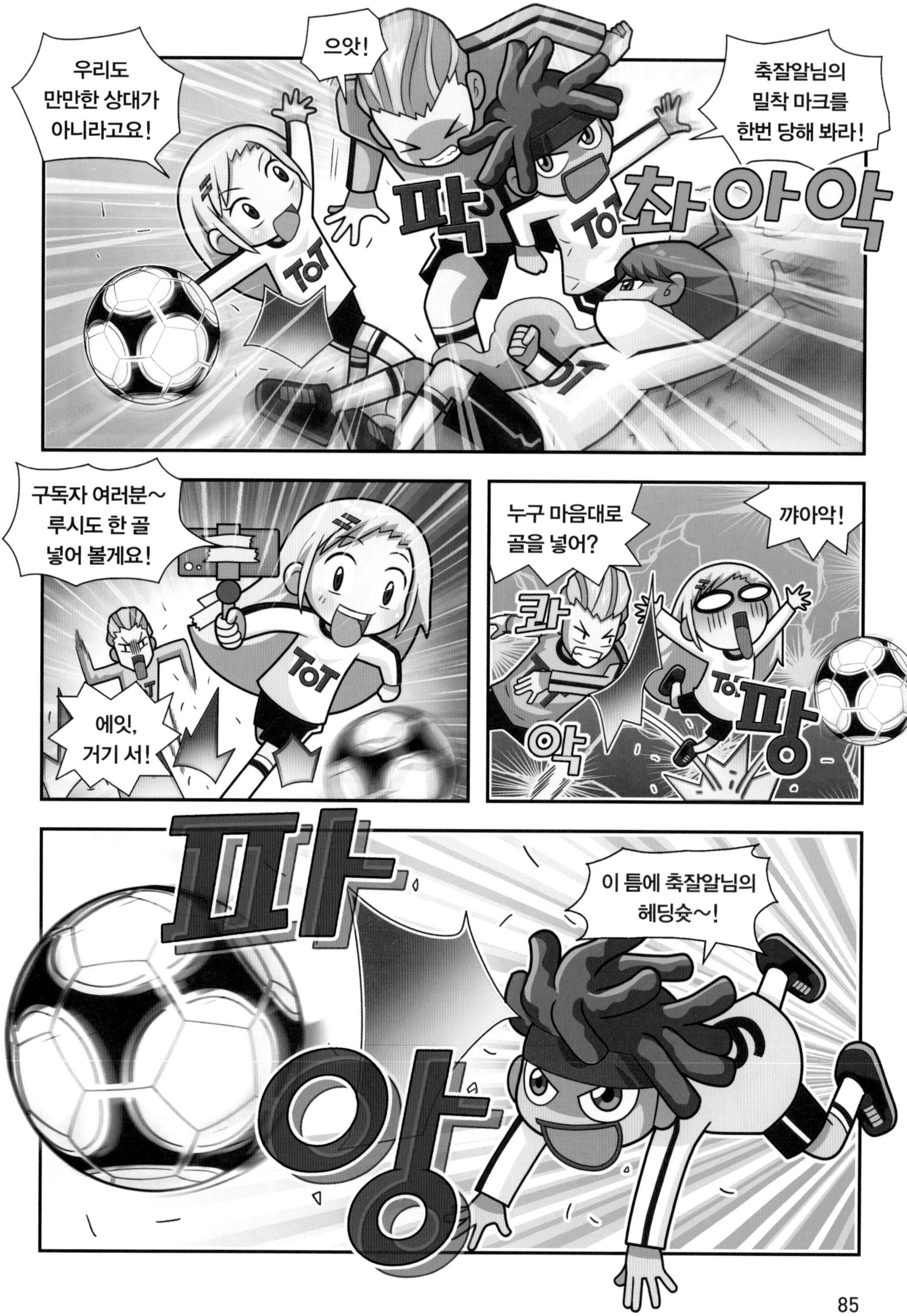

우리도 만만한 상대가 아니라고요!
으앗!
축잘알님의 밀착 마크를 한번 당해 봐라!
팍
촤아아악
구독자 여러분~ 루시도 한 골 넣어 볼게요!
에잇, 거기 서!
누구 마음대로 골을 넣어?
꺄아악!
콰
악
팡
파
앙
이 틈에 축잘알님의 헤딩슛~!

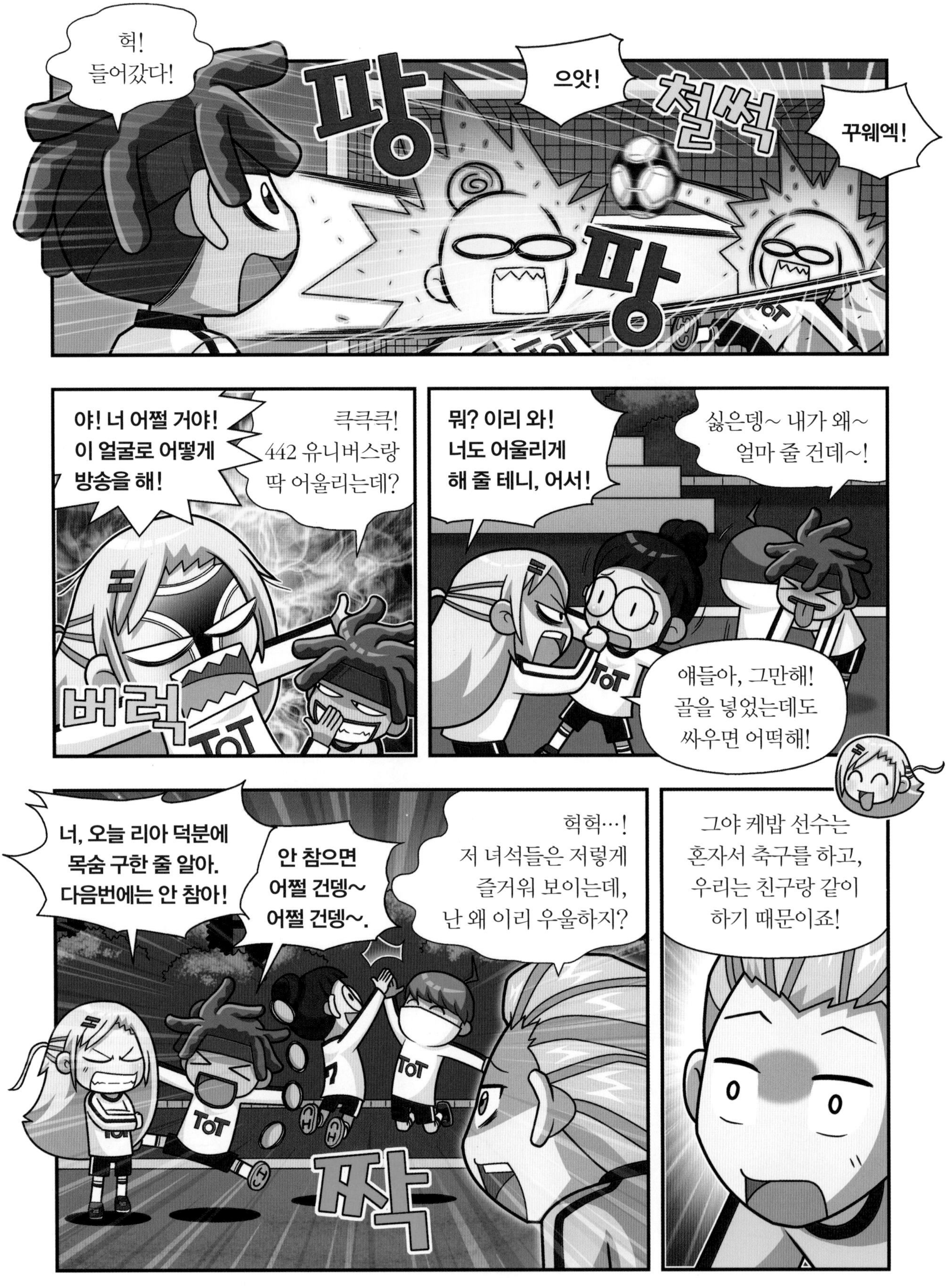

헉!
들어갔다!
팡
으앗!
철썩
꾸웨엑!
팡
야! 너 어쩔 거야!
이 얼굴로 어떻게
방송을 해!
크크크!
442 유니버스랑
딱 어울리는데?
버럭
뭐? 이리 와!
너도 어울리게
해 줄 테니, 어서!
싫은뎅~ 내가 왜~
얼마 줄 건데~!
얘들아, 그만해!
골을 넣었는데도
싸우면 어떡해!
너, 오늘 리아 덕분에
목숨 구한 줄 알아.
다음번에는 안 참아!
안 참으면
어쩔 건뎅~
어쩔 건뎅~.
짝
헉헉…!
저 녀석들은 저렇게
즐거워 보이는데,
난 왜 이리 우울하지?
그야 케밥 선수는
혼자서 축구를 하고,
우리는 친구랑 같이
하기 때문이죠!

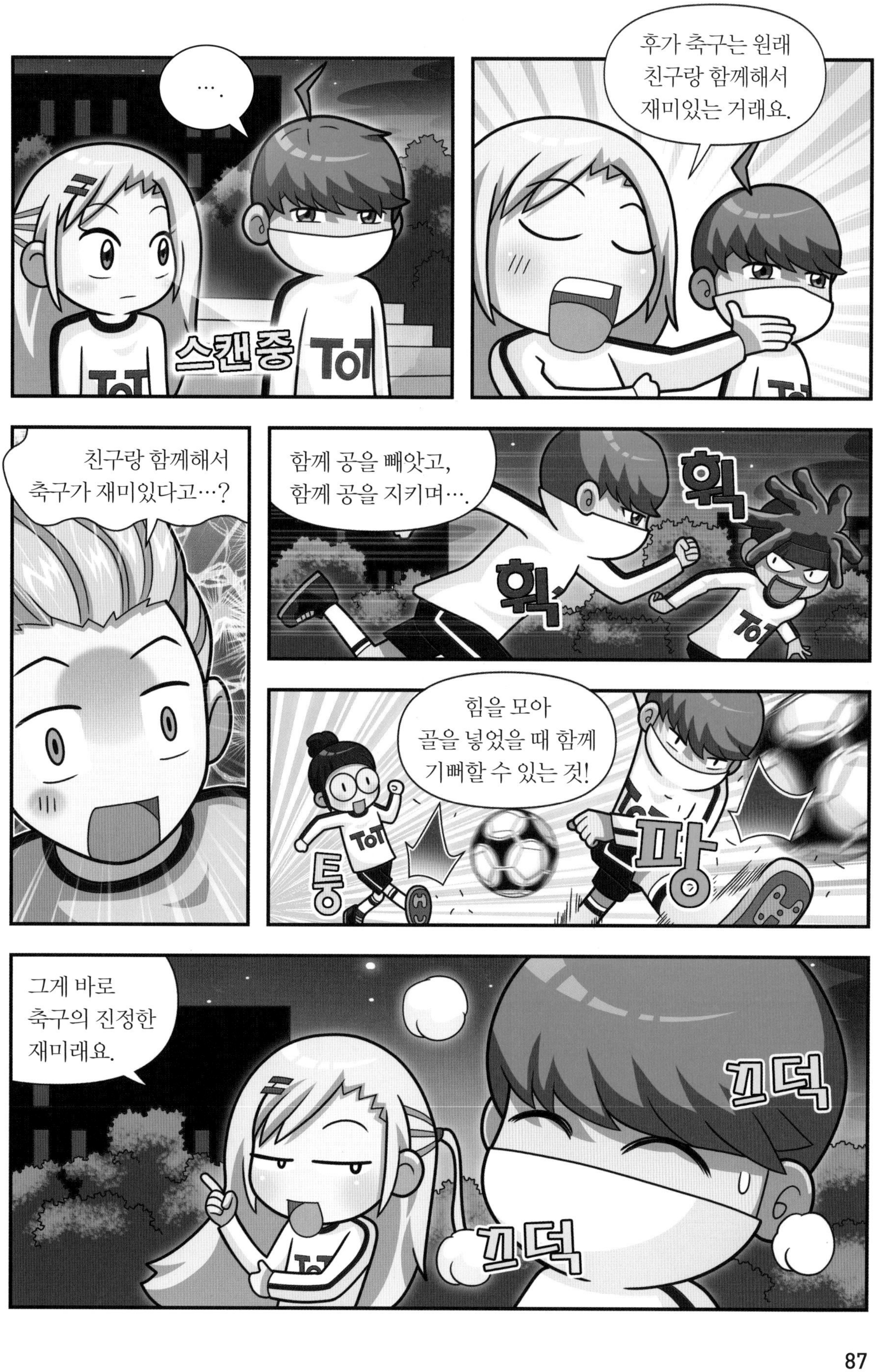
….
스캔중
ToT
후가 축구는 원래
친구랑 함께해서
재미있는 거래요.
친구랑 함께해서
축구가 재미있다고…?
함께 공을 빼앗고,
함께 공을 지키며….
휙
휙
ToT
힘을 모아
골을 넣었을 때 함께
기뻐할 수 있는 것!
ToT
통
팡
그게 바로
축구의 진정한
재미래요.
끄덕
끄덕

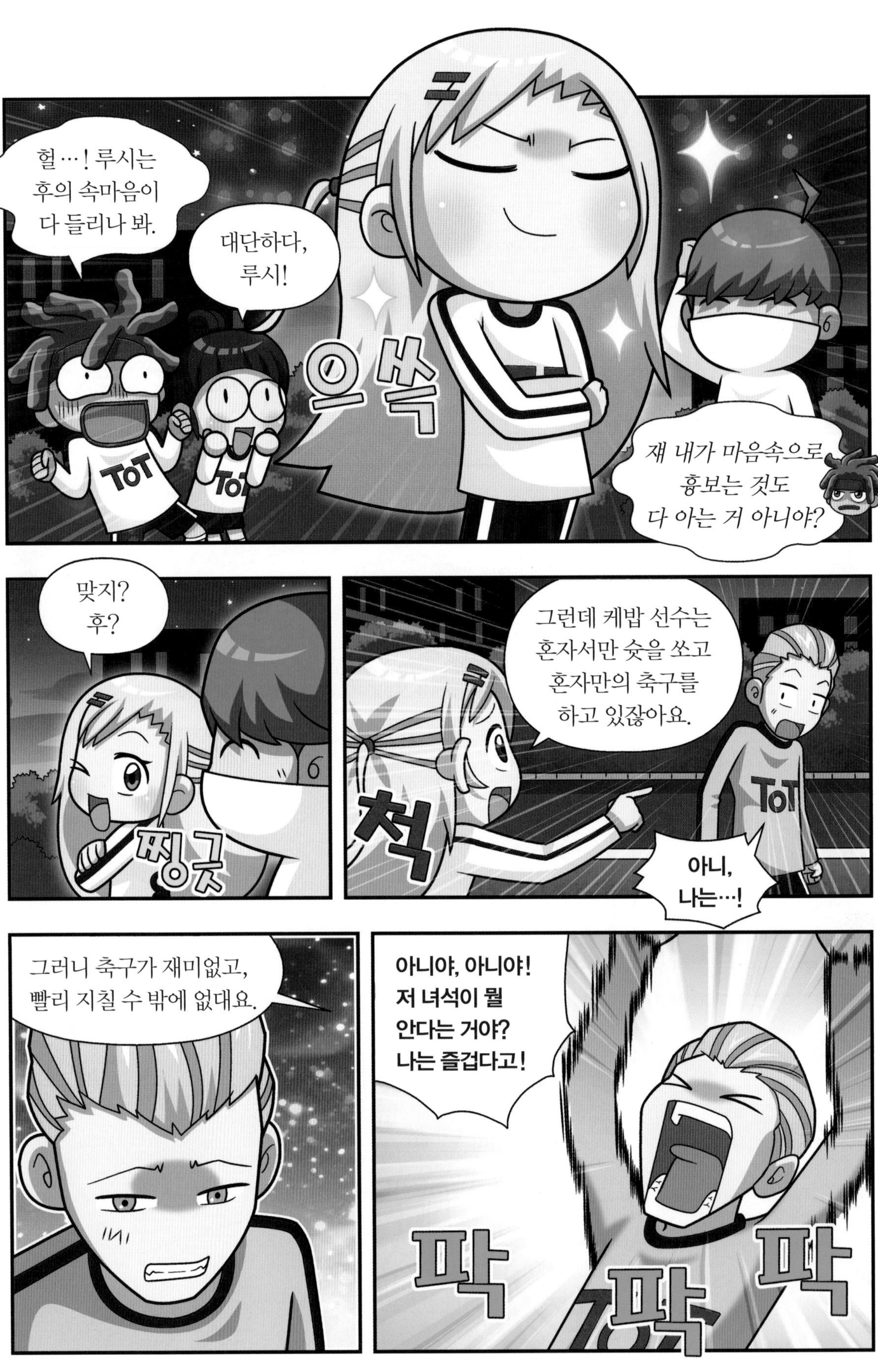
헐…! 루시는 후의 속마음이 다 들리나 봐.
대단하다, 루시!
으쓱
재 내가 마음속으로 흉보는 것도 다 아는 거 아니야?
맞지? 후?
찡긋
그런데 케밥 선수는 혼자서만 슛을 쏘고 혼자만의 축구를 하고 있잖아요.
척
아니, 나는…!
그러니 축구가 재미없고, 빨리 지칠 수 밖에 없대요.
아니야, 아니야! 저 녀석이 뭘 안다는 거야? 나는 즐겁다고!
팍 팍 팍

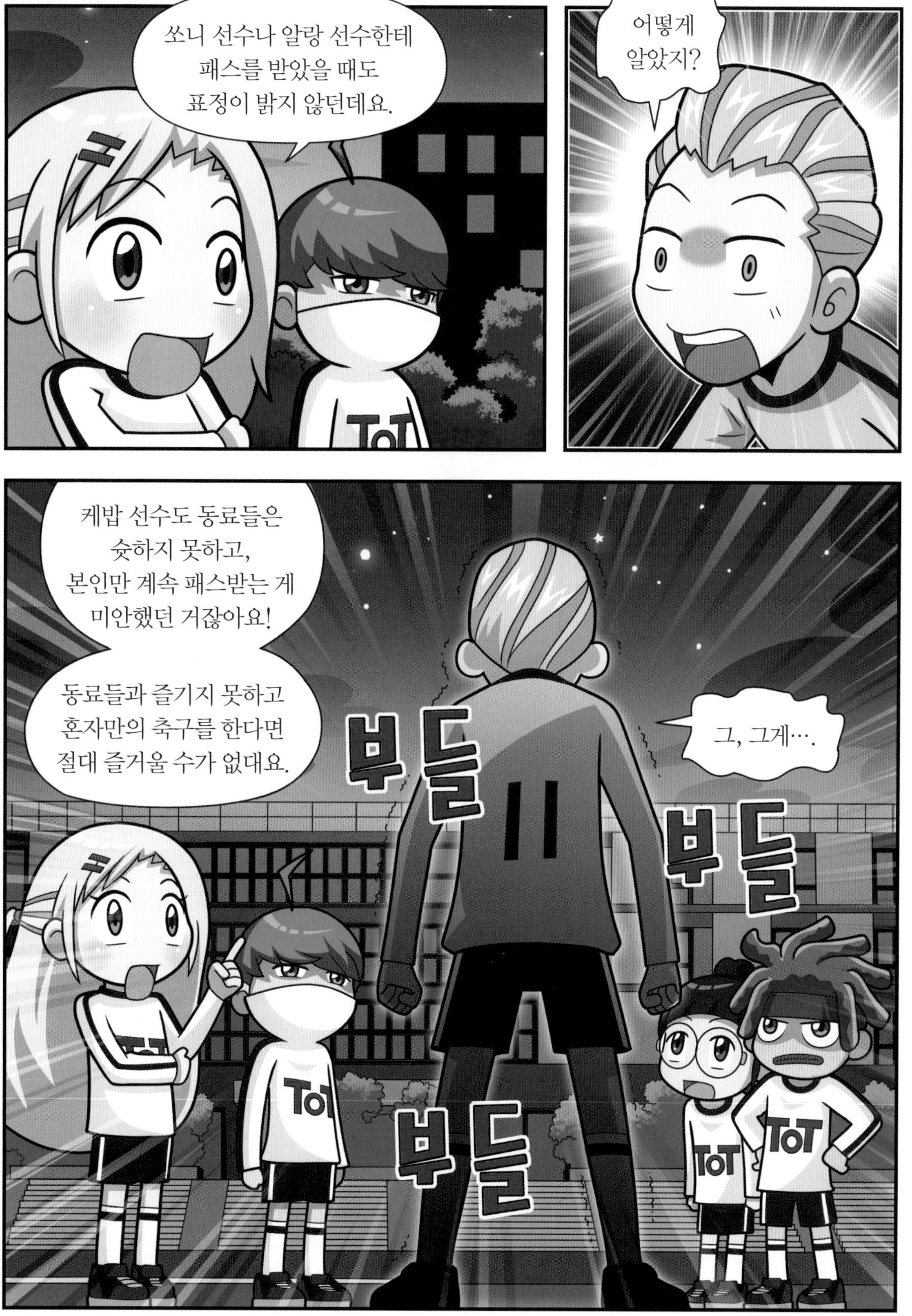
쏘니 선수나 알랑 선수한테 패스를 받았을 때도 표정이 밝지 않던데요.
어떻게 알았지?
케밥 선수도 동료들은 슛하지 못하고, 본인만 계속 패스받는 게 미안했던 거잖아요!
동료들과 즐기지 못하고 혼자만의 축구를 한다면 절대 즐거울 수가 없대요.
그, 그게….
부들
부들
부들

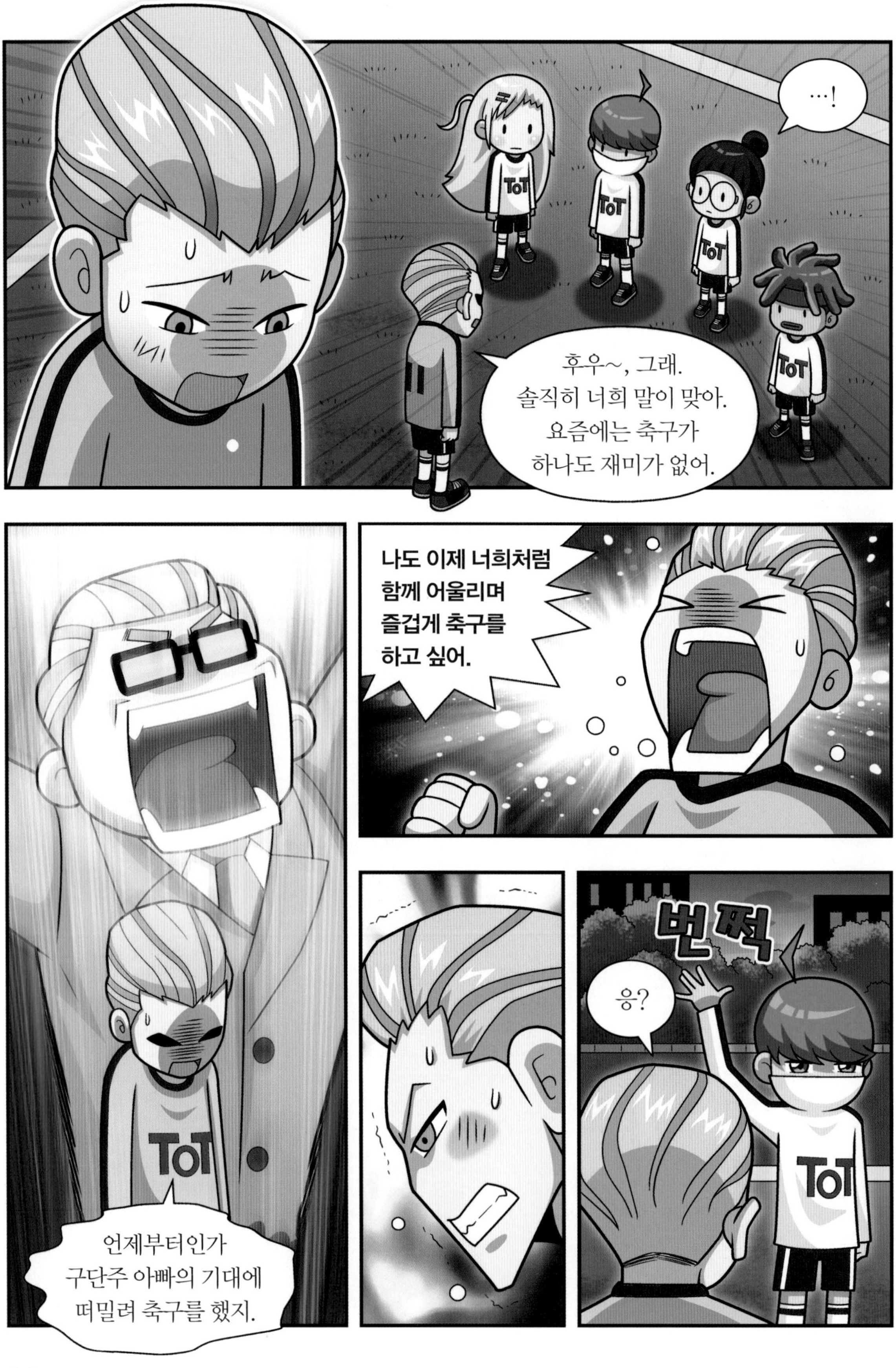

…!
후우~, 그래.
솔직히 너희 말이 맞아.
요즘에는 축구가
하나도 재미가 없어.
나도 이제 너희처럼
함께 어울리며
즐겁게 축구를
하고 싶어.
언제부터인가
구단주 아빠의 기대에
떠밀려 축구를 했지.
번쩍
응?

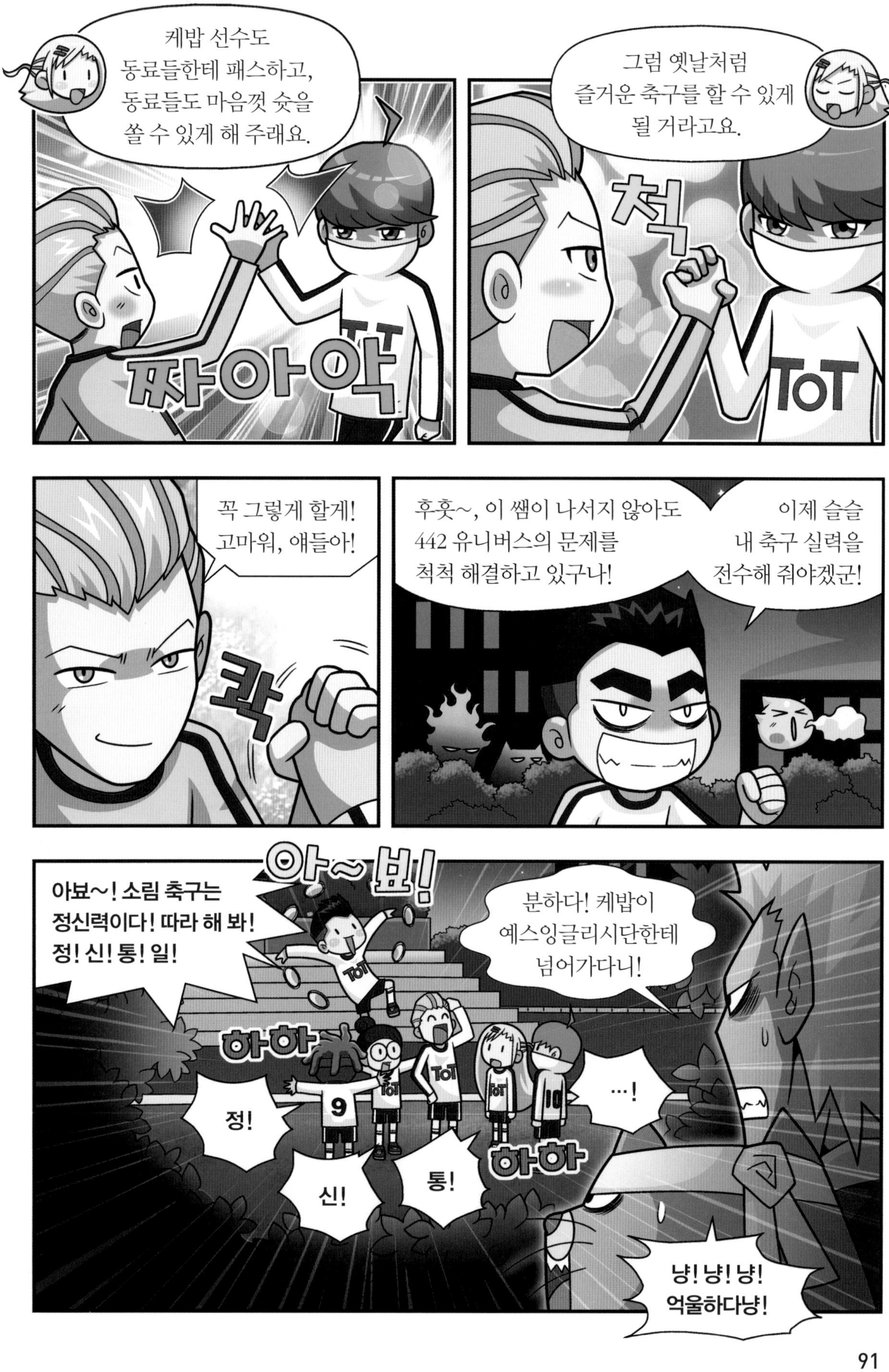

케밥 선수도 동료들한테 패스하고, 동료들도 마음껏 슛을 쏠 수 있게 해 주래요.
짜아악
그럼 옛날처럼 즐거운 축구를 할 수 있게 될 거라고요.
척
TOT
꼭 그렇게 할게! 고마워, 얘들아!
콱
후훗~, 이 쌤이 나서지 않아도 442 유니버스의 문제를 척척 해결하고 있구나!
이제 슬슬 내 축구 실력을 전수해 줘야겠군!
아~뵤!
아뵤~! 소림 축구는 정신력이다! 따라 해 봐! 정! 신! 통! 일!
분하다! 케밥이 예스잉글리시단한테 넘어가다니!
하하
정!
신!
통!
하하
…!
냥! 냥! 냥! 억울하다냥!

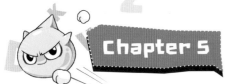

Chapter 5

토토놈 팀의 위기

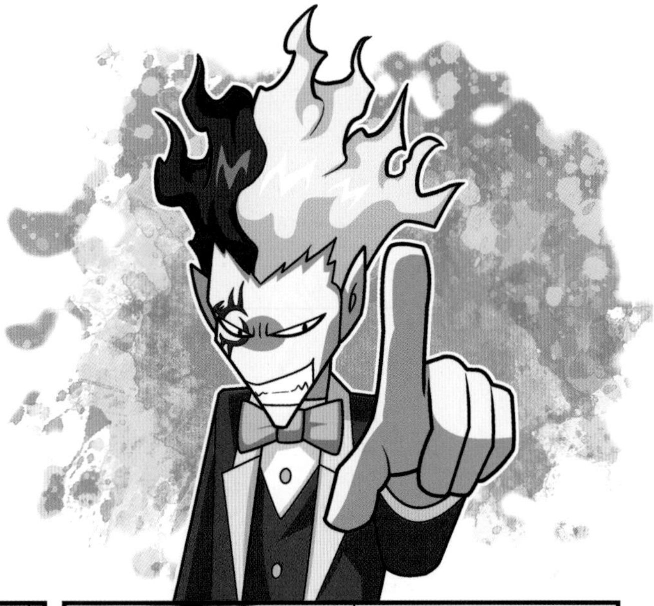

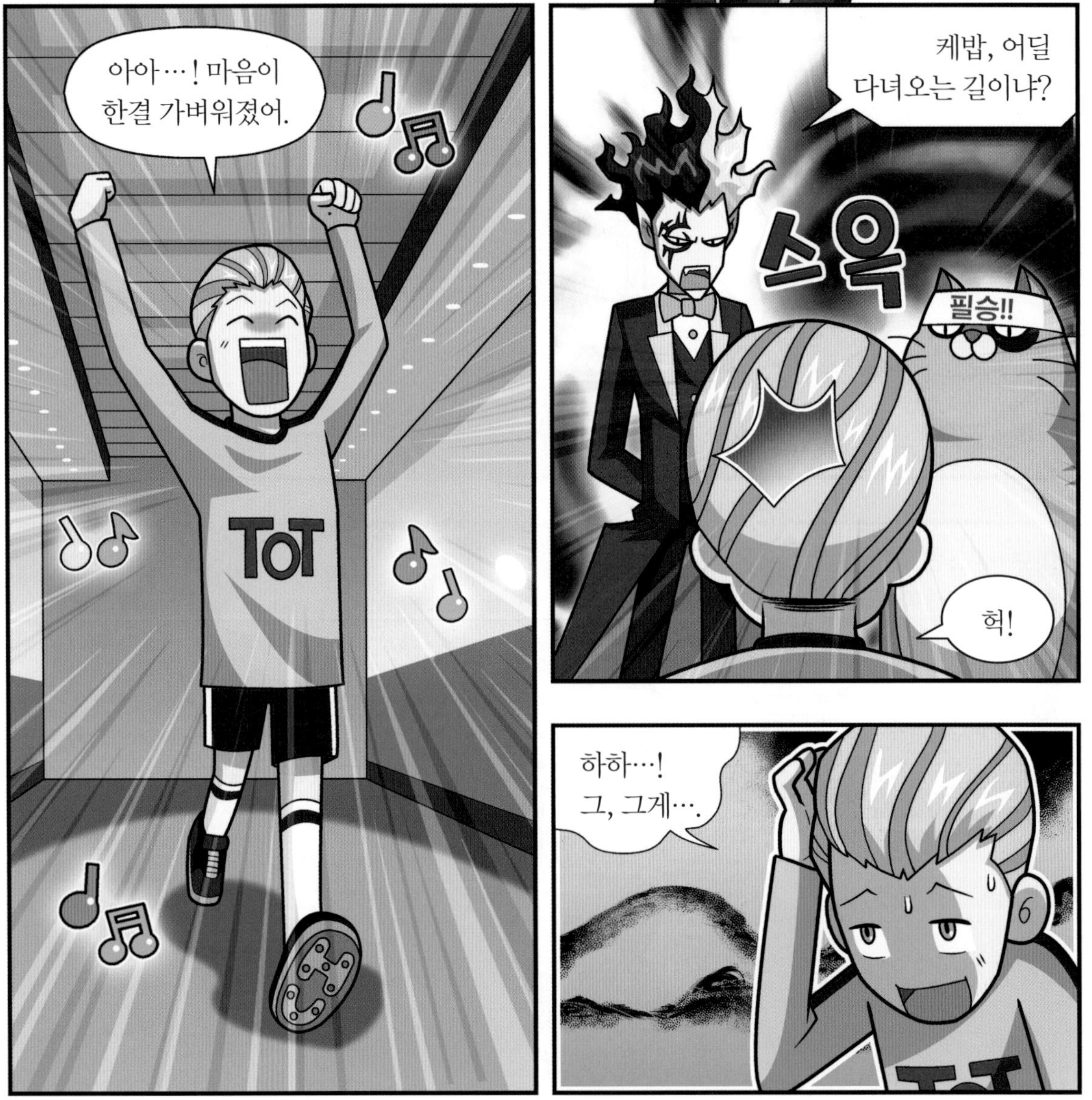

아아…! 마음이 한결 가벼워졌어.
TOT
케밥, 어딜 다녀오는 길이냐?
스윽
필승!!
헉!
하하…! 그, 그게….

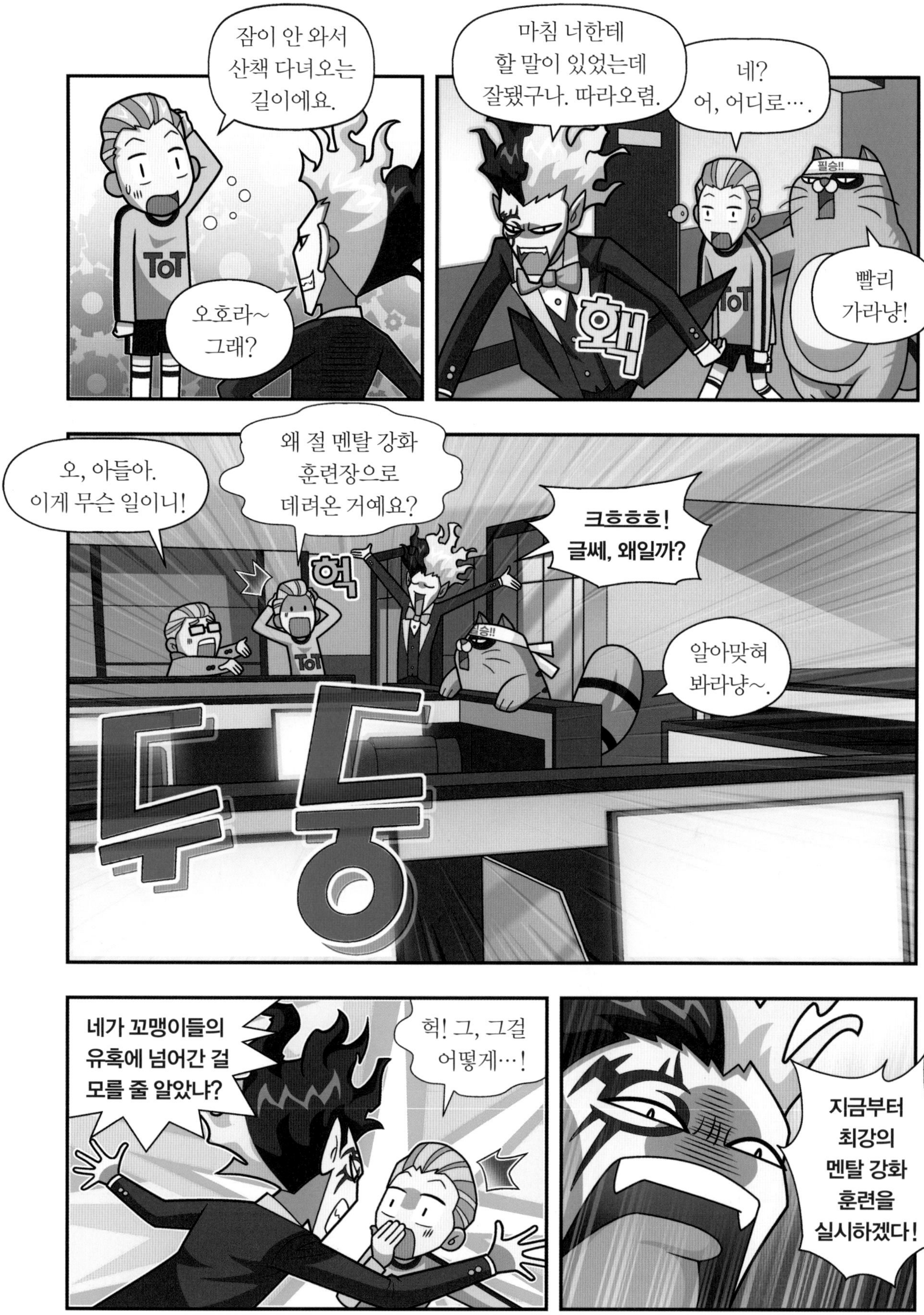
잠이 안 와서 산책 다녀오는 길이에요.
오호라~ 그래?
마침 너한테 할 말이 있었는데 잘됐구나. 따라오렴.
네? 어, 어디로….
필승!!
홱
빨리 가라냥!
오, 아들아. 이게 무슨 일이니!
왜 절 멘탈 강화 훈련장으로 데려온 거예요?
헉
크흐흐흐! 글쎄, 왜일까?
필승!!
알아맞혀 봐라냥~.
두둥
네가 꼬맹이들의 유혹에 넘어간 걸 모를 줄 알았냐?
헉! 그, 그걸 어떻게…!
지금부터 최강의 멘탈 강화 훈련을 실시하겠다!

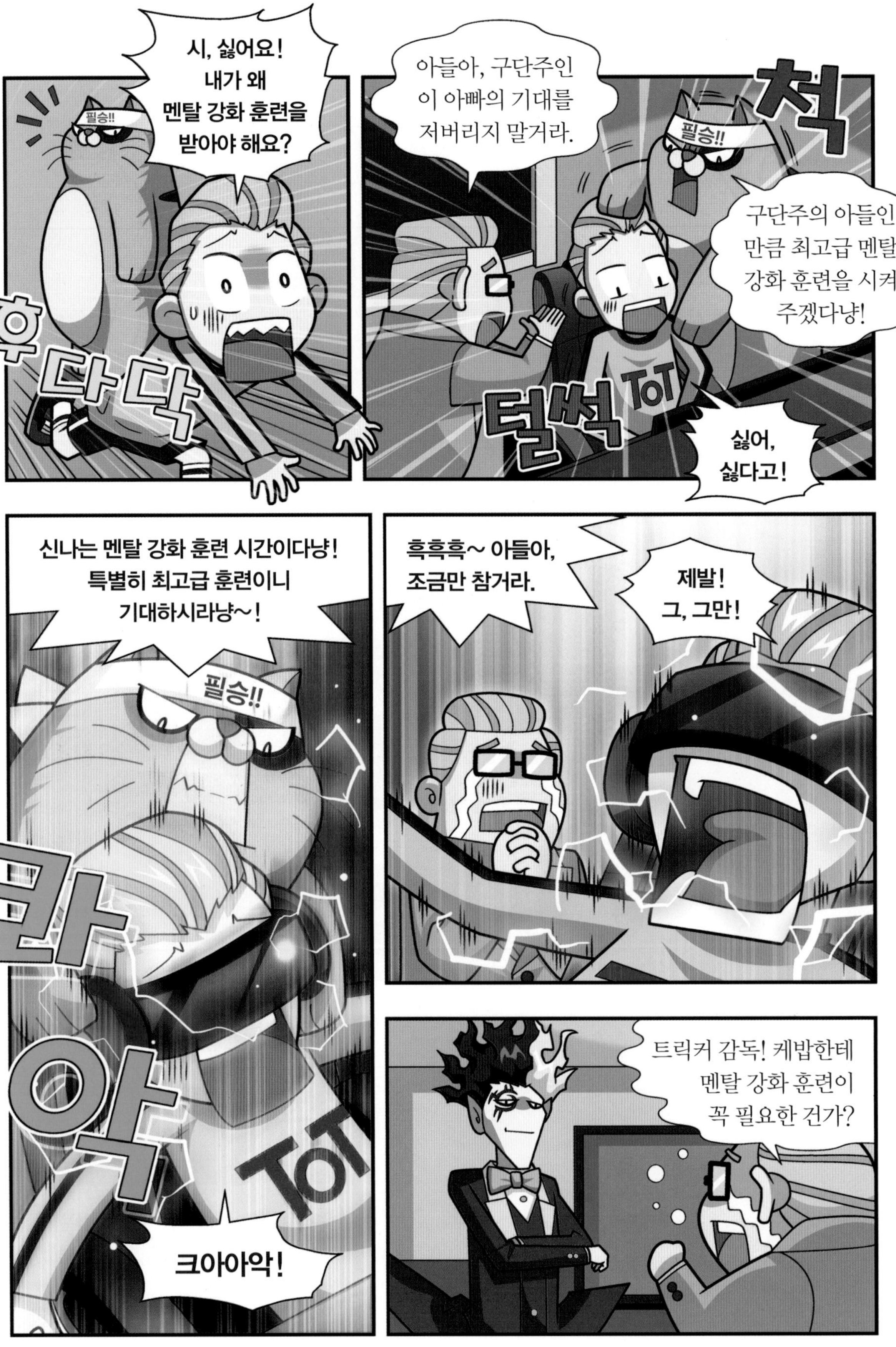

필승!!
시, 싫어요! 내가 왜 멘탈 강화 훈련을 받아야 해요?
후다닥
아들아, 구단주인 이 아빠의 기대를 저버리지 말거라.
척
필승!!
구단주의 아들인 만큼 최고급 멘탈 강화 훈련을 시켜 주겠다냥!
털썩
ToT
싫어, 싫다고!
신나는 멘탈 강화 훈련 시간이다냥! 특별히 최고급 훈련이니 기대하시라냥~!
필승!!
콰악
ToT
크아아악!
흑흑흑~ 아들아, 조금만 참거라.
제발! 그, 그만!
트릭커 감독! 케밥한테 멘탈 강화 훈련이 꼭 필요한 건가?

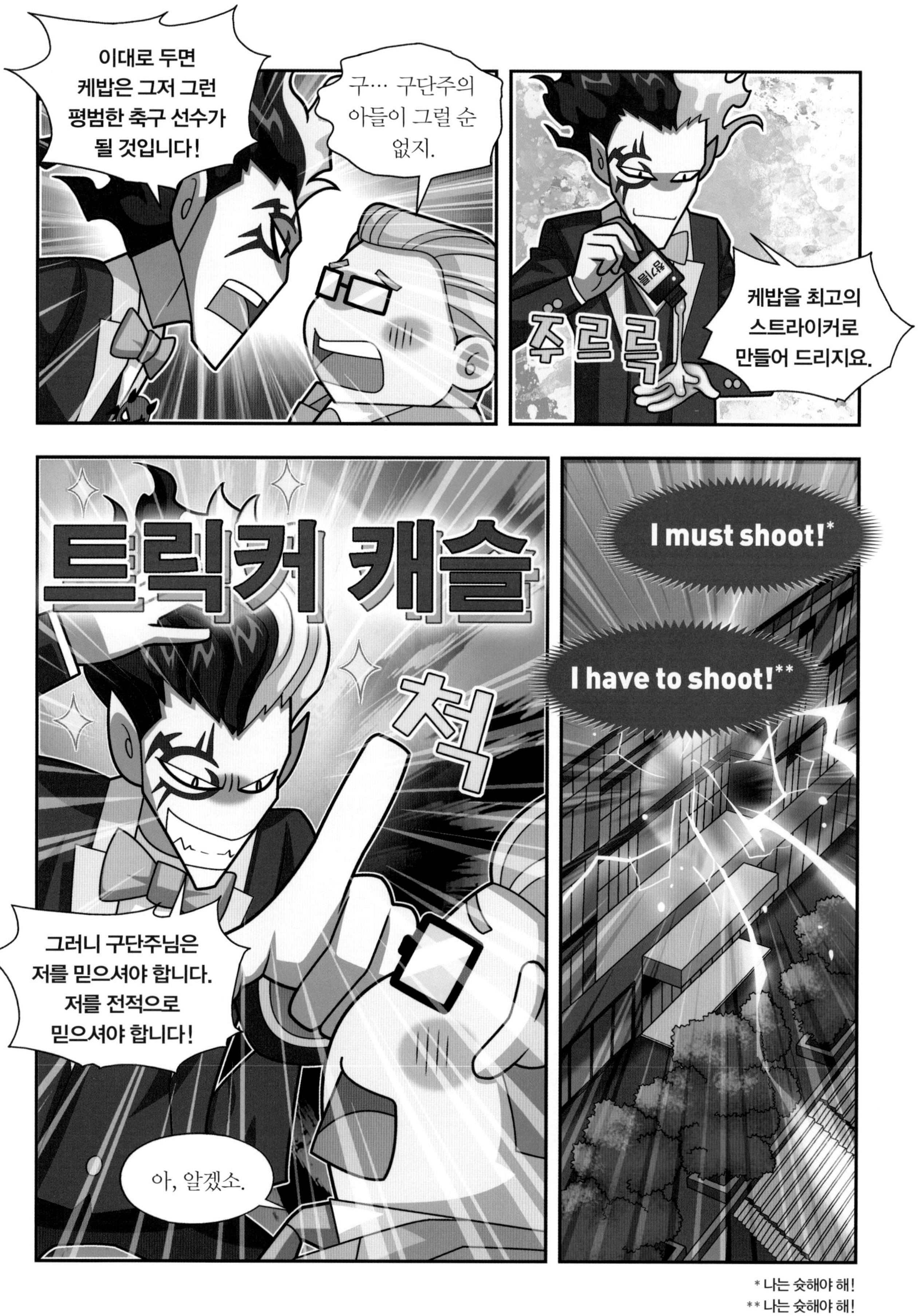
이대로 두면
케밥은 그저 그런
평범한 축구 선수가
될 것입니다!
구… 구단주의
아들이 그럴 순
없지.
주르륵
케밥을 최고의
스트라이커로
만들어 드리지요.
트릭커 캐슬
척
그러니 구단주님은
저를 믿으셔야 합니다.
저를 전적으로
믿으셔야 합니다!
아, 알겠소.
I must shoot!*
I have to shoot!**

* 나는 슛해야 해!
** 나는 슛해야 해!

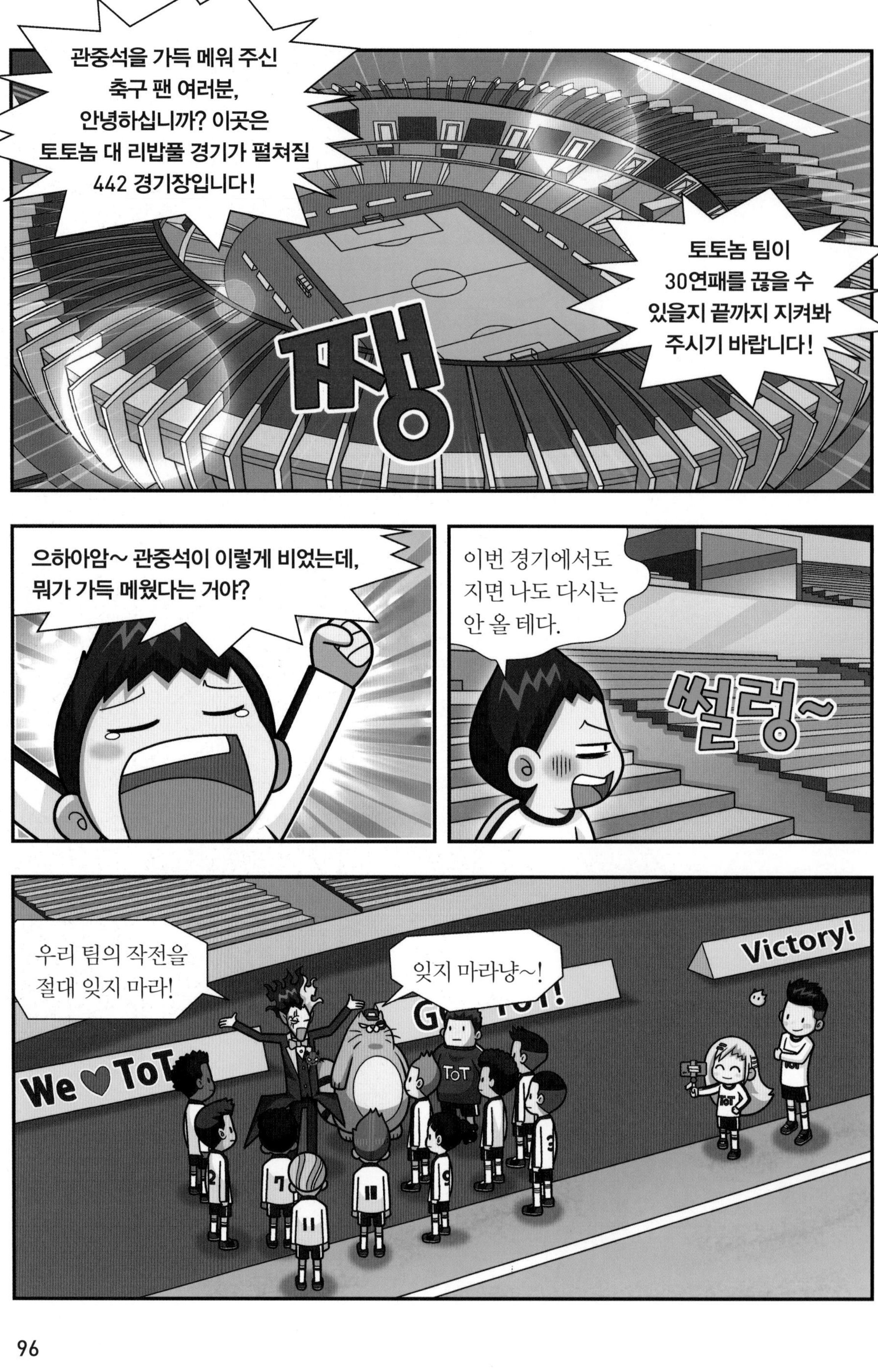
관중석을 가득 메워 주신 축구 팬 여러분, 안녕하십니까? 이곳은 토토놈 대 리밥풀 경기가 펼쳐질 442 경기장입니다!
쨍
토토놈 팀이 30연패를 끊을 수 있을지 끝까지 지켜봐 주시기 바랍니다!
으하아암~ 관중석이 이렇게 비었는데, 뭐가 가득 메웠다는 거야?
이번 경기에서도 지면 나도 다시는 안 올 테다.
썰렁~
우리 팀의 작전을 절대 잊지 마라!
잊지 마라냥~!
Victory!
We ♡ ToT
ToT

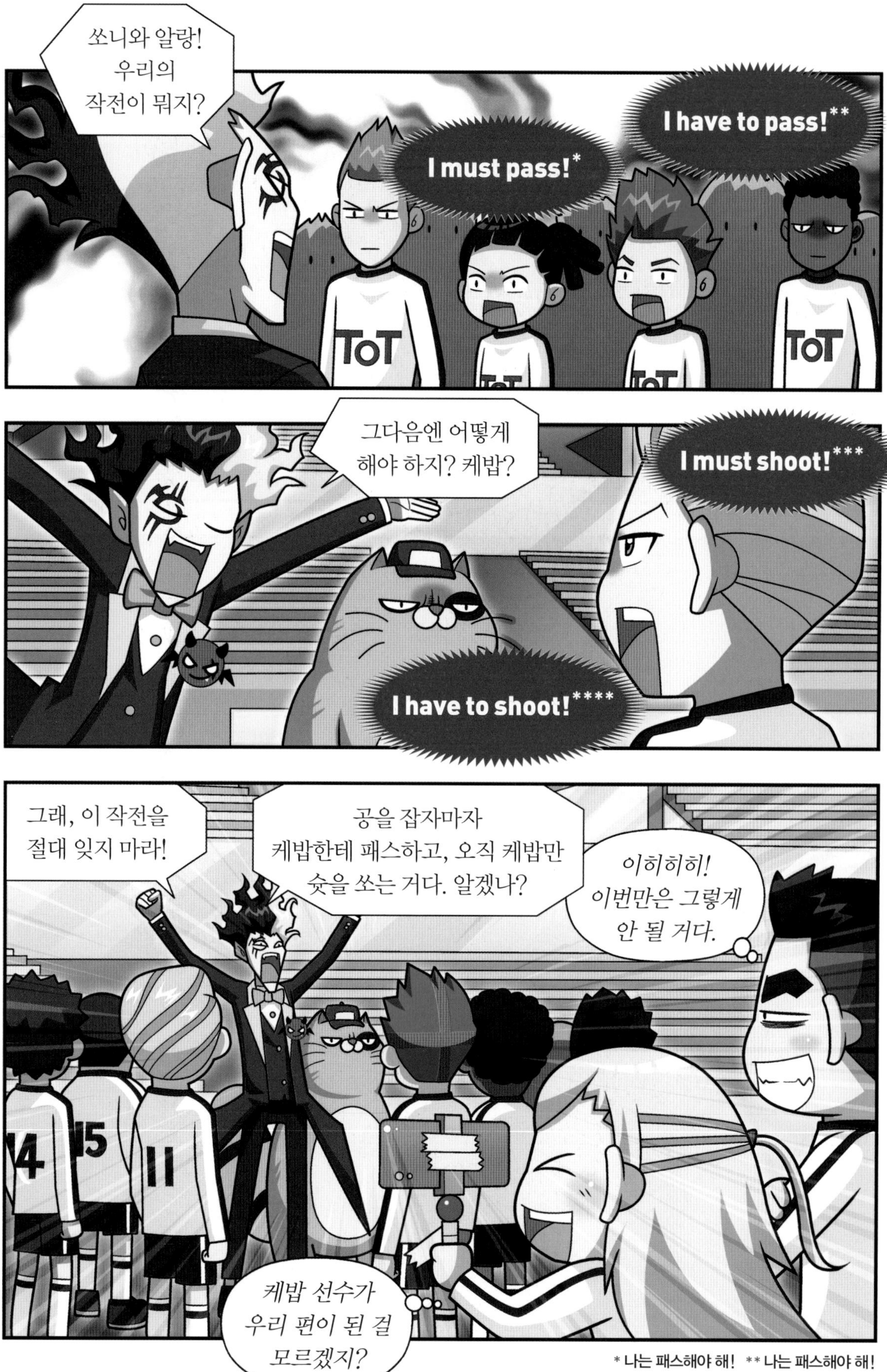
쏘니와 알랑! 우리의 작전이 뭐지?
I must pass!*
I have to pass!**
그다음엔 어떻게 해야 하지? 케밥?
I must shoot!***
I have to shoot!****
그래, 이 작전을 절대 잊지 마라!
공을 잡자마자 케밥한테 패스하고, 오직 케밥만 슛을 쏘는 거다. 알겠나?
이히히히! 이번만은 그렇게 안 될 거다.
케밥 선수가 우리 편이 된 걸 모르겠지?

* 나는 패스해야 해! ** 나는 패스해야 해!
*** 나는 슛해야 해! **** 나는 슛해야 해!

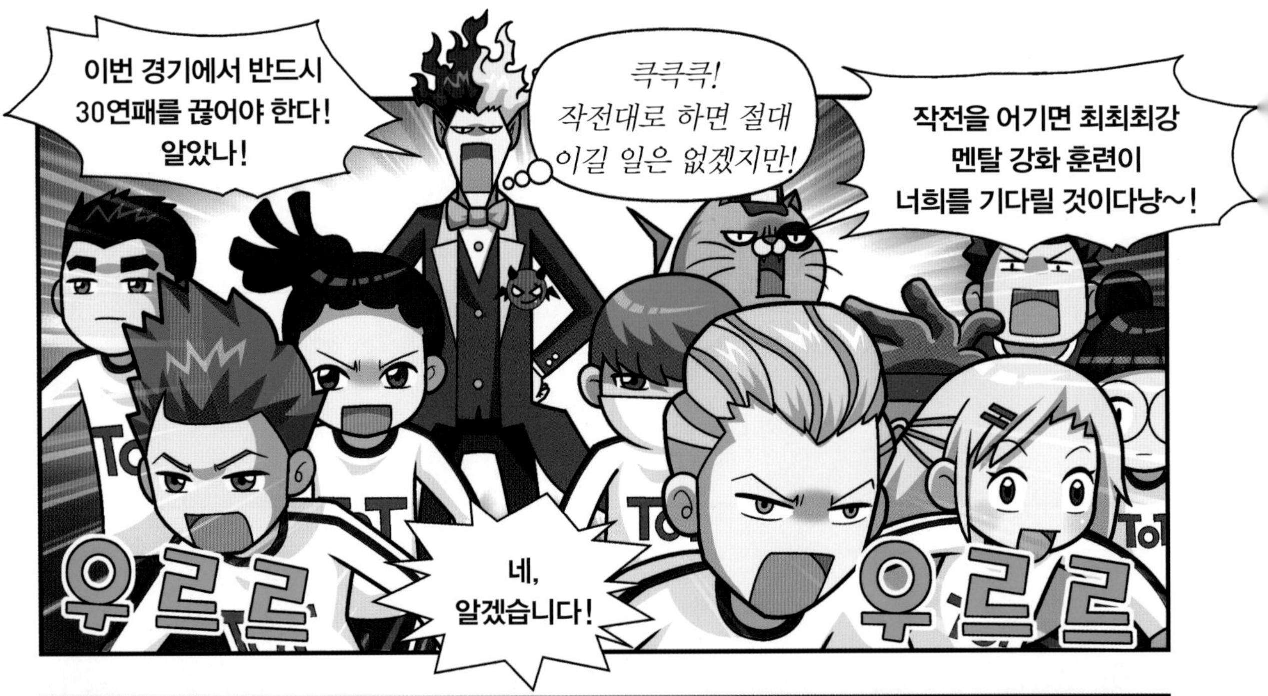
이번 경기에서 반드시 30연패를 끊어야 한다! 알았나!
크크크! 작전대로 하면 절대 이길 일은 없겠지만!
작전을 어기면 최최최강 멘탈 강화 훈련이 너희를 기다릴 것이다냥~!
우르르
네, 알겠습니다!
우르르

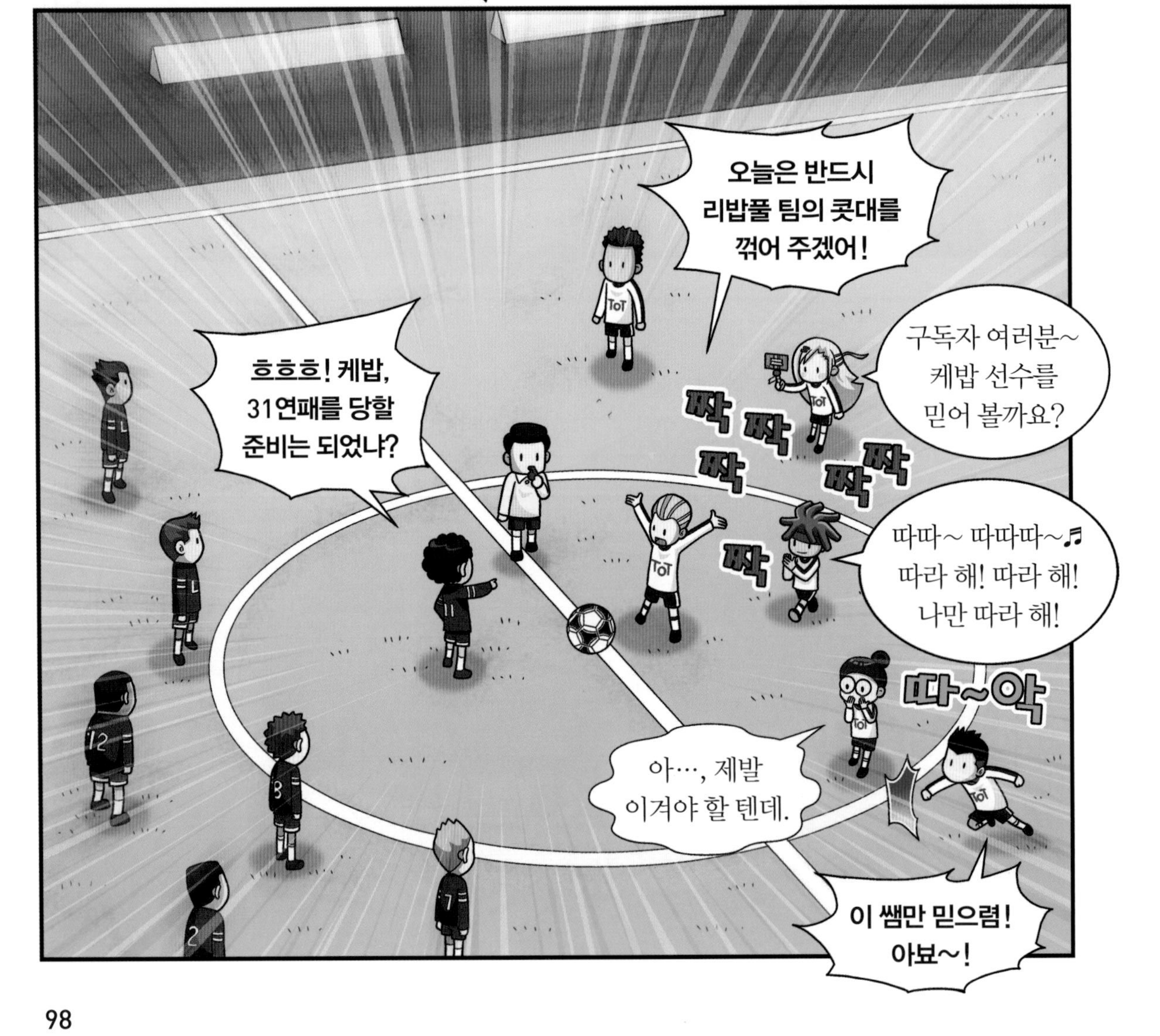
오늘은 반드시 리밥풀 팀의 콧대를 꺾어 주겠어!
호호호! 케밥, 31연패를 당할 준비는 되었냐?
구독자 여러분~ 케밥 선수를 믿어 볼까요?
짝 짝 짝 짝 짝 짝
짝
따따~ 따따따~♬ 따라 해! 따라 해! 나만 따라 해!
따~악
아…, 제발 이겨야 할 텐데.
이 쌤만 믿으렴! 아뵤~!

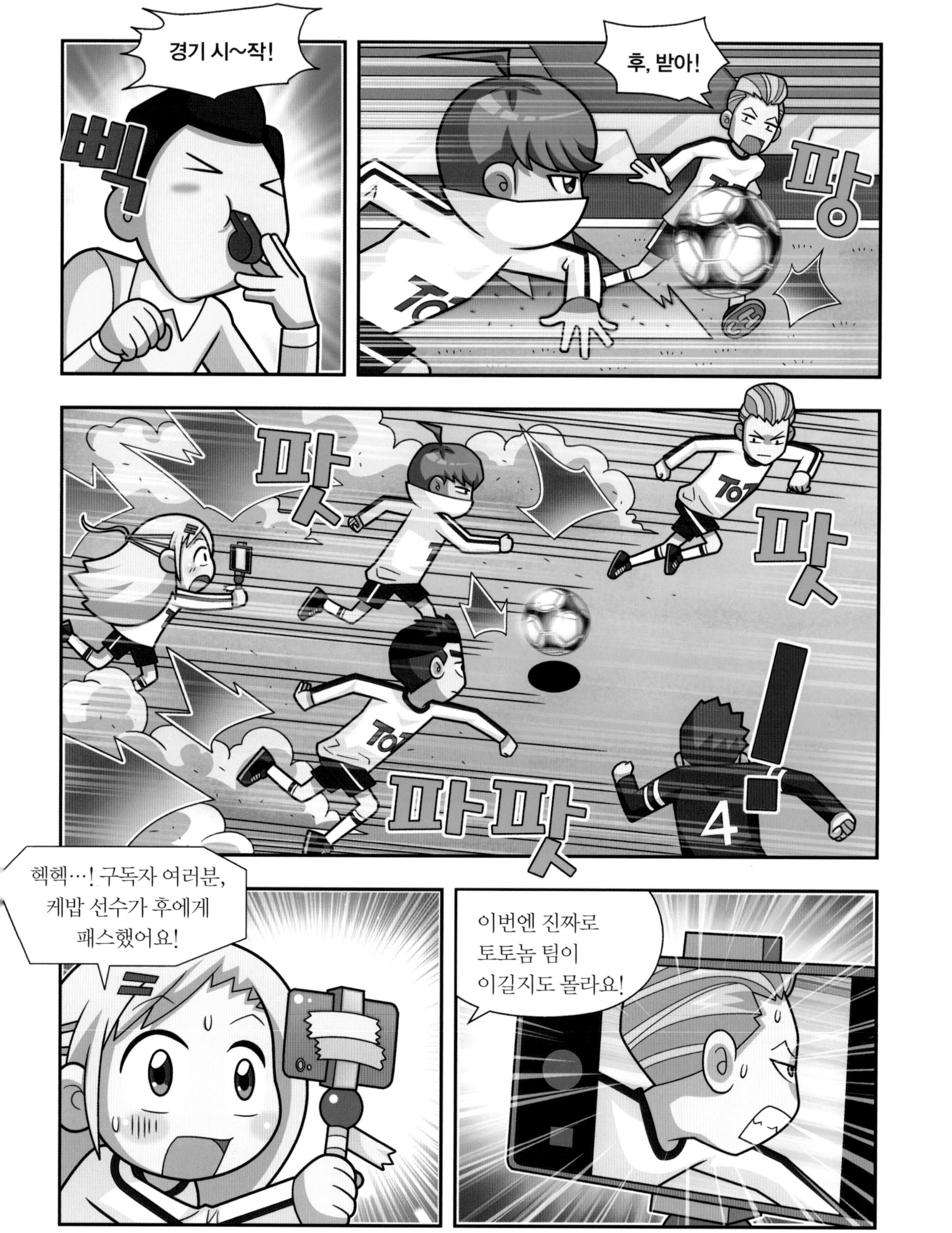

경기 시~작!
삑
후, 받아!
팡
파팟
파팟
!
파파팟
헥헥…! 구독자 여러분, 케밥 선수가 후에게 패스했어요!
이번엔 진짜로 토토놈 팀이 이길지도 몰라요!

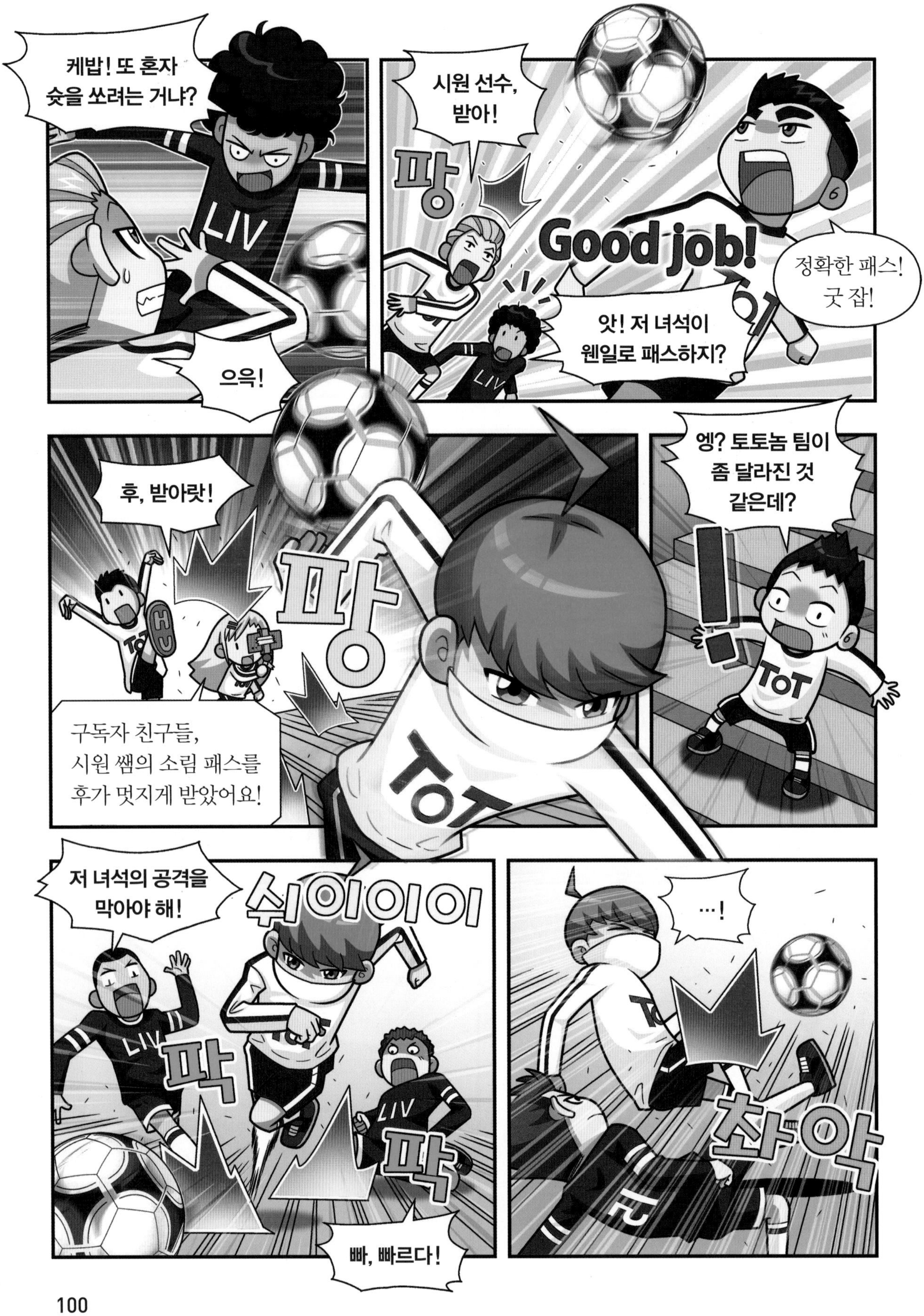

케밥! 또 혼자 슛을 쏘려는 거냐?
으윽!
시원 선수, 받아!
팡
Good job!
앗! 저 녀석이 웬일로 패스하지?
정확한 패스! 굿 잡!
후, 받아랏!
팡
구독자 친구들, 시원 쌤의 소림 패스를 후가 멋지게 받았어요!
엥? 토토놈 팀이 좀 달라진 것 같은데?
저 녀석의 공격을 막아야 해!
쉬이이이이
팍
팍
빠, 빠르다!
…!
촤악

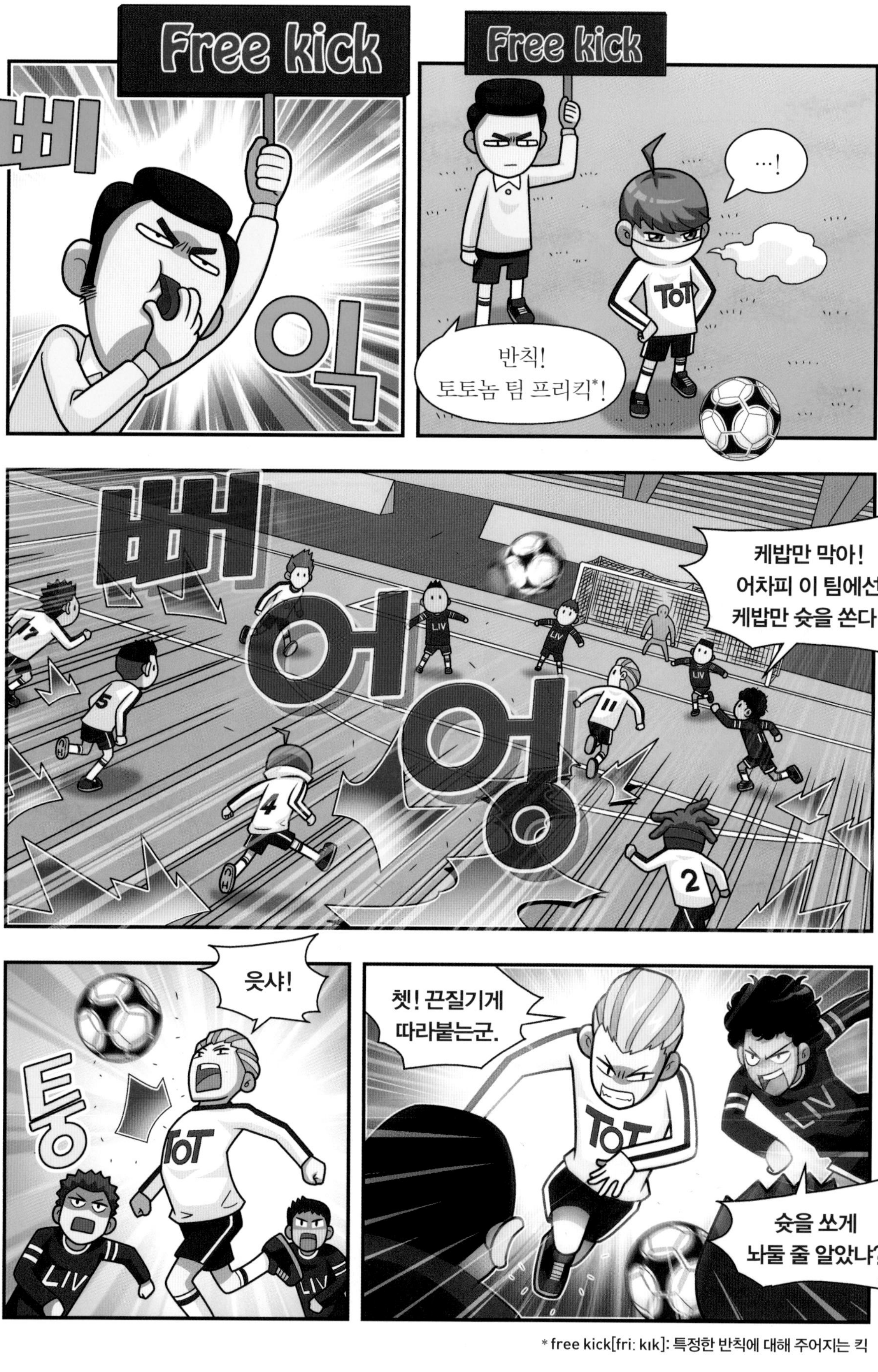

Free kick
삐
익
Free kick
…!
반칙!
토토놈 팀 프리킥*!
빠
어엉
케밥만 막아!
어차피 이 팀에선
케밥만 슛을 쏜다!
웃샤!
퉁
쳇! 끈질기게
따라붙는군.
슛을 쏘게
놔둘 줄 알았냐?

* free kick[fri: kɪk]: 특정한 반칙에 대해 주어지는 킥

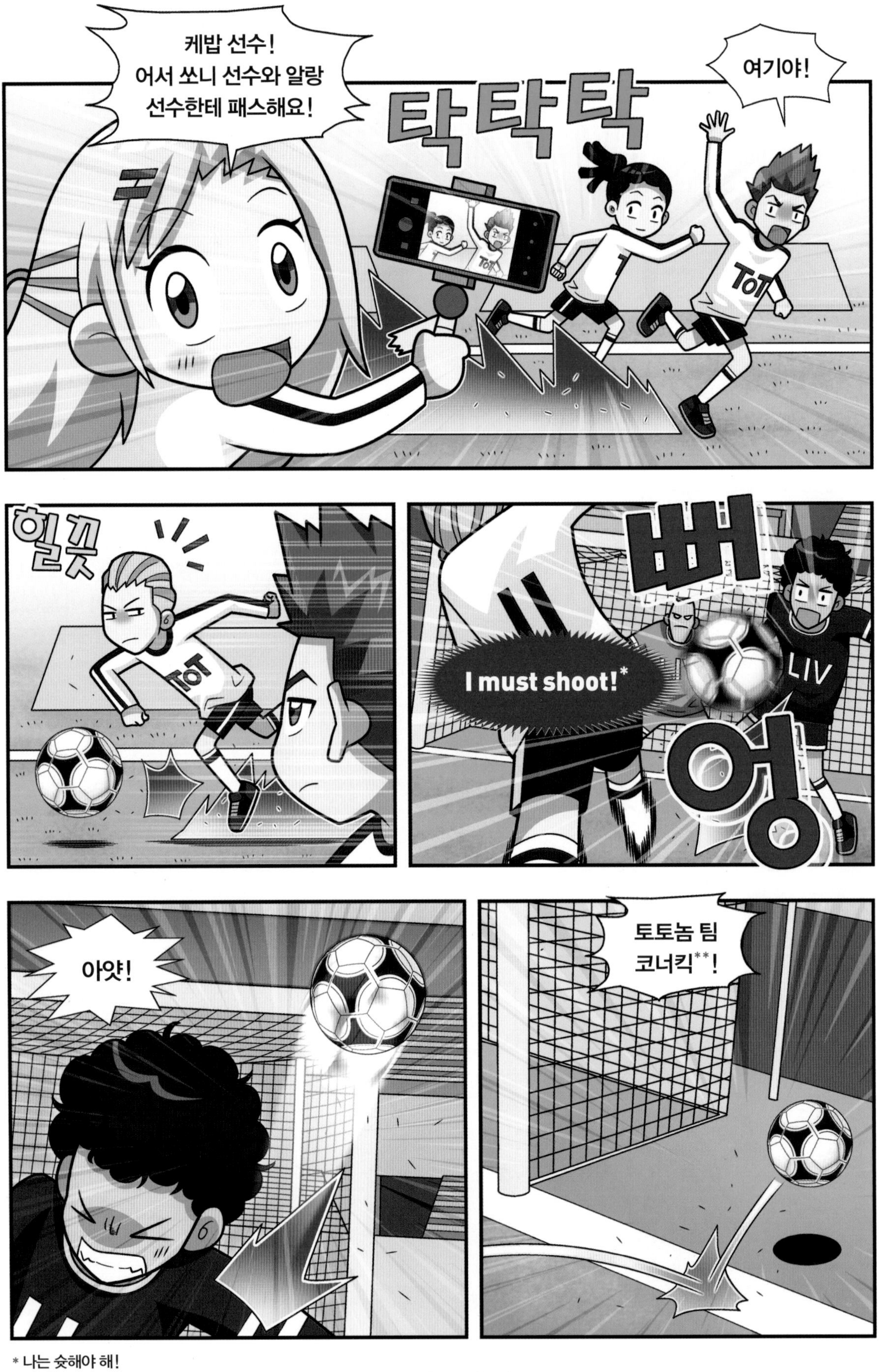
케밥 선수!
어서 쏘니 선수와 알랑
선수한테 패스해요!
탁탁탁
여기야!
힐끗
I must shoot!*
뻐엉
아얏!
토토놈 팀
코너킥**!

* 나는 슛해야 해!

** corner kick[ˈkɔːrnər kɪk]: 공격 측이 코너에 공을 놓고 경기장 안으로 차는 일

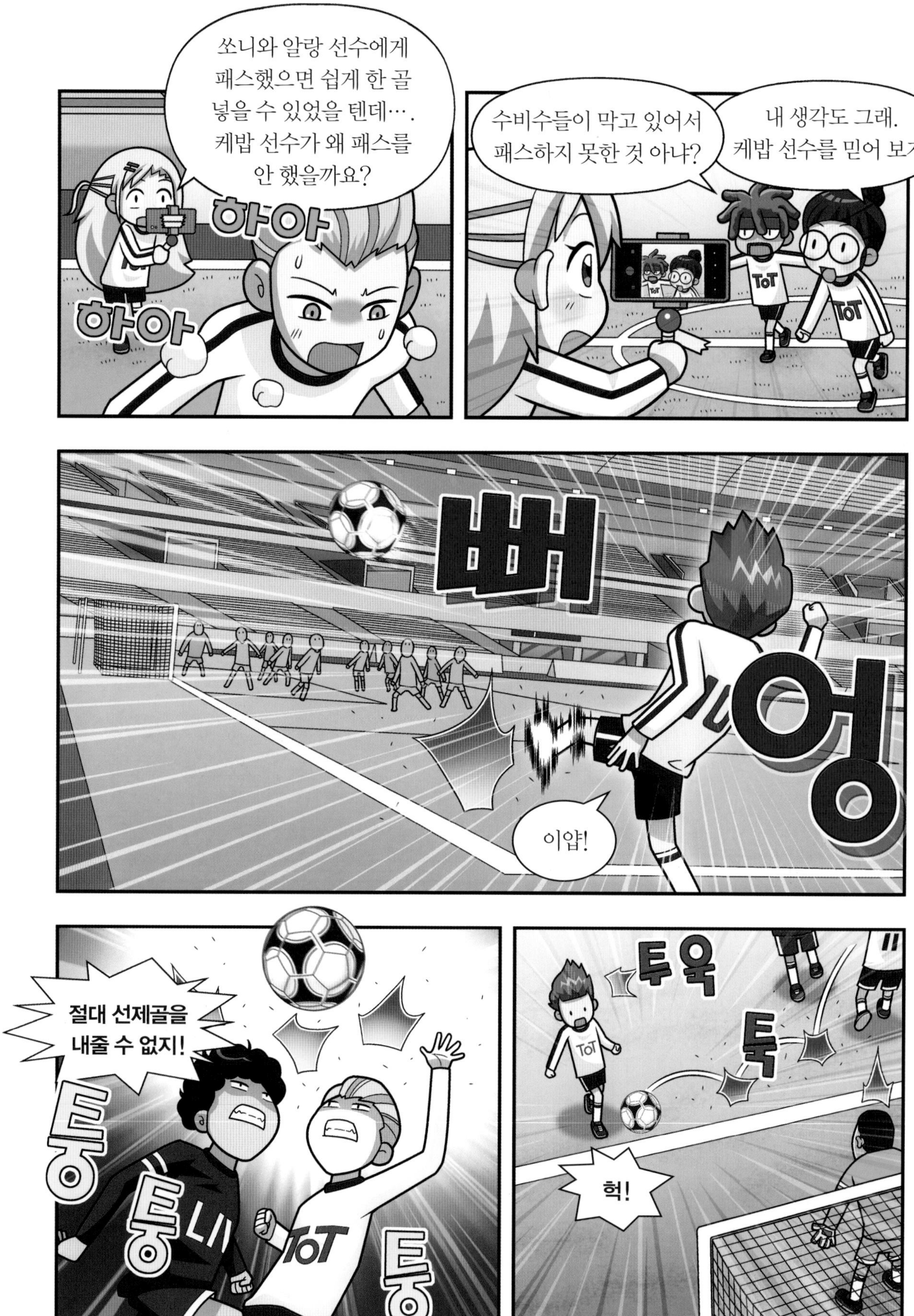
쏘니와 알랑 선수에게 패스했으면 쉽게 한 골 넣을 수 있었을 텐데…. 케밥 선수가 왜 패스를 안 했을까요?
하아
하아
수비수들이 막고 있어서 패스하지 못한 것 아냐?
내 생각도 그래. 케밥 선수를 믿어 보자.
빠
엉
이얍!
절대 선제골을 내줄 수 없지!
퉁
퉁
퉁
투욱
툭
헉!

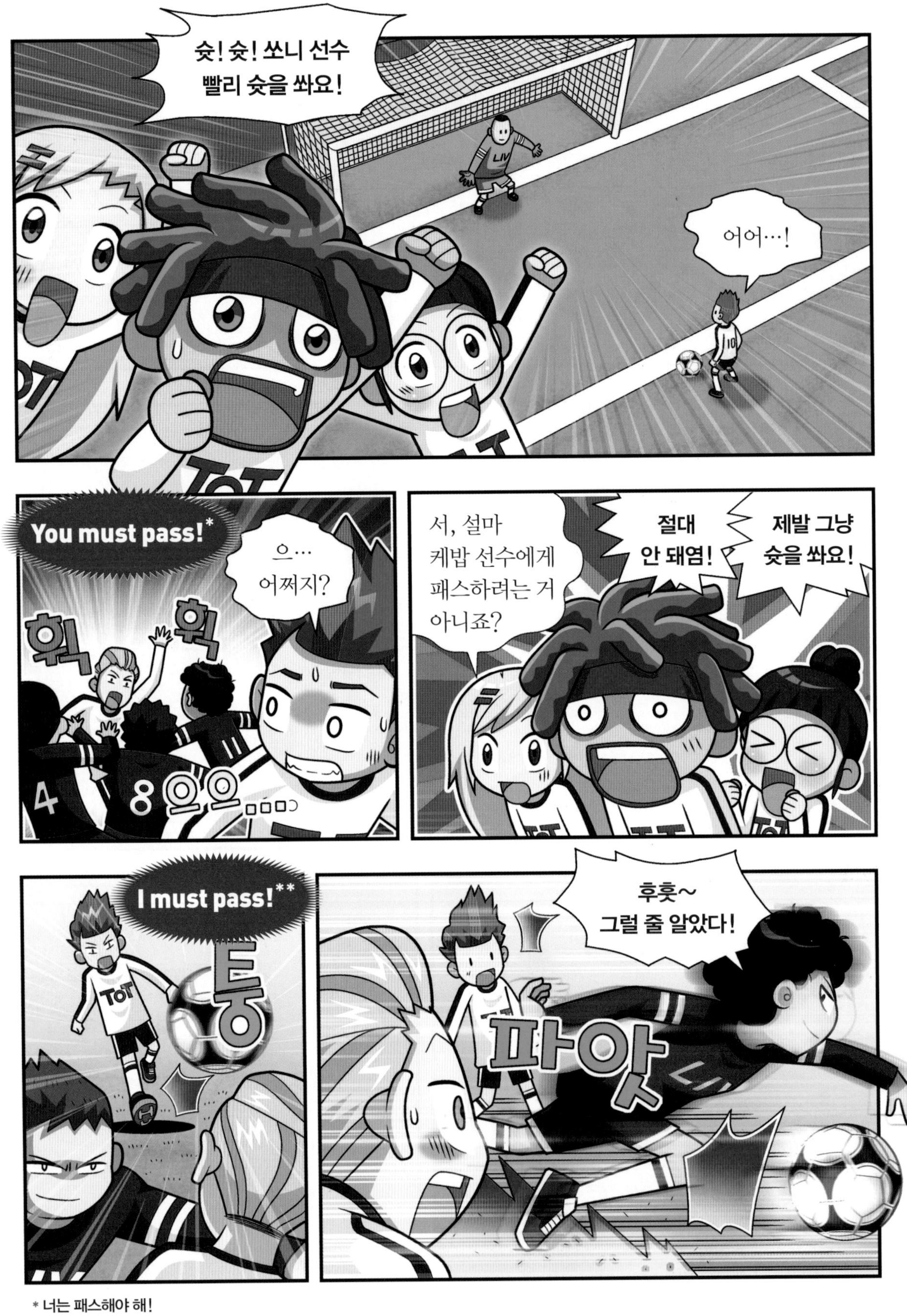
슛! 슛! 쏘니 선수
빨리 슛을 쏴요!
어어…!
You must pass!*
으…
어쩌지?
휙
휙
으으
서, 설마
케밥 선수에게
패스하려는 거
아니죠?
절대
안 돼염!
제발 그냥
슛을 쏴요!
I must pass!**
퉁
후훗~
그럴 줄 알았다!
파앗

* 너는 패스해야 해!
** 나는 패스해야 해!

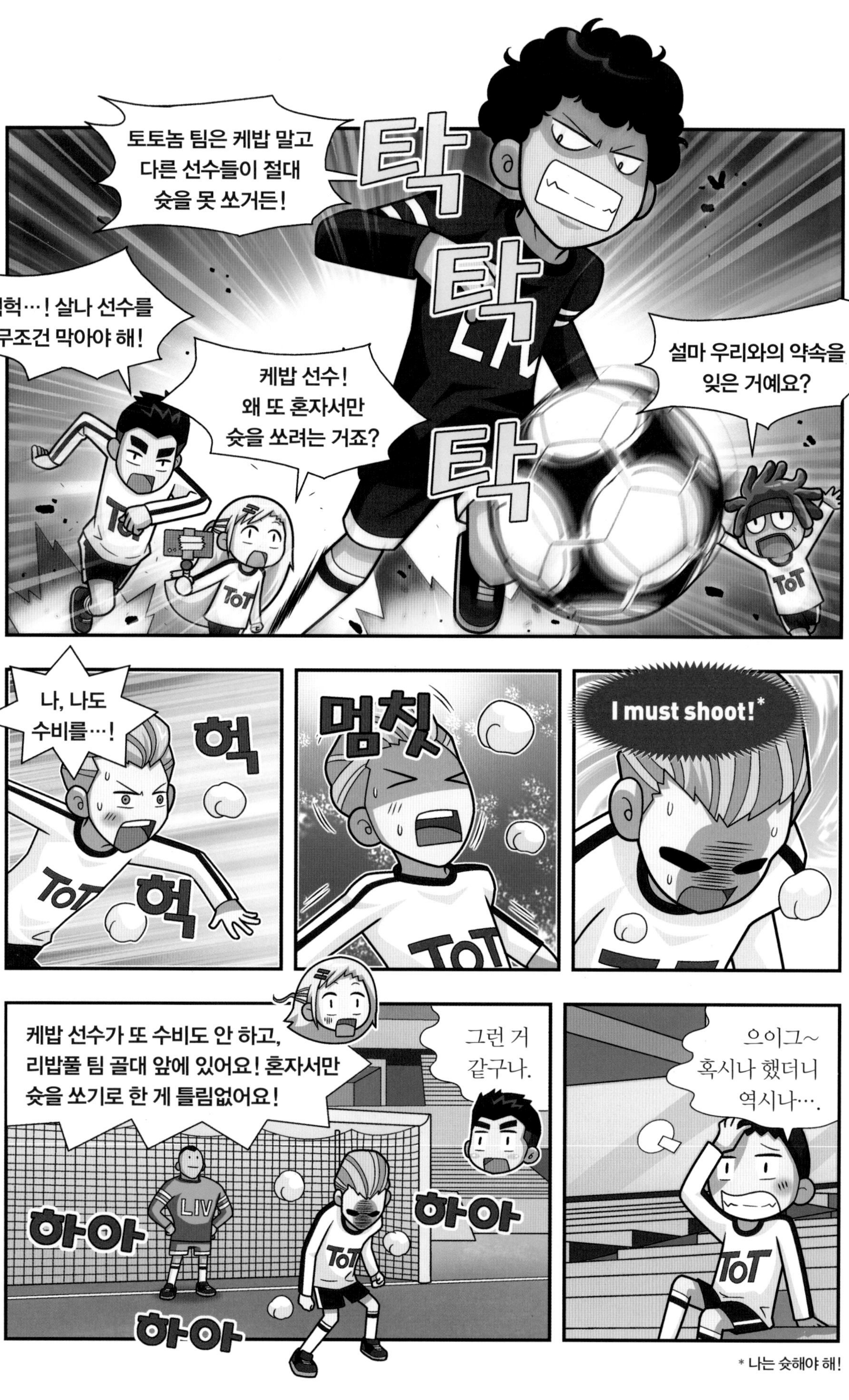
토토놈 팀은 케밥 말고
다른 선수들이 절대
슛을 못 쏘거든!
탁
탁
탁
헉헉…! 살나 선수를
무조건 막아야 해!
케밥 선수!
왜 또 혼자서만
슛을 쏘려는 거죠?
설마 우리와의 약속을
잊은 거예요?
나, 나도
수비를…!
헉
헉
멈칫
I must shoot!*
케밥 선수가 또 수비도 안 하고,
리밥풀 팀 골대 앞에 있어요! 혼자서만
슛을 쏘기로 한 게 틀림없어요!
그런 거
같구나.
하아
하아
하아
으이그~
혹시나 했더니
역시나….

* 나는 슛해야 해!

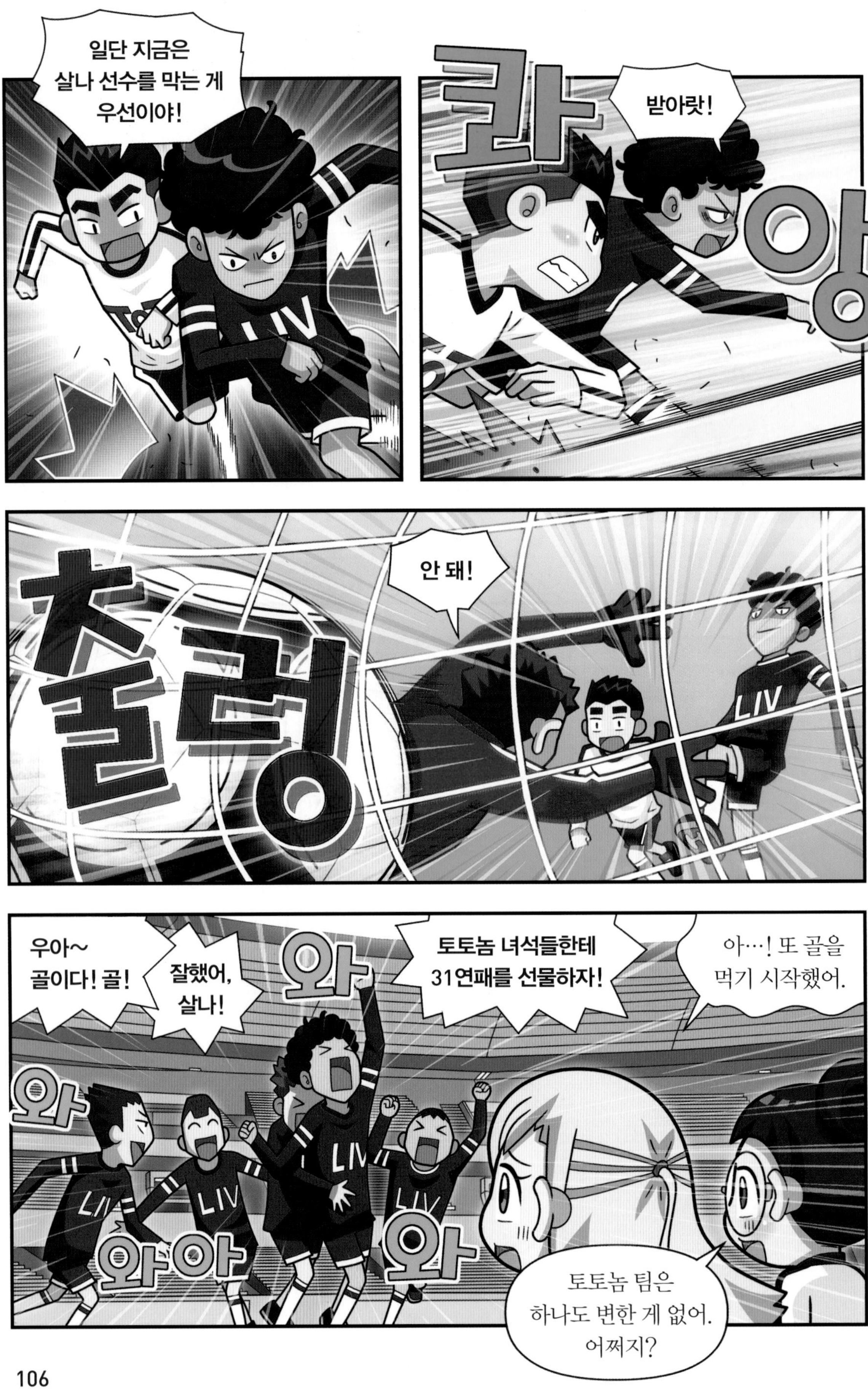

일단 지금은 살나 선수를 막는 게 우선이야!
콰
받아랏!
앙
안 돼!
출렁
우아~ 골이다! 골!
잘했어, 살나!
와
토토놈 녀석들한테 31연패를 선물하자!
아…! 또 골을 먹기 시작했어.
와
와아
와
토토놈 팀은 하나도 변한 게 없어. 어쩌지?

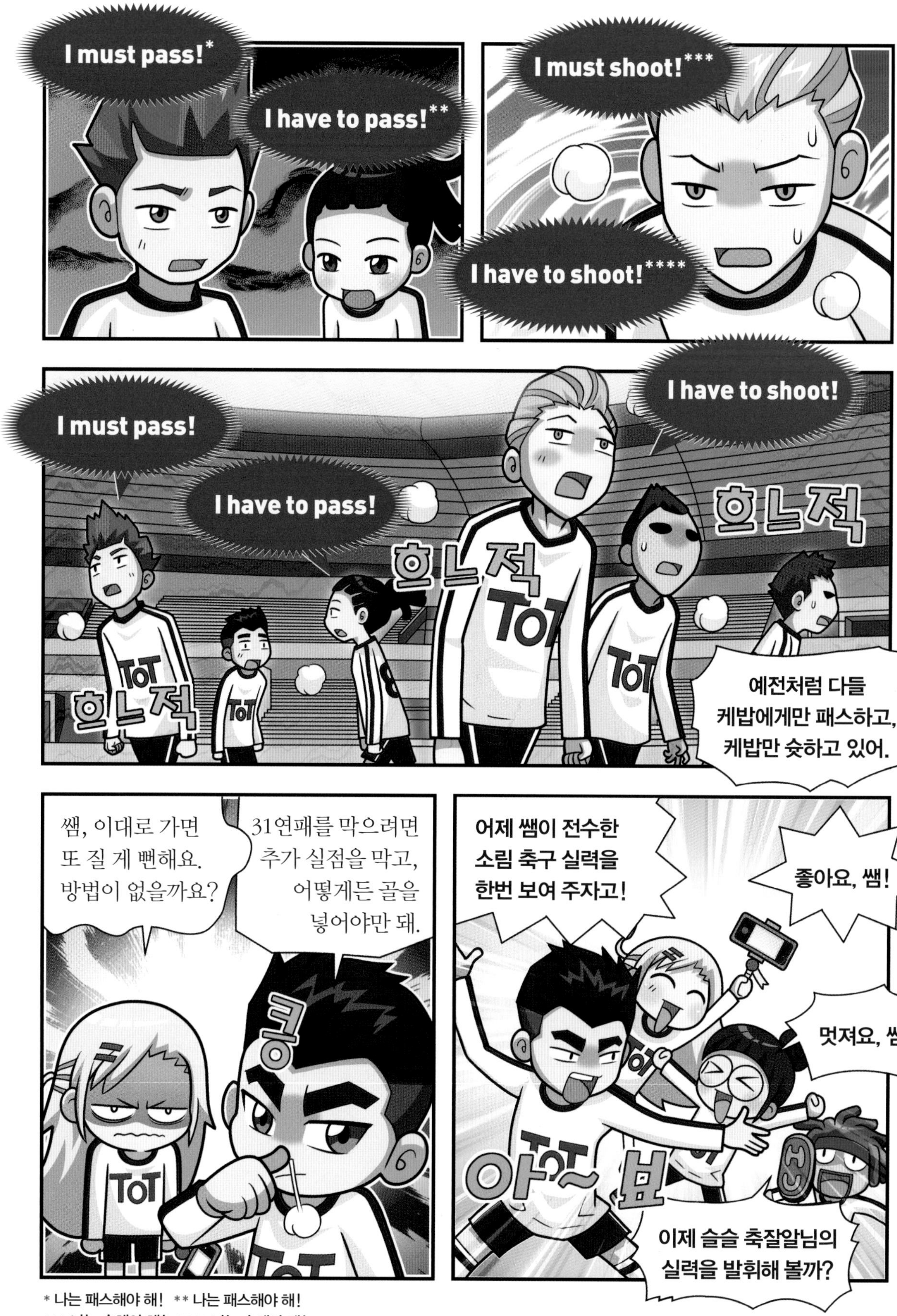
I must pass!*
I have to pass!**
I must shoot!***
I have to shoot!****
I must pass!
I have to pass!
I have to shoot!
흐느적
흐느적
흐느적
예전처럼 다들 케밥에게만 패스하고, 케밥만 슛하고 있어.
쌤, 이대로 가면 또 질 게 뻔해요. 방법이 없을까요?
31연패를 막으려면 추가 실점을 막고, 어떻게든 골을 넣어야만 돼.
쿵
어제 쌤이 전수한 소림 축구 실력을 한번 보여 주자고!
좋아요, 쌤!
멋져요, 쌤!
아~ 뵤
이제 슬슬 축잘알님의 실력을 발휘해 볼까?

* 나는 패스해야 해! ** 나는 패스해야 해!
*** 나는 슛해야 해! **** 나는 슛해야 해!

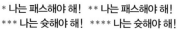

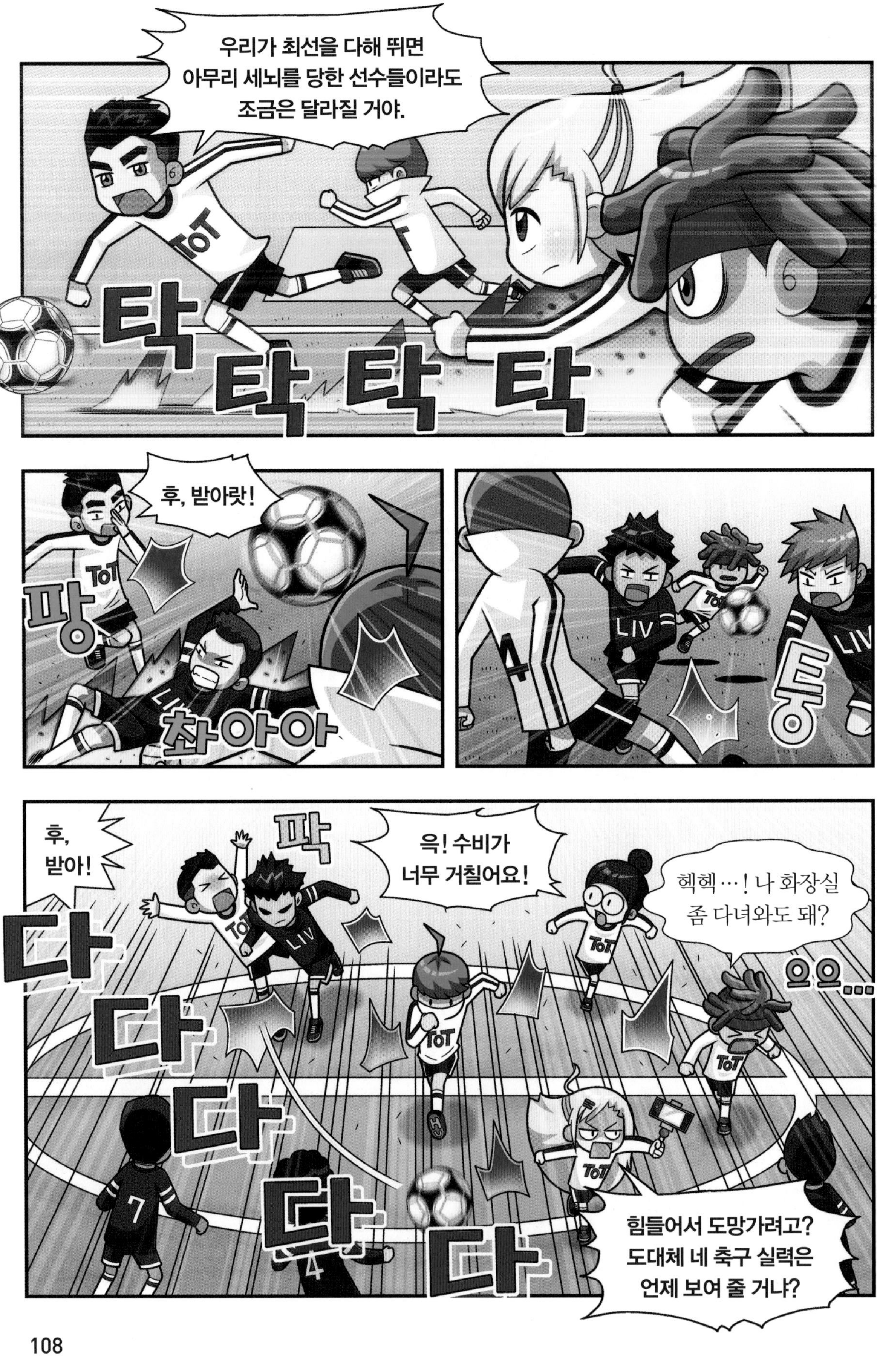

우리가 최선을 다해 뛰면 아무리 세뇌를 당한 선수들이라도 조금은 달라질 거야.
탁 탁 탁 탁
후, 받아랏!
팡
촤아아
통
후, 받아!
팍
윽! 수비가 너무 거칠어요!
헥헥…! 나 화장실 좀 다녀와도 돼?
으으…
다 다 다 다 다
힘들어서 도망가려고? 도대체 네 축구 실력은 언제 보여 줄 거냐?

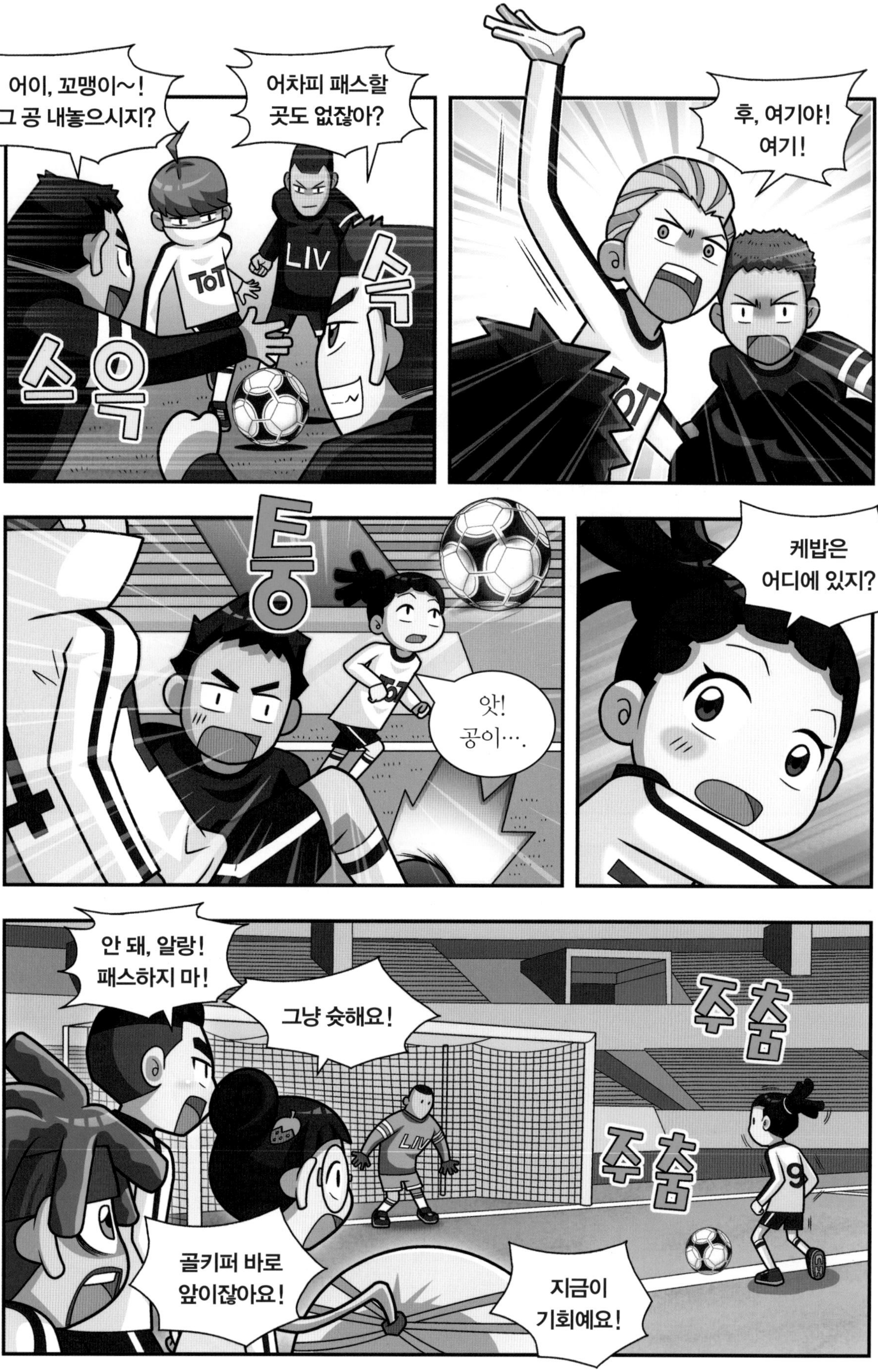
어이, 꼬맹이~!
그 공 내놓으시지?
어차피 패스할
곳도 없잖아?
스윽
슥
후, 여기야!
여기!
퉁
앗!
공이….
케밥은
어디에 있지?
안 돼, 알랑!
패스하지 마!
그냥 슛해요!
주춤
주춤
골키퍼 바로
앞이잖아요!
지금이
기회예요!

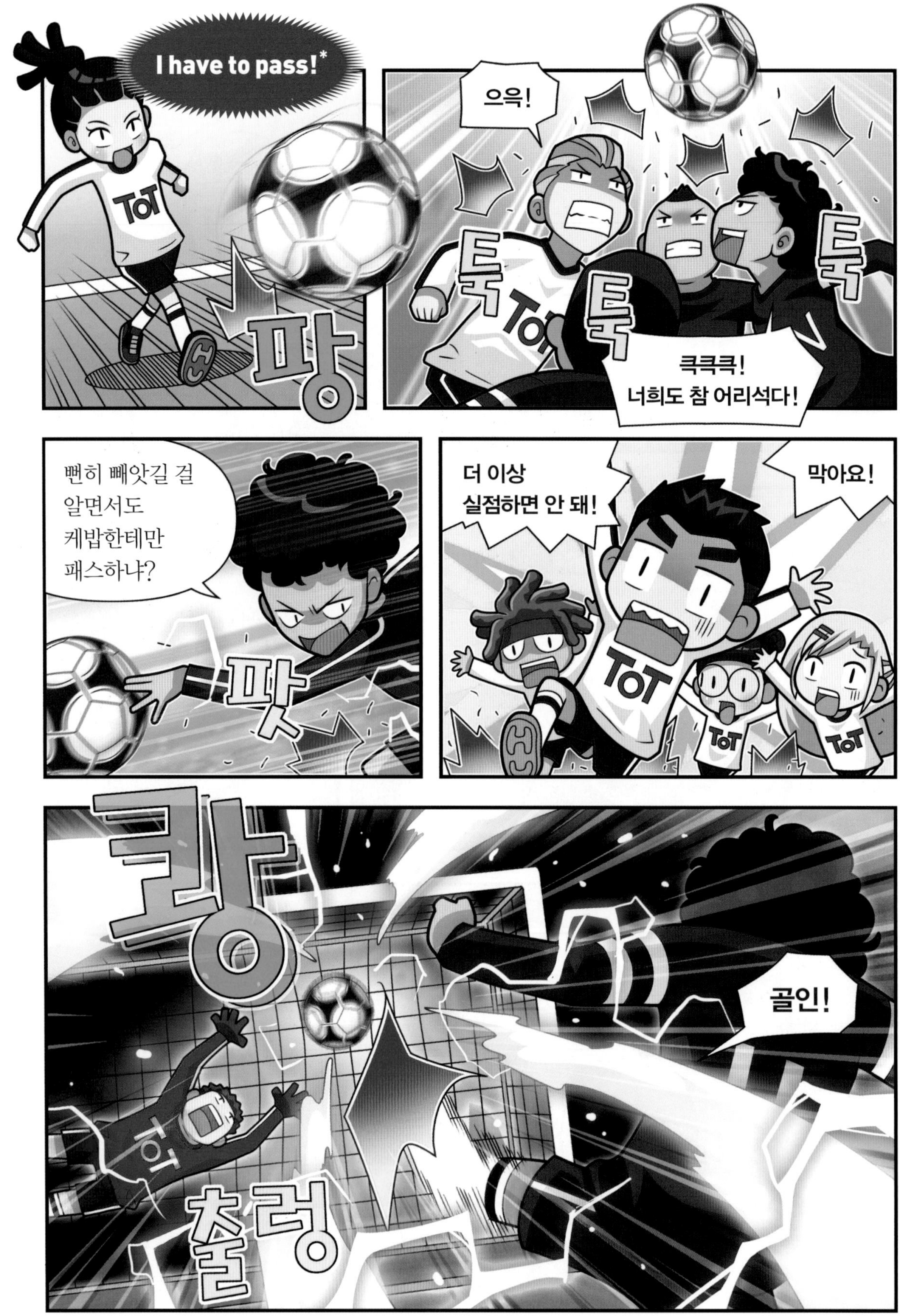
I have to pass!*
팡
으윽!
툭
툭
툭
큭큭큭!
너희도 참 어리석다!
뻔히 빼앗길 걸
알면서도
케밥한테만
패스하냐?
팍
더 이상
실점하면 안 돼!
막아요!
쾅
골인!
철렁

* 나는 패스해야 해!

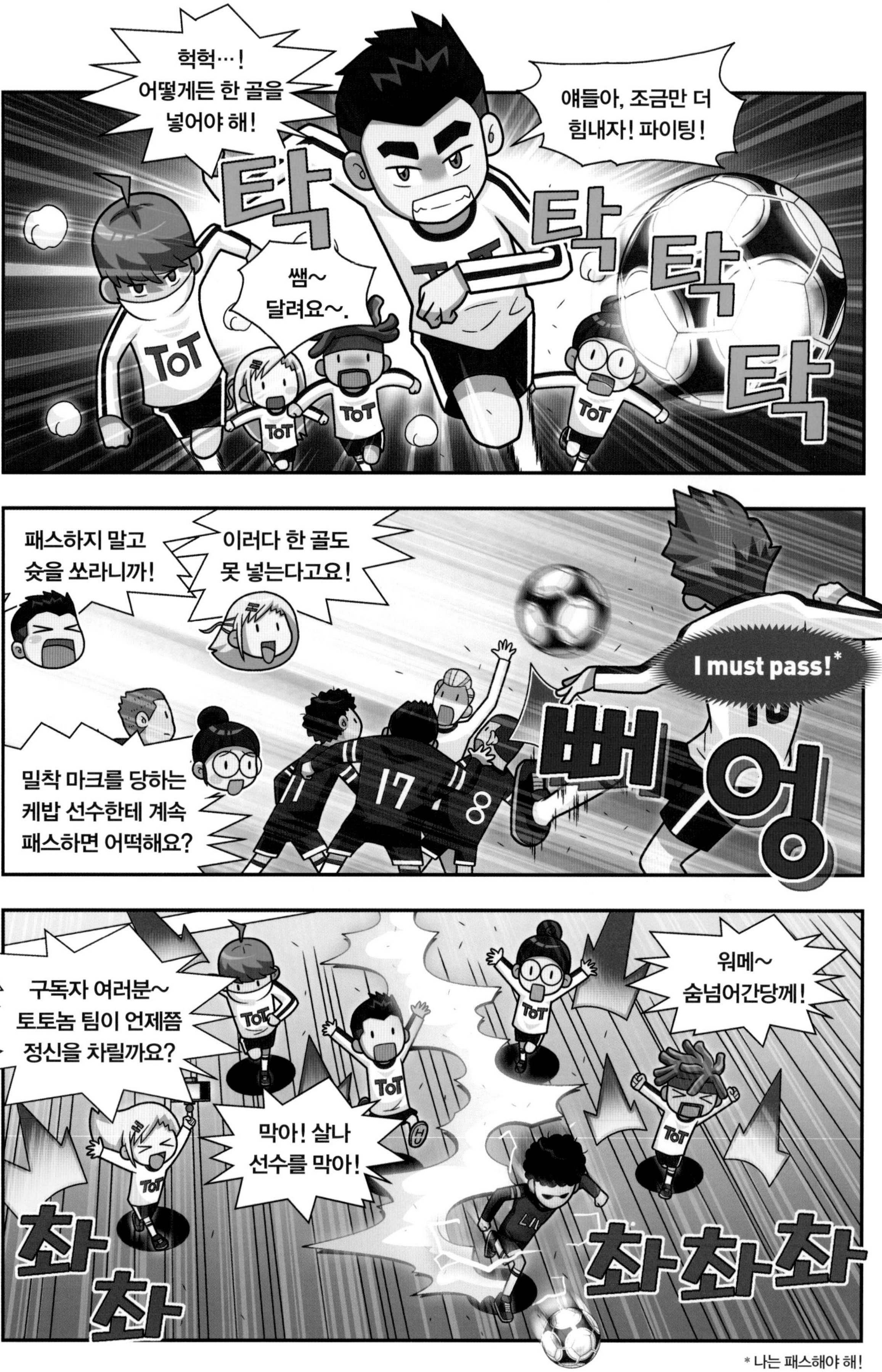
헉헉…! 어떻게든 한 골을 넣어야 해!
얘들아, 조금만 더 힘내자! 파이팅!
탁
탁
탁
탁
쌤~ 달려요~.
패스하지 말고 슛을 쏘라니까!
이러다 한 골도 못 넣는다고요!
I must pass!*
밀착 마크를 당하는 케밥 선수한테 계속 패스하면 어떡해요?
뻐엉
구독자 여러분~ 토토놈 팀이 언제쯤 정신을 차릴까요?
워메~ 숨넘어간당께!
막아! 살나 선수를 막아!
촤 촤
촤촤촤

* 나는 패스해야 해!

Chapter 6

진정한 축구의 재미

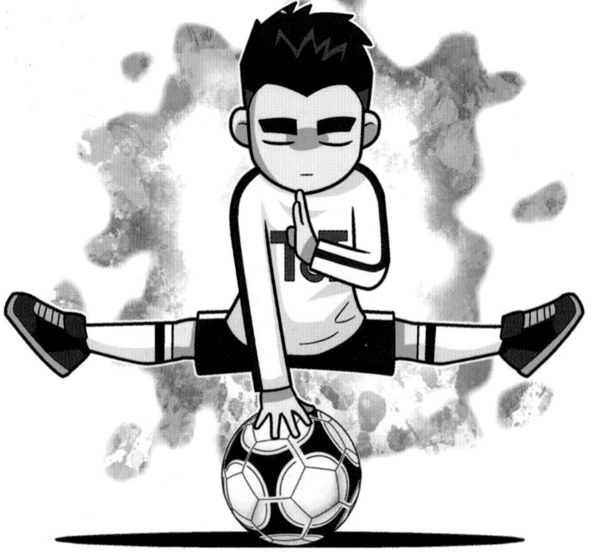

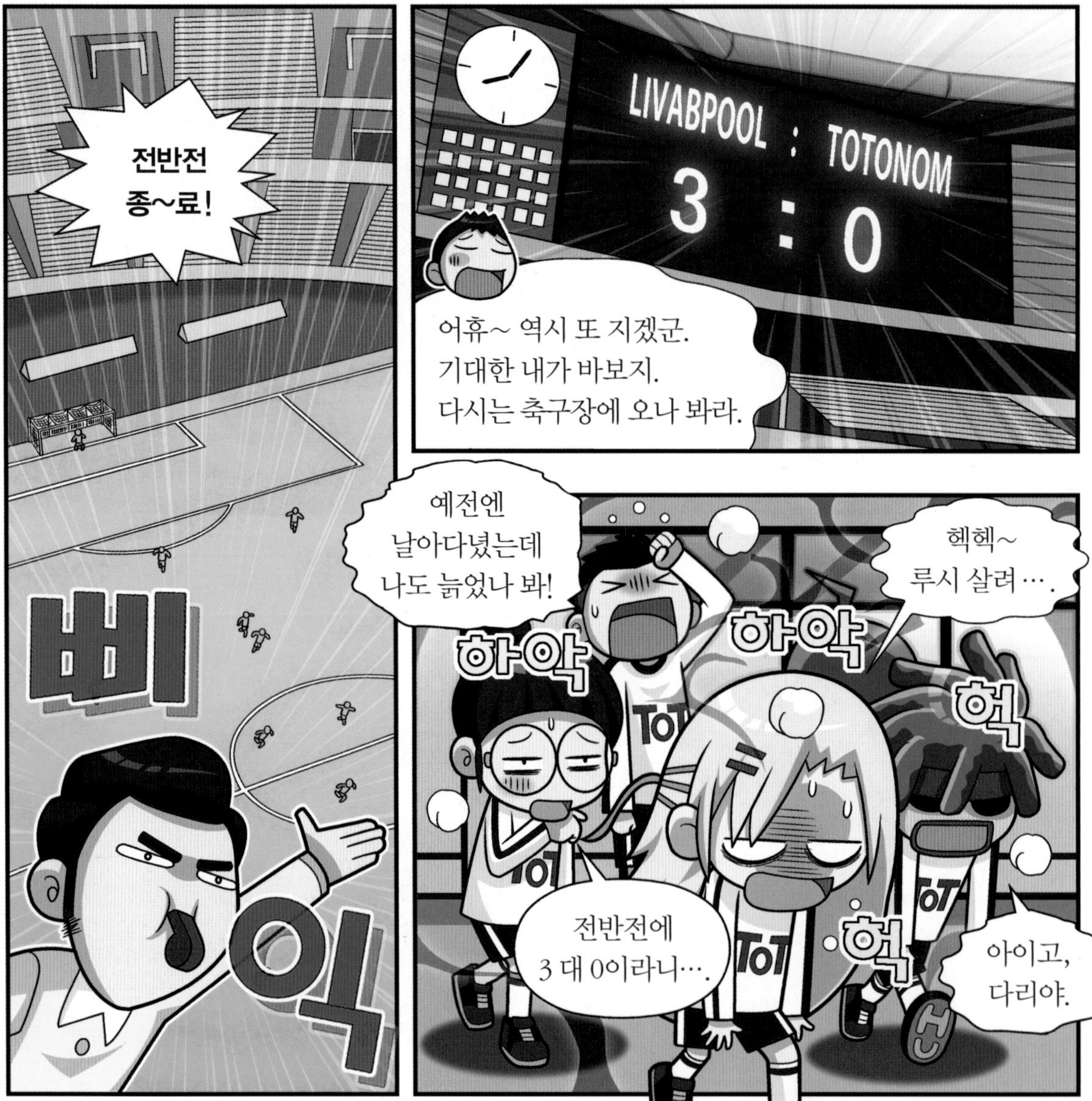

전반전 종~료!
삐익
LIVABPOOL : TOTONOM
3 : 0
어휴~ 역시 또 지겠군. 기대한 내가 바보지. 다시는 축구장에 오나 봐라.
예전엔 날아다녔는데 나도 늙었나 봐!
하악
하악
헥헥~ 루시 살려⋯.
헉
전반전에 3 대 0이라니⋯.
헉
아이고, 다리야.

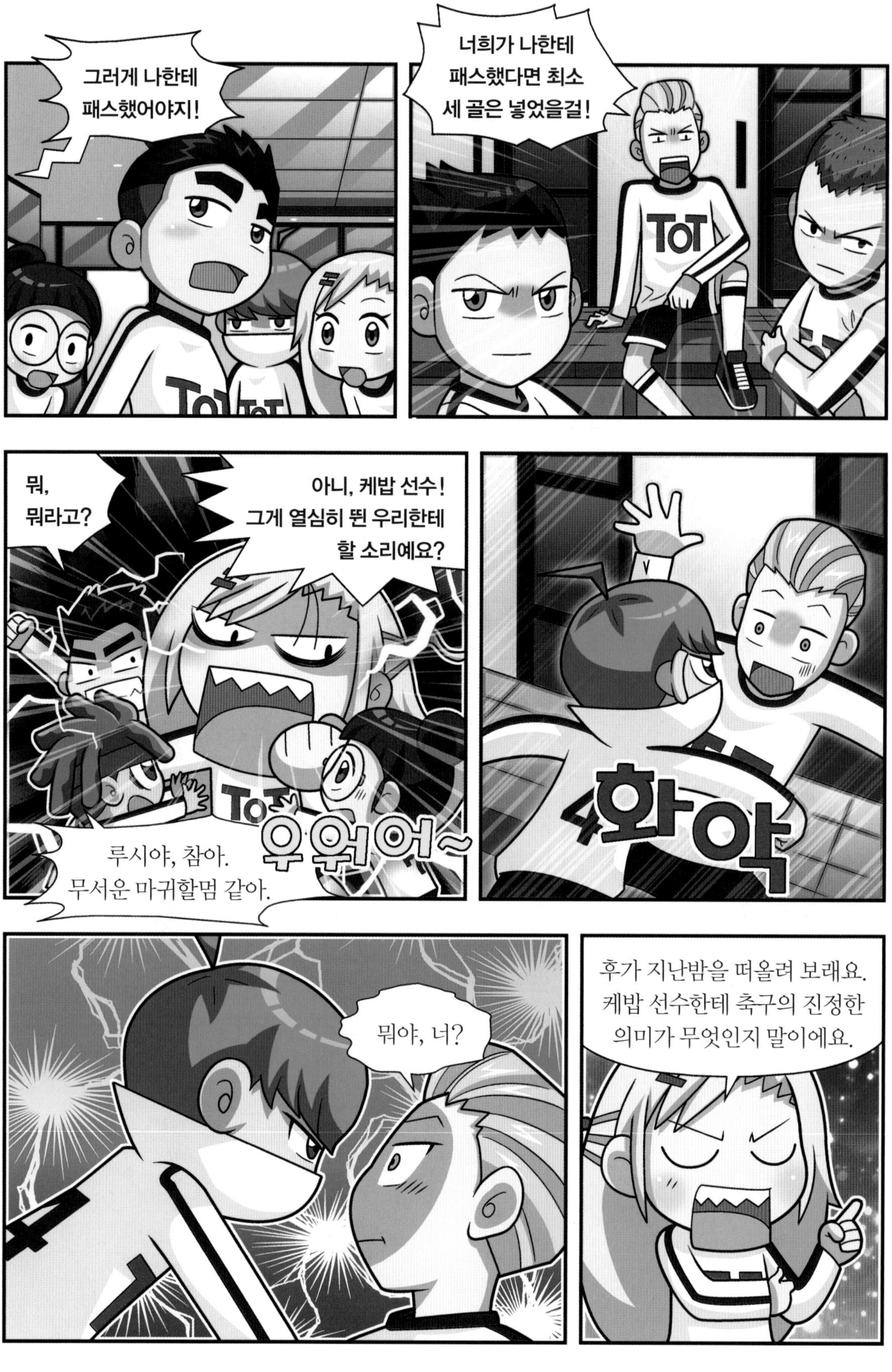

그러게 나한테 패스했어야지!
너희가 나한테 패스했다면 최소 세 골은 넣었을걸!
뭐, 뭐라고?
아니, 케밥 선수! 그게 열심히 뛴 우리한테 할 소리예요?
우워어~
루시야, 참아. 무서운 마귀할멈 같아.
화악
뭐야, 너?
후가 지난밤을 떠올려 보래요. 케밥 선수한테 축구의 진정한 의미가 무엇인지 말이에요.

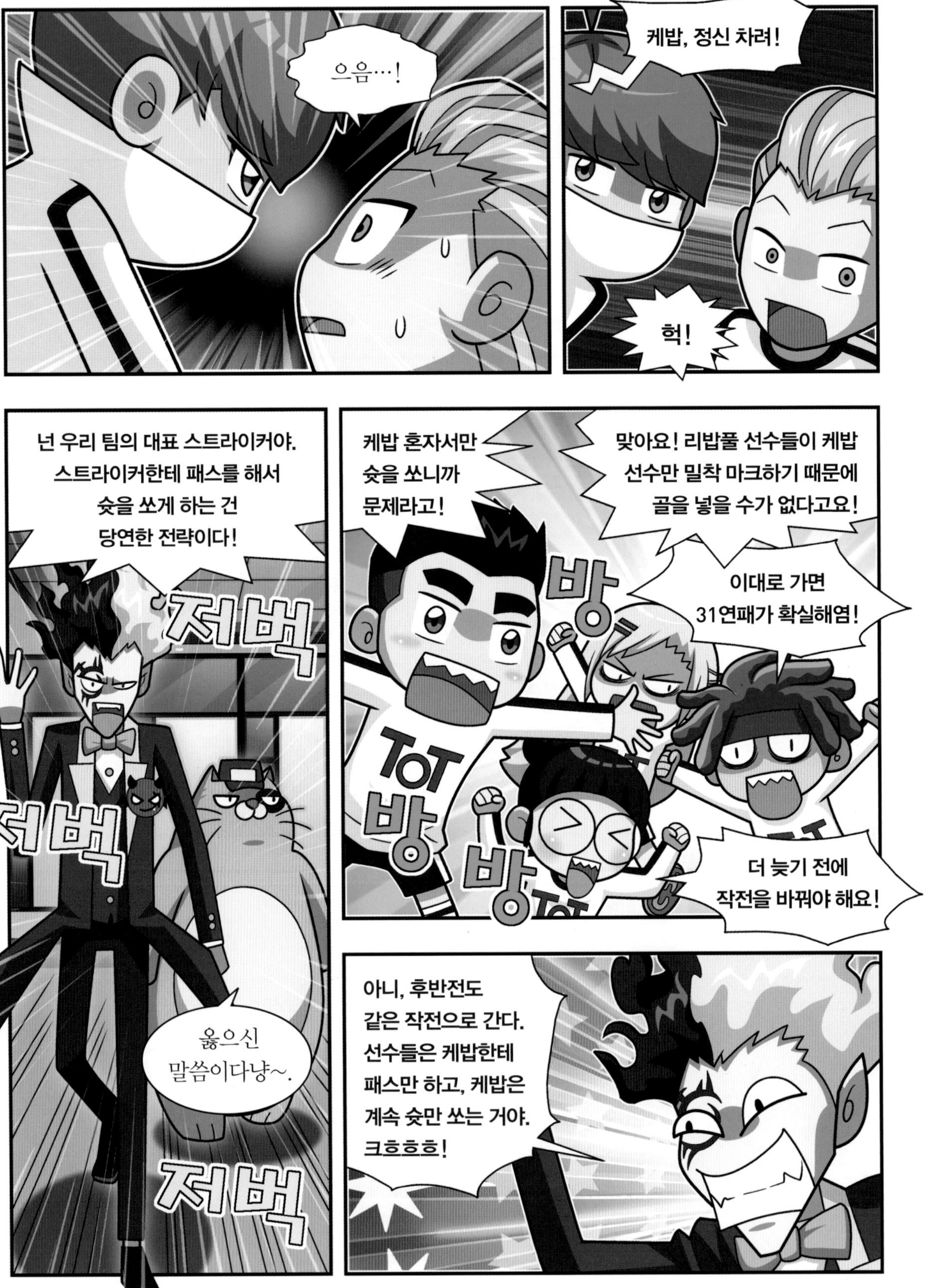

으음…!
케밥, 정신 차려!
헉!
넌 우리 팀의 대표 스트라이커야. 스트라이커한테 패스를 해서 슛을 쏘게 하는 건 당연한 전략이다!
저벅
저벅
옳으신 말씀이다냥~.
저벅
케밥 혼자서만 슛을 쏘니까 문제라고!
맞아요! 리밥풀 선수들이 케밥 선수만 밀착 마크하기 때문에 골을 넣을 수가 없다고요!
방
이대로 가면 31연패가 확실해염!
방
방
더 늦기 전에 작전을 바꿔야 해요!
아니, 후반전도 같은 작전으로 간다. 선수들은 케밥한테 패스만 하고, 케밥은 계속 슛만 쏘는 거야. 크흐흐흐!

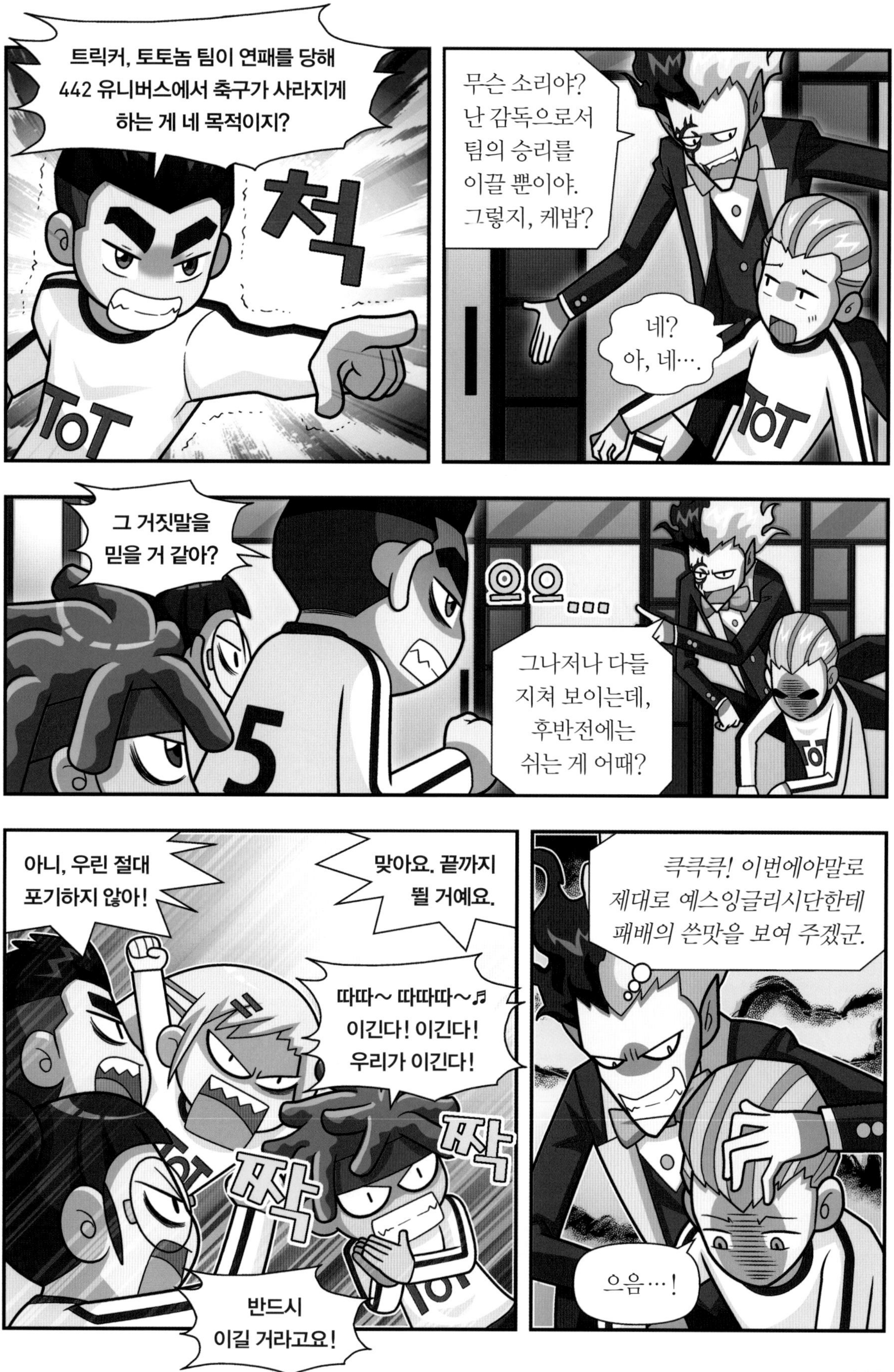

트릭커, 토토놈 팀이 연패를 당해 442 유니버스에서 축구가 사라지게 하는 게 네 목적이지?
척
무슨 소리야? 난 감독으로서 팀의 승리를 이끌 뿐이야. 그렇지, 케밥?
네? 아, 네….
그 거짓말을 믿을 거 같아?
으으...
그나저나 다들 지쳐 보이는데, 후반전에는 쉬는 게 어때?
아니, 우린 절대 포기하지 않아!
맞아요. 끝까지 뛸 거예요.
따따~ 따따따~♬ 이긴다! 이긴다! 우리가 이긴다!
짝
짝
반드시 이길 거라고요!
크크크! 이번에야말로 제대로 예스잉글리시단한테 패배의 쓴맛을 보여 주겠군.
으음…!

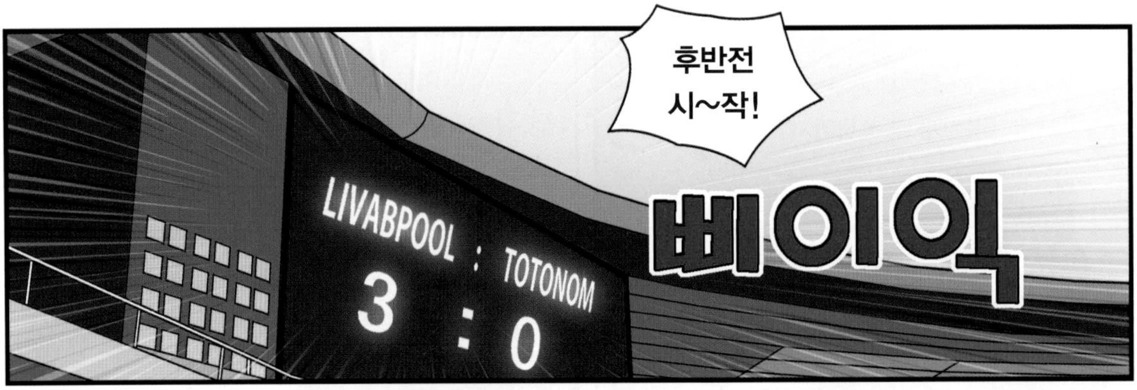
후반전 시~작!
LIVABPOOL : TOTONOM
3 : 0
삐이익

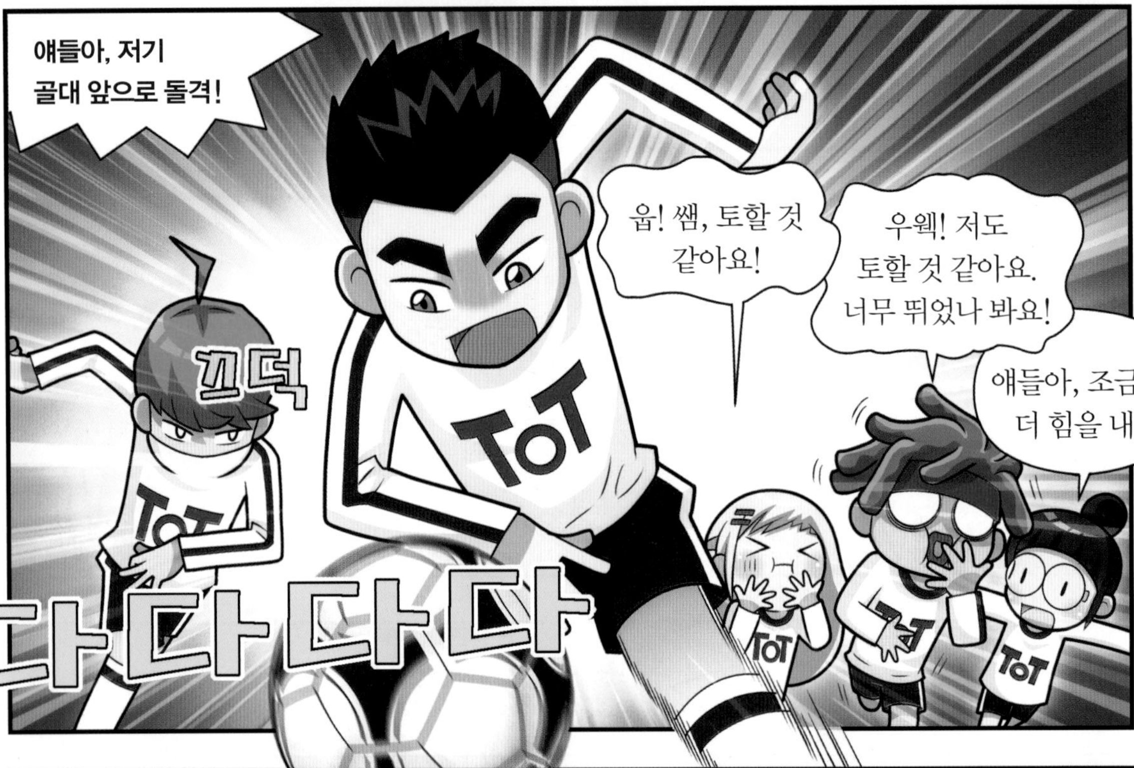
얘들아, 저기 골대 앞으로 돌격!
읍! 쌤, 토할 것 같아요!
우웩! 저도 토할 것 같아요. 너무 뛰었나 봐요!
얘들아, 조금만 더 힘을 내!
끄덕
다다다다다

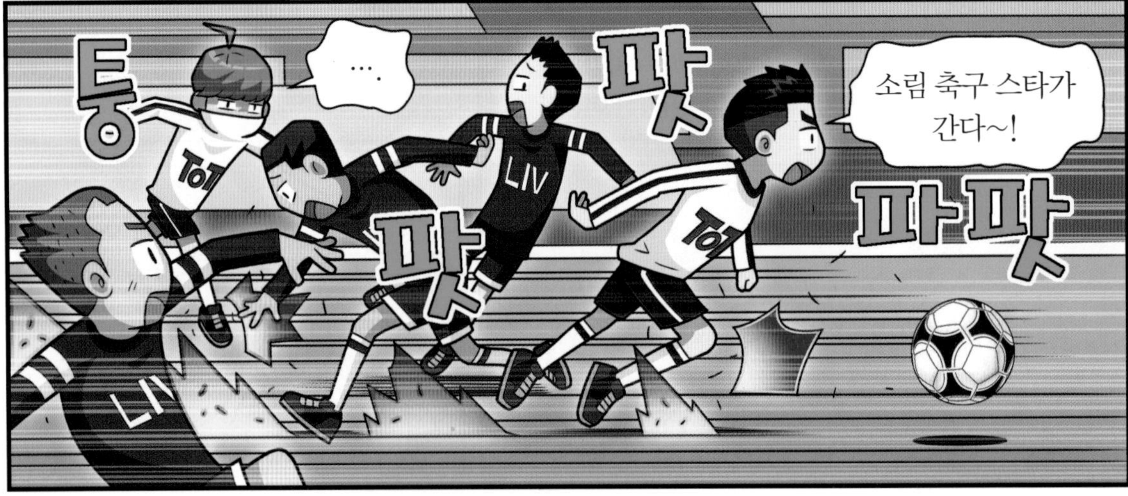
퉁
…….
팟
소림 축구 스타가 간다~!
파팟
팟

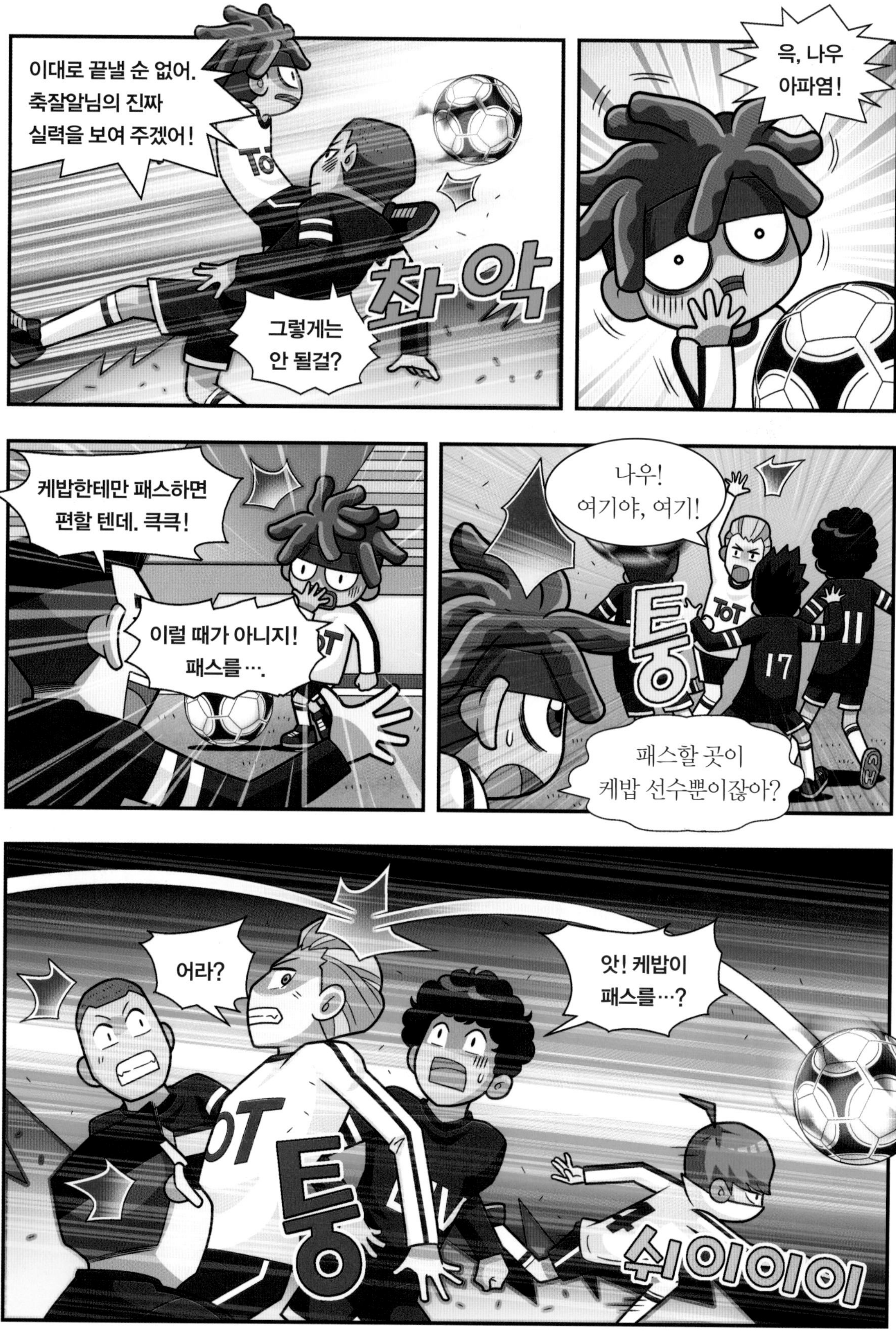
이대로 끝낼 순 없어. 축잘알님의 진짜 실력을 보여 주겠어!
착악
그렇게는 안 될걸?
윽, 나우 아파염!
케밥한테만 패스하면 편할 텐데. 큭큭!
이럴 때가 아니지! 패스를….
나우! 여기야, 여기!
퉁
패스할 곳이 케밥 선수뿐이잖아?
어라?
앗! 케밥이 패스를…?
퉁
쉬이이이이

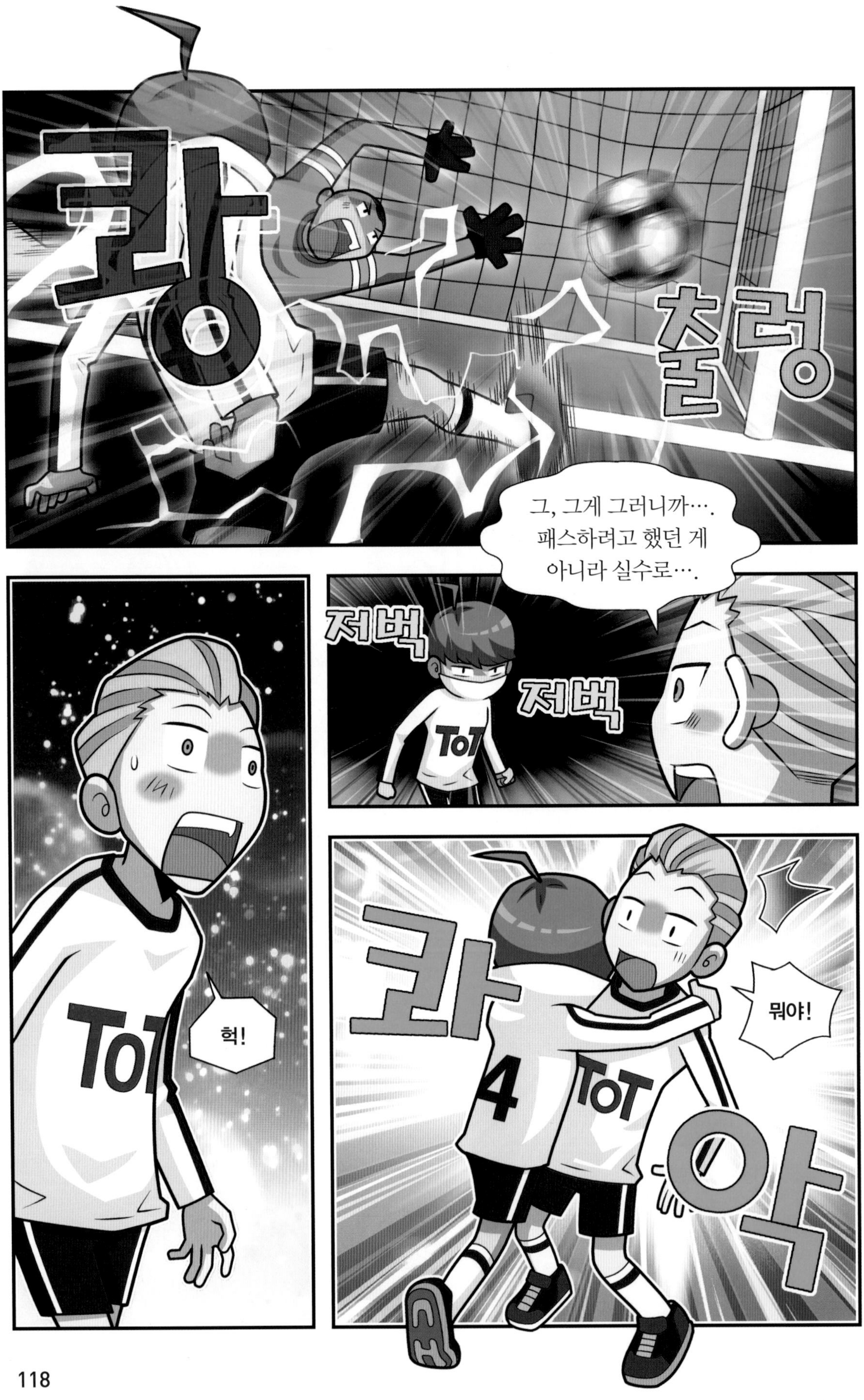
쾅
출렁
그, 그게 그러니까….
패스하려고 했던 게
아니라 실수로….
저벅
저벅
헉!
콰악
뭐야!

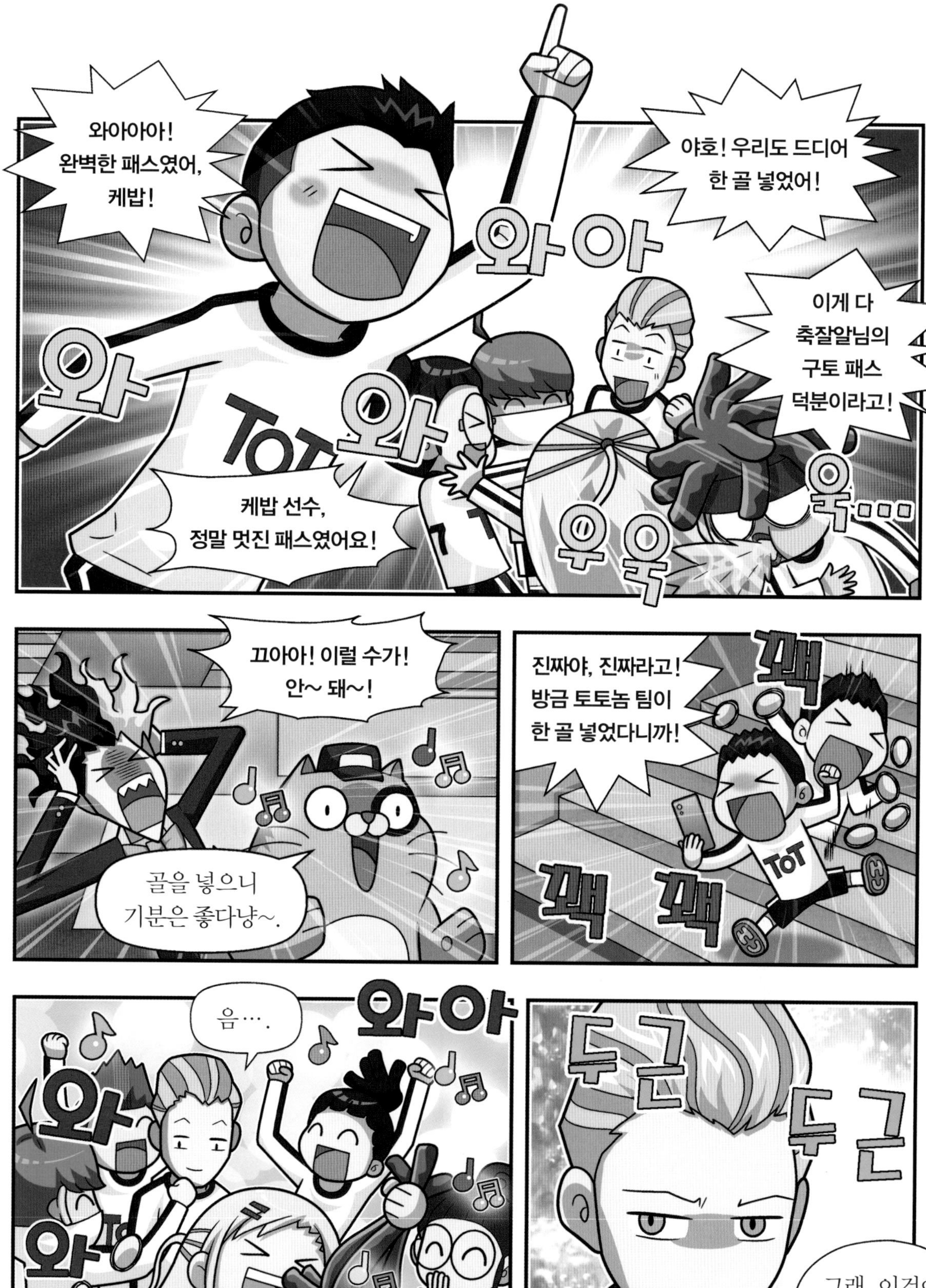

와아아아!
완벽한 패스였어,
케밥!
야호! 우리도 드디어
한 골 넣었어!
와아
이게 다
축잘알님의
구토 패스
덕분이라고!
와
와
케밥 선수,
정말 멋진 패스였어요!
우욱
욱…
끄아아! 이럴 수가!
안~ 돼~!
골을 넣으니
기분은 좋다냥~.
진짜야, 진짜라고!
방금 토토놈 팀이
한 골 넣었다니까!
꽥
꽥
꽥
음….
와아
와
와
와
두근
두근
두근
그래, 이것이
바로 축구의
즐거움이었어!

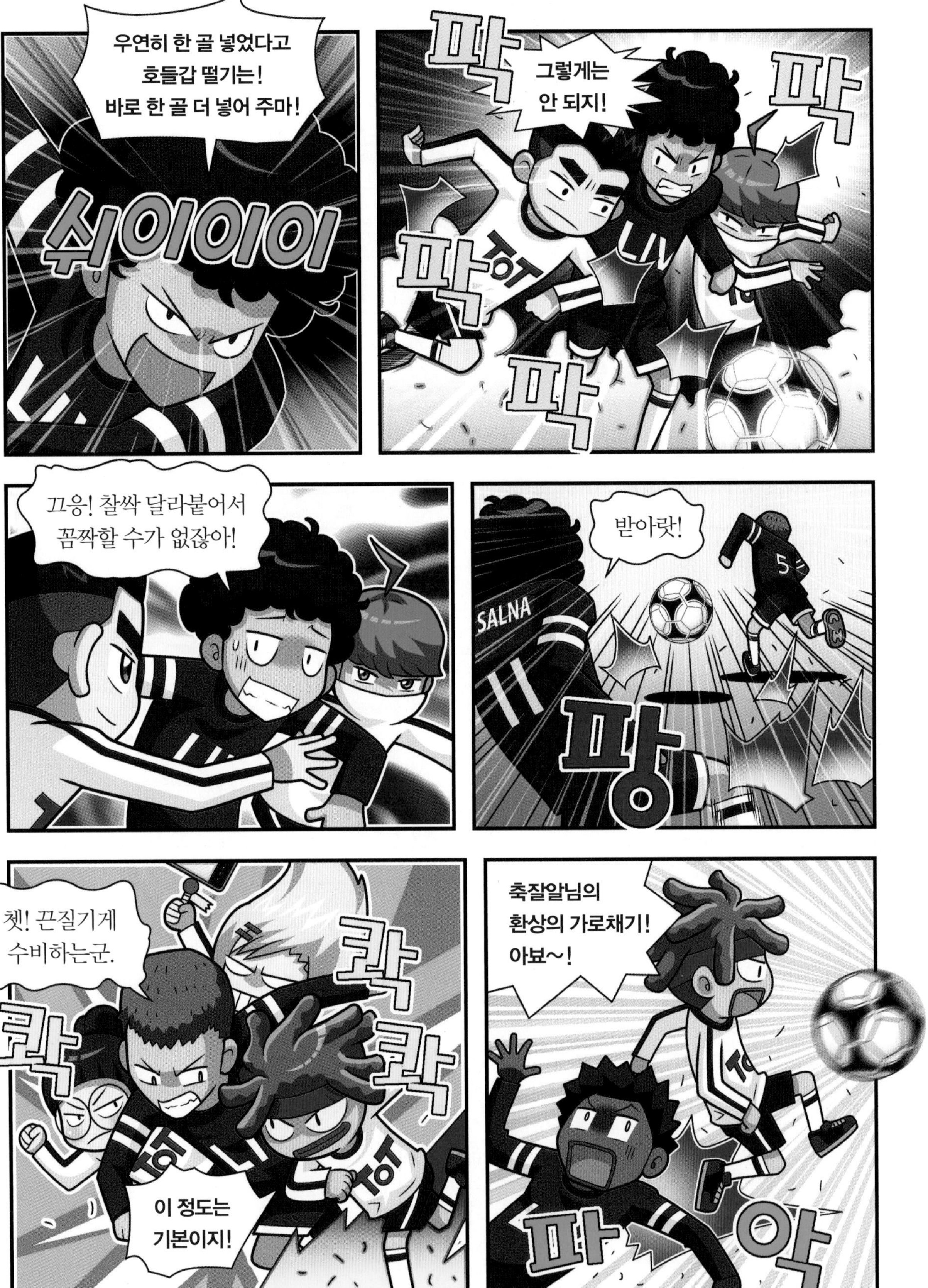
우연히 한 골 넣었다고
호들갑 떨기는!
바로 한 골 더 넣어 주마!
쉬이이이이
파
그렇게는
안 되지!
팍
팍
팍
끄응! 찰싹 달라붙어서
꼼짝할 수가 없잖아!
받아랏!
SALNA
팡
쳇! 끈질기게
수비하는군.
콱
콱
콱
이 정도는
기본이지!
축잘알님의
환상의 가로채기!
아뵤~!
파
악

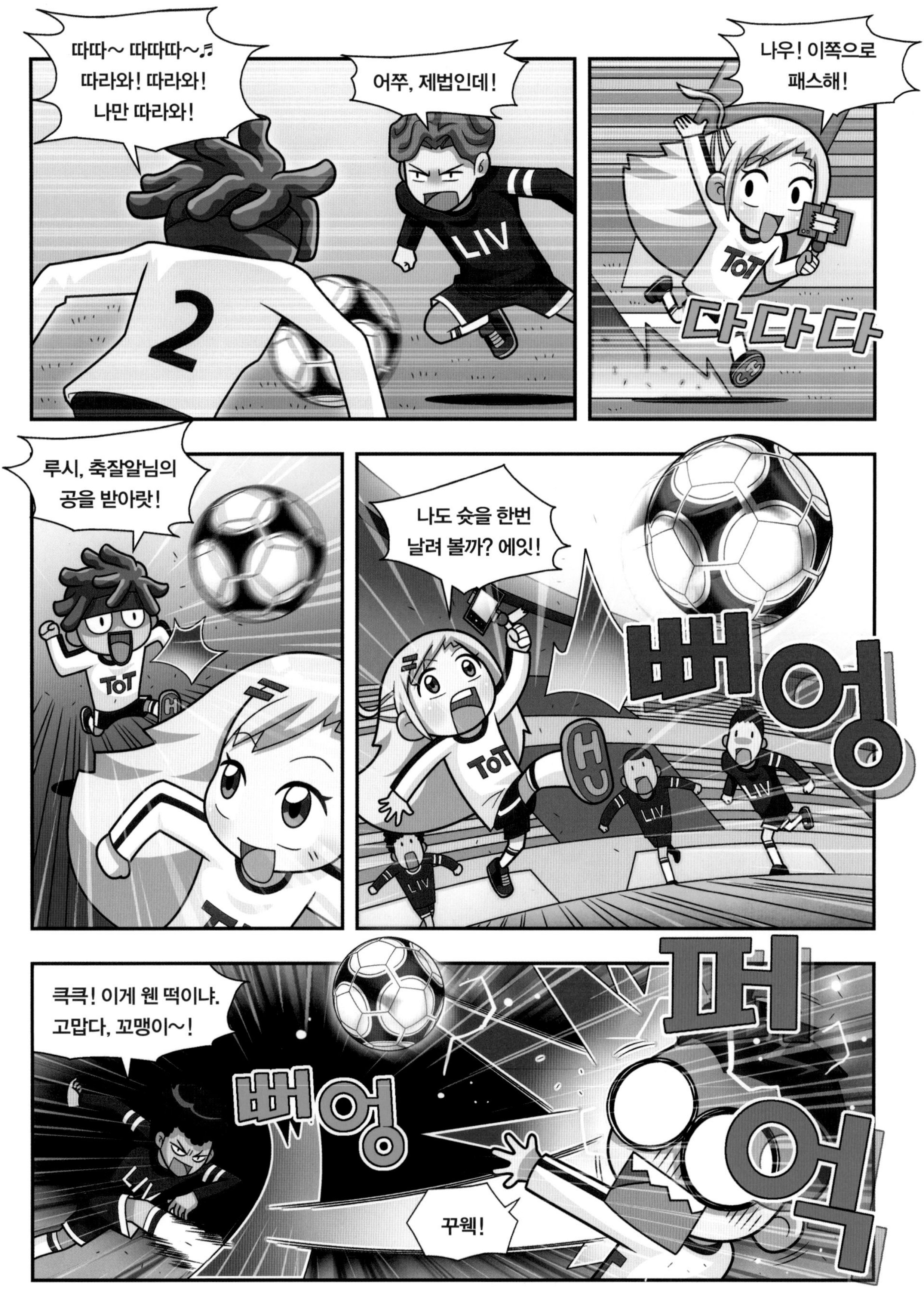

따따~ 따따따~♬ 따라와! 따라와! 나만 따라와!
어쭈, 제법인데!
나우! 이쪽으로 패스해!
다다다
루시, 축잘알님의 공을 받아랏!
나도 슛을 한번 날려 볼까? 에잇!
뻐엉
크크! 이게 웬 떡이냐. 고맙다, 꼬맹이~!
뻐엉
퍼억
꾸웩!

출렁~

팡

파팡

팡

....

내머리에 맞은 게 뭐야?

공이다!

꾸웩!

내, 내가 골을 넣은 거야?

쏘니 선수, 굿 잡~!

Good job!

이제 한 골만 따라잡으면 동점이다!

와아

와

와

정말 잘했어요, 쏘니 선수!

I must pass!*

하지만 나는 반드시 케밥한테 패스해야 하는데…

* 나는 패스해야 해!

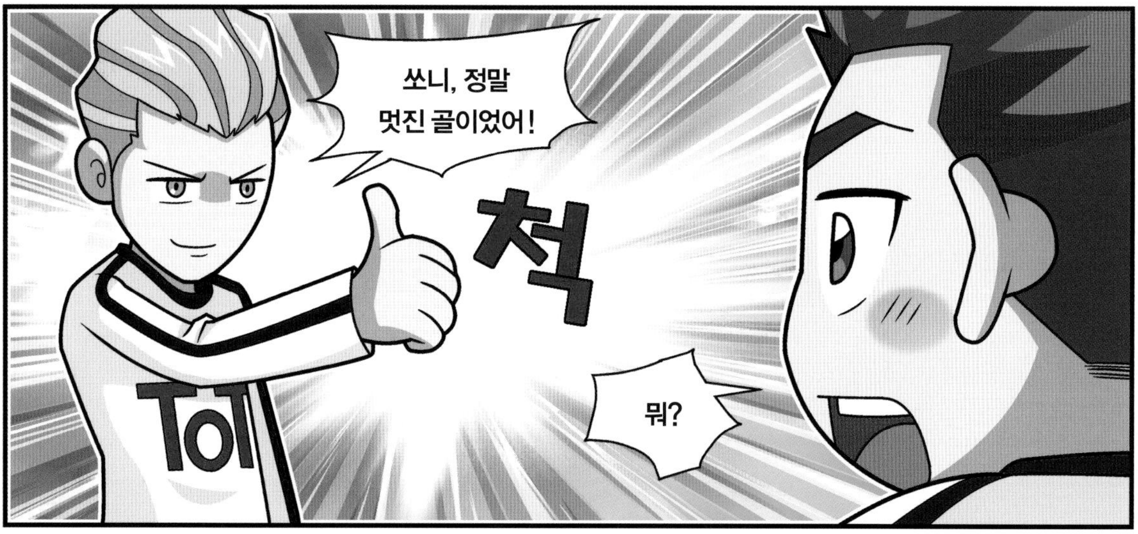
쏘니, 정말
멋진 골이었어!
척
뭐?

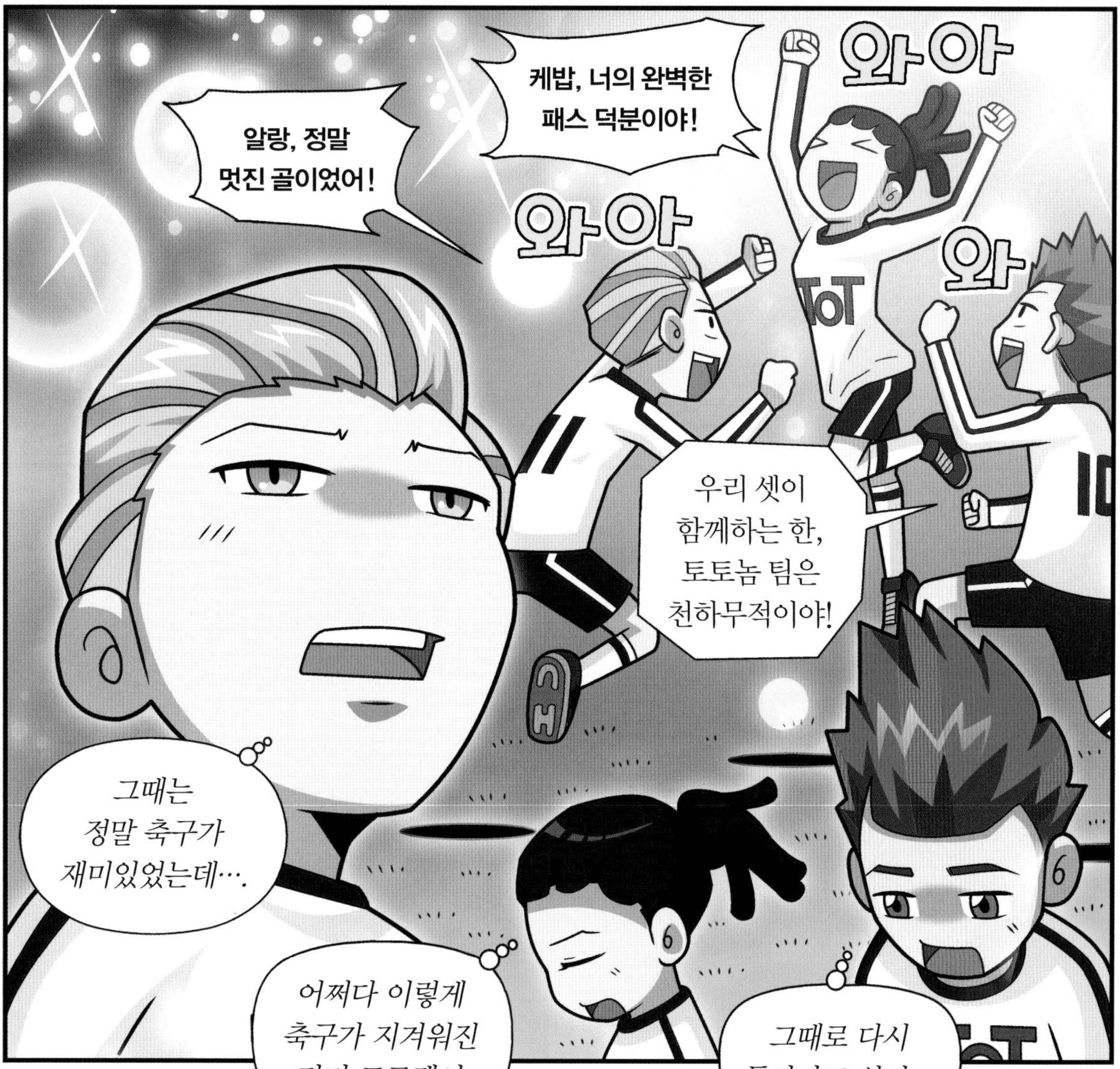
알랑, 정말
멋진 골이었어!
케밥, 너의 완벽한
패스 덕분이야!
와아
와아
와
우리 셋이
함께하는 한,
토토놈 팀은
천하무적이야!
그때는
정말 축구가
재미있었는데….
어쩌다 이렇게
축구가 지겨워진
건지 모르겠어.
그때로 다시
돌아가고 싶어….

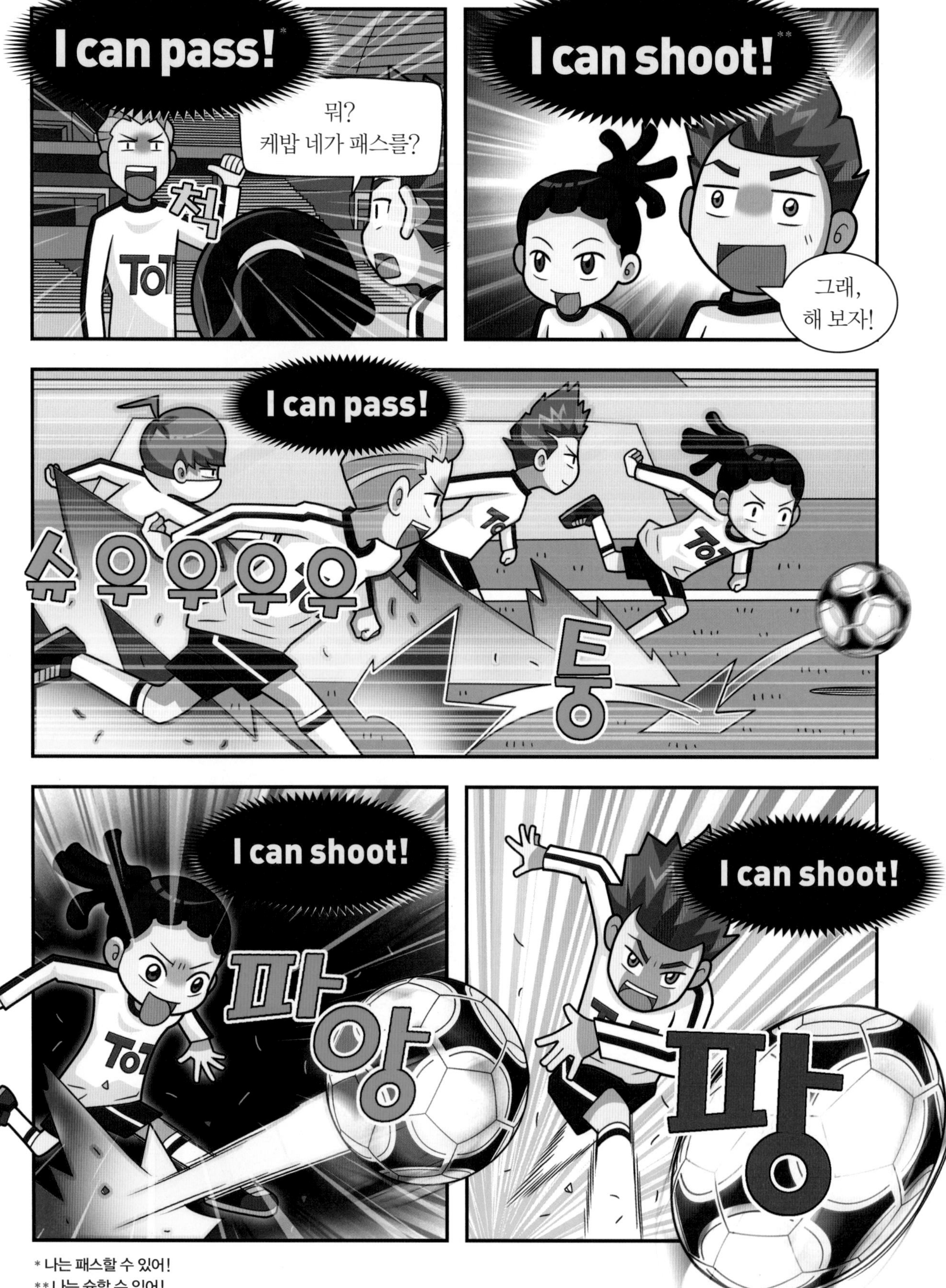

I can pass!*
뭐?
케밥 네가 패스를?
척
I can shoot!**
그래,
해 보자!
I can pass!
슈우우우우
통
I can shoot!
파앙
I can shoot!
팡

* 나는 패스할 수 있어!
** 나는 슛할 수 있어!

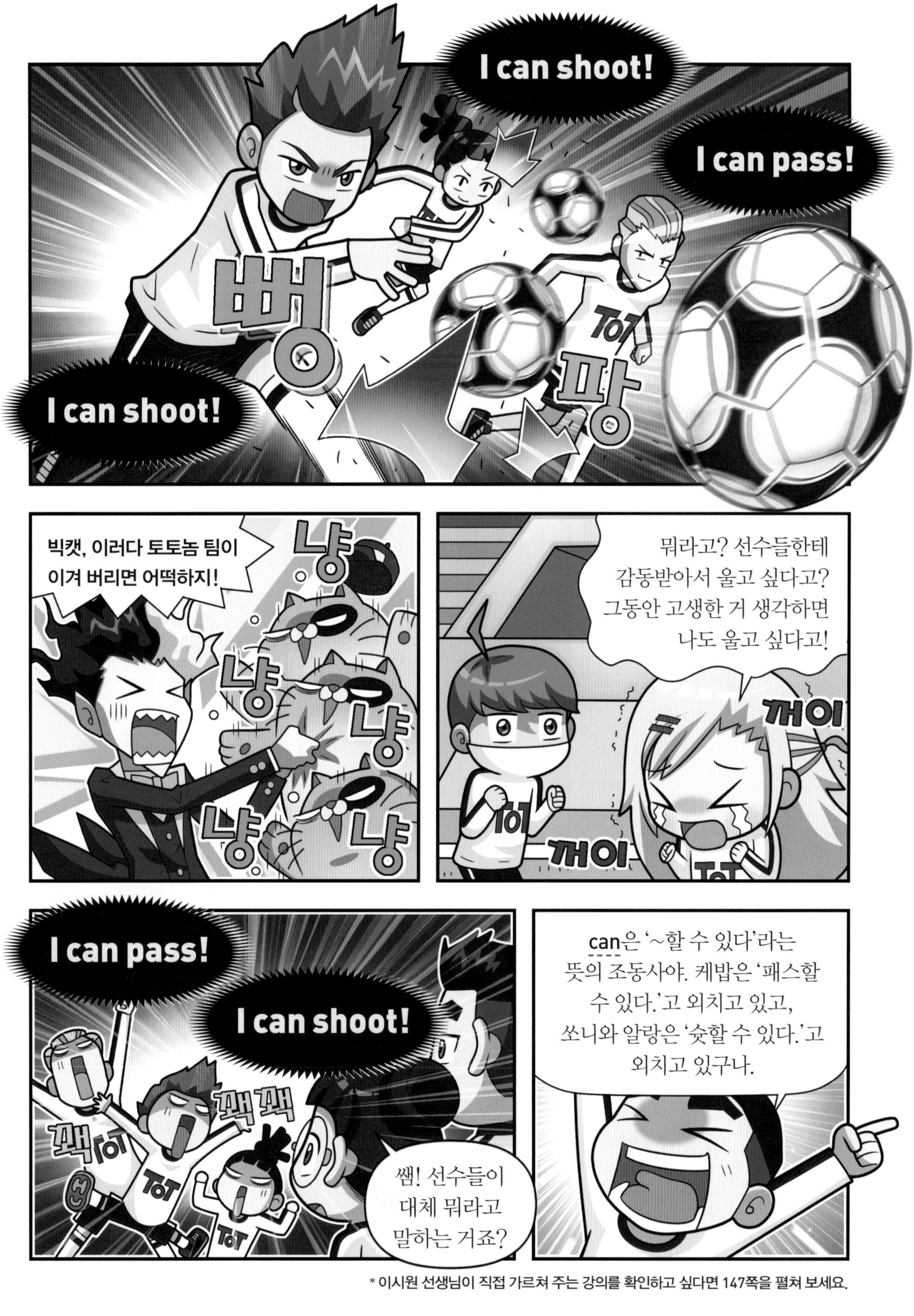
I can shoot!
I can pass!
뻥
팡
I can shoot!
빅캣, 이러다 토토놈 팀이
이겨 버리면 어떡하지!
냥
냥
냥
냥
냥
뭐라고? 선수들한테
감동받아서 울고 싶다고?
그동안 고생한 거 생각하면
나도 울고 싶다고!
꺼이
꺼이
I can pass!
I can shoot!
꽥
꽥꽥
쌤! 선수들이
대체 뭐라고
말하는 거죠?
can은 '~할 수 있다'라는
뜻의 조동사야. 케밥은 '패스할
수 있다.'고 외치고 있고,
쏘니와 알랑은 '슛할 수 있다.'고
외치고 있구나.

* 이시원 선생님이 직접 가르쳐 주는 강의를 확인하고 싶다면 147쪽을 펼쳐 보세요.

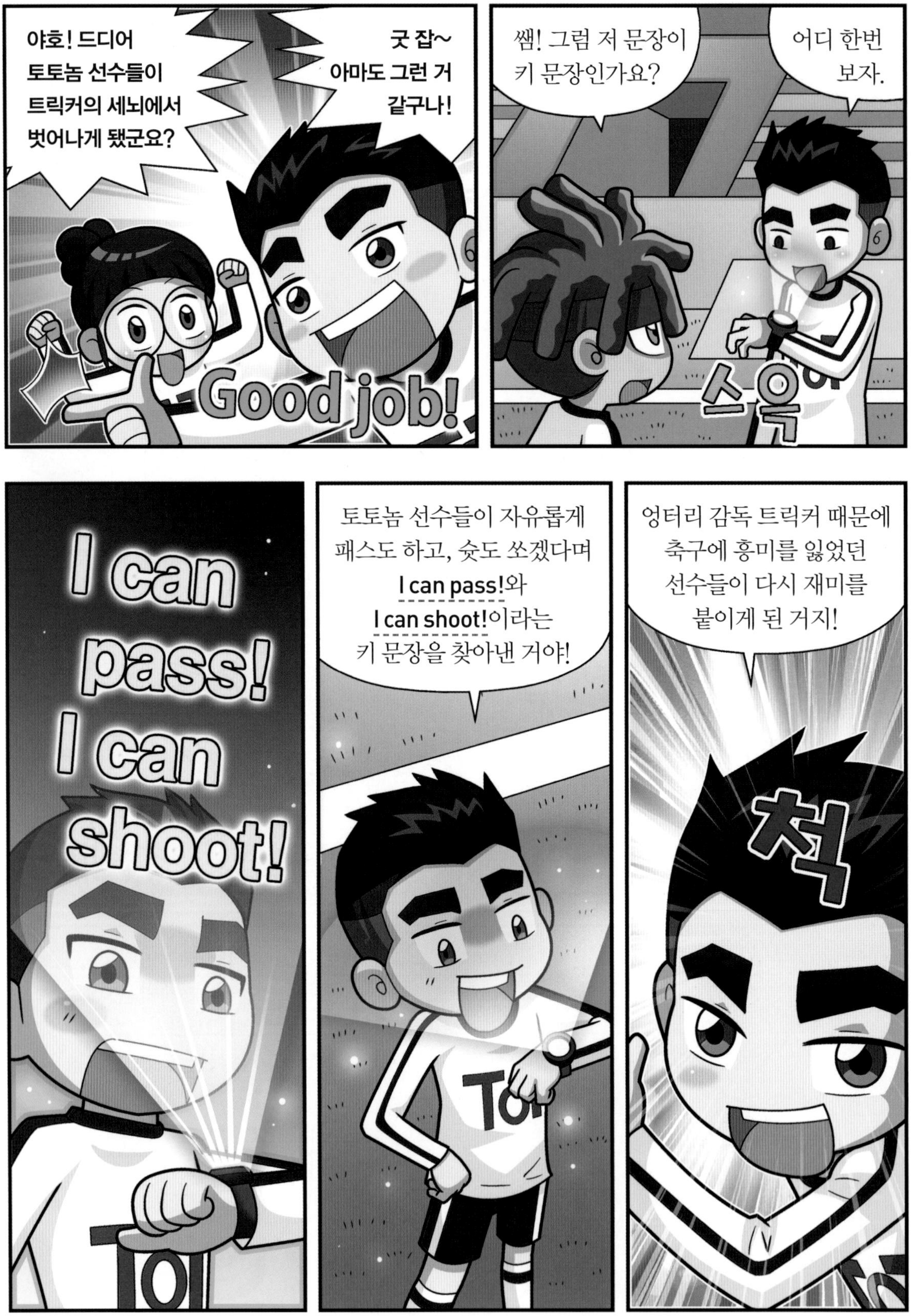
야호! 드디어 토토놈 선수들이 트릭커의 세뇌에서 벗어나게 됐군요?
굿 잡~ 아마도 그런 거 같구나!
Good job!
쌤! 그럼 저 문장이 키 문장인가요?
어디 한번 보자.
스윽
I can pass! I can shoot!
토토놈 선수들이 자유롭게 패스도 하고, 슛도 쏘겠다며 I can pass!와 I can shoot!이라는 키 문장을 찾아낸 거야!
엉터리 감독 트릭커 때문에 축구에 흥미를 잃었던 선수들이 다시 재미를 붙이게 된 거지!
척

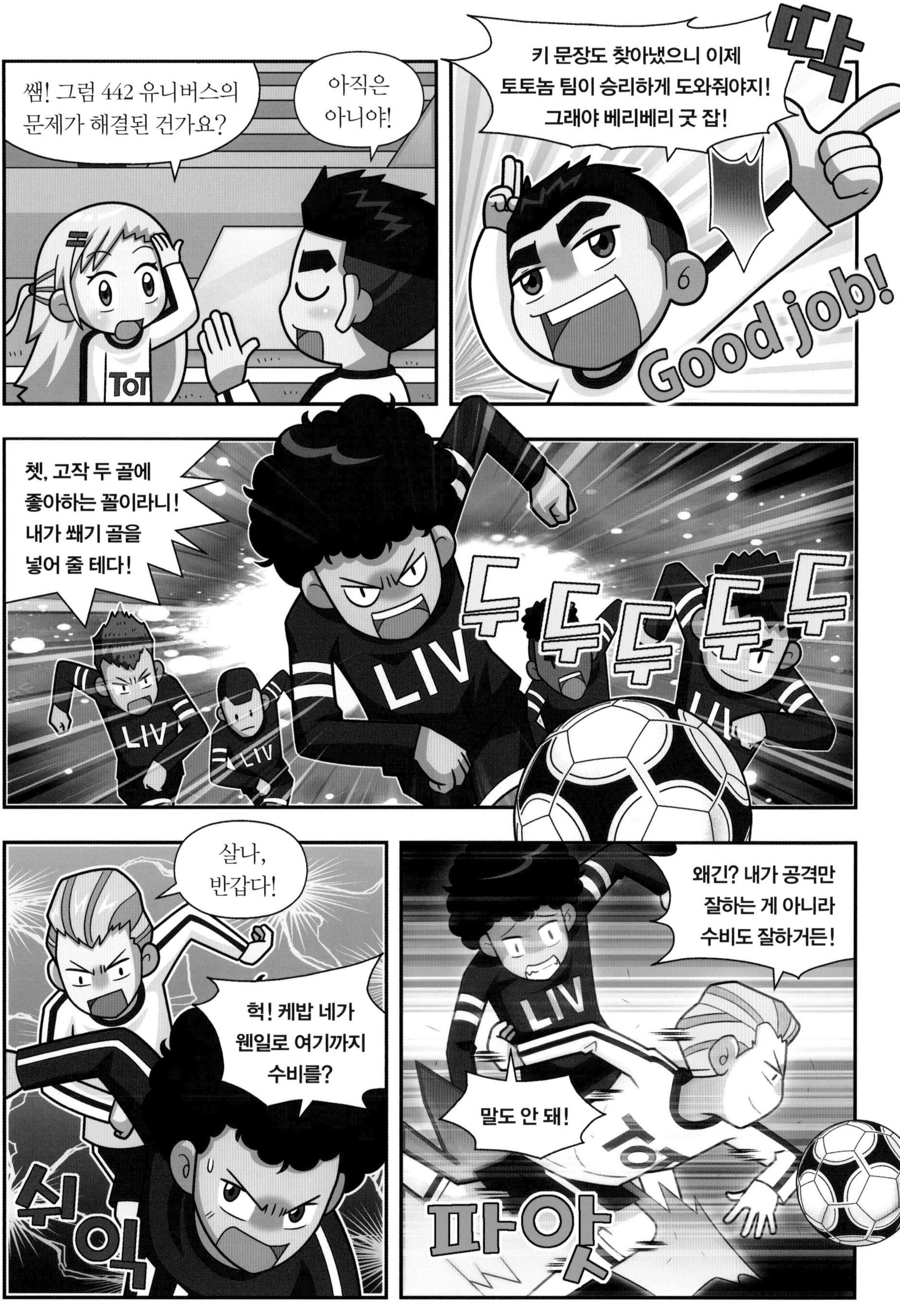
쌤! 그럼 442 유니버스의 문제가 해결된 건가요?
아직은 아니야!
키 문장도 찾아냈으니 이제 토토놈 팀이 승리하게 도와줘야지! 그래야 베리베리 굿 잡!
딱
Good job!
쳇, 고작 두 골에 좋아하는 꼴이라니! 내가 쐐기 골을 넣어 줄 테다!
두두두두두
살나, 반갑다!
헉! 케밥 네가 웬일로 여기까지 수비를?
쉬익
왜긴? 내가 공격만 잘하는 게 아니라 수비도 잘하거든!
말도 안 돼!
파앗

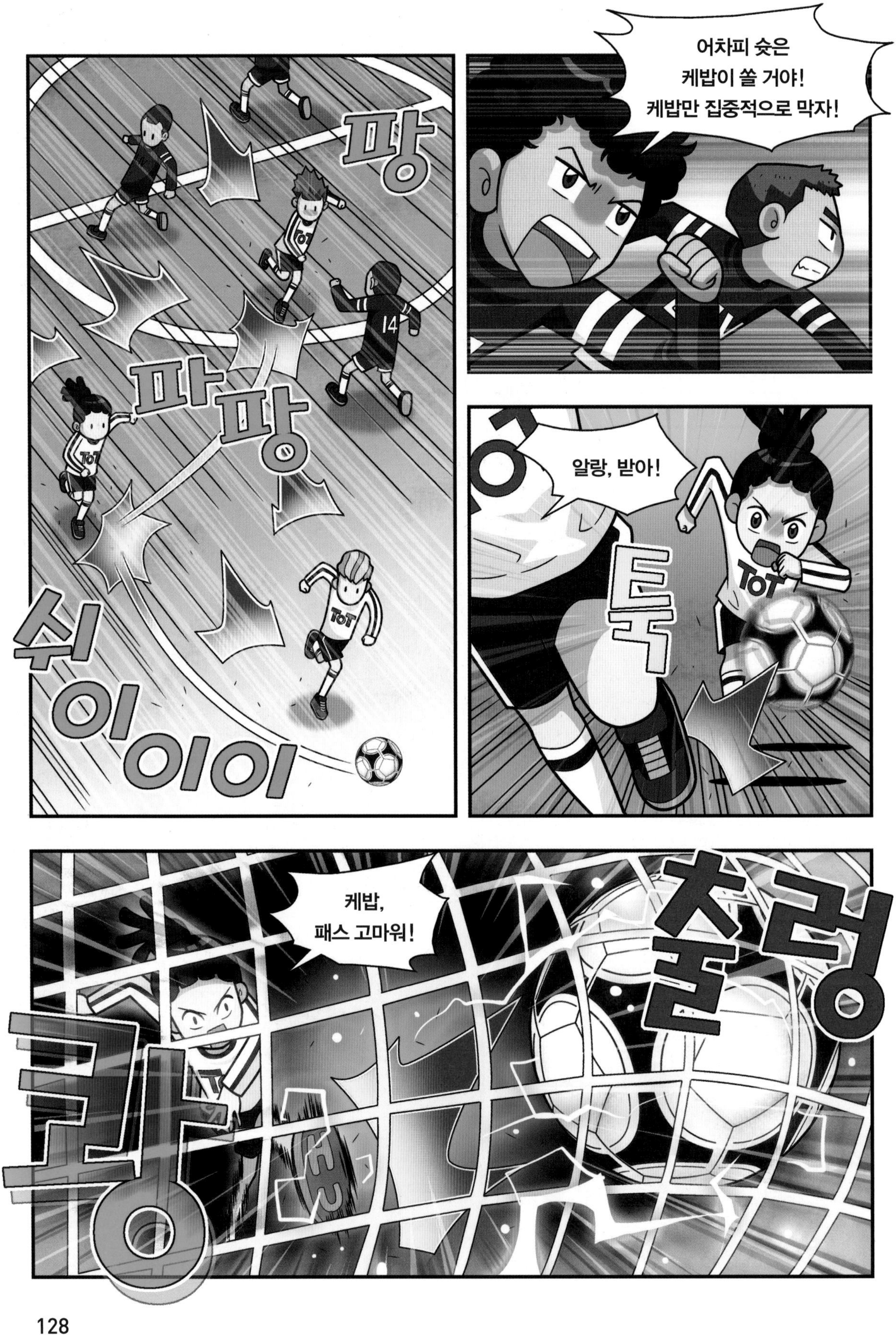
팡
파팡
쉬이이이
어차피 슛은
케밥이 쏠 거야!
케밥만 집중적으로 막자!
알랑, 받아!
툭
케밥,
패스 고마워!
쾅
출렁

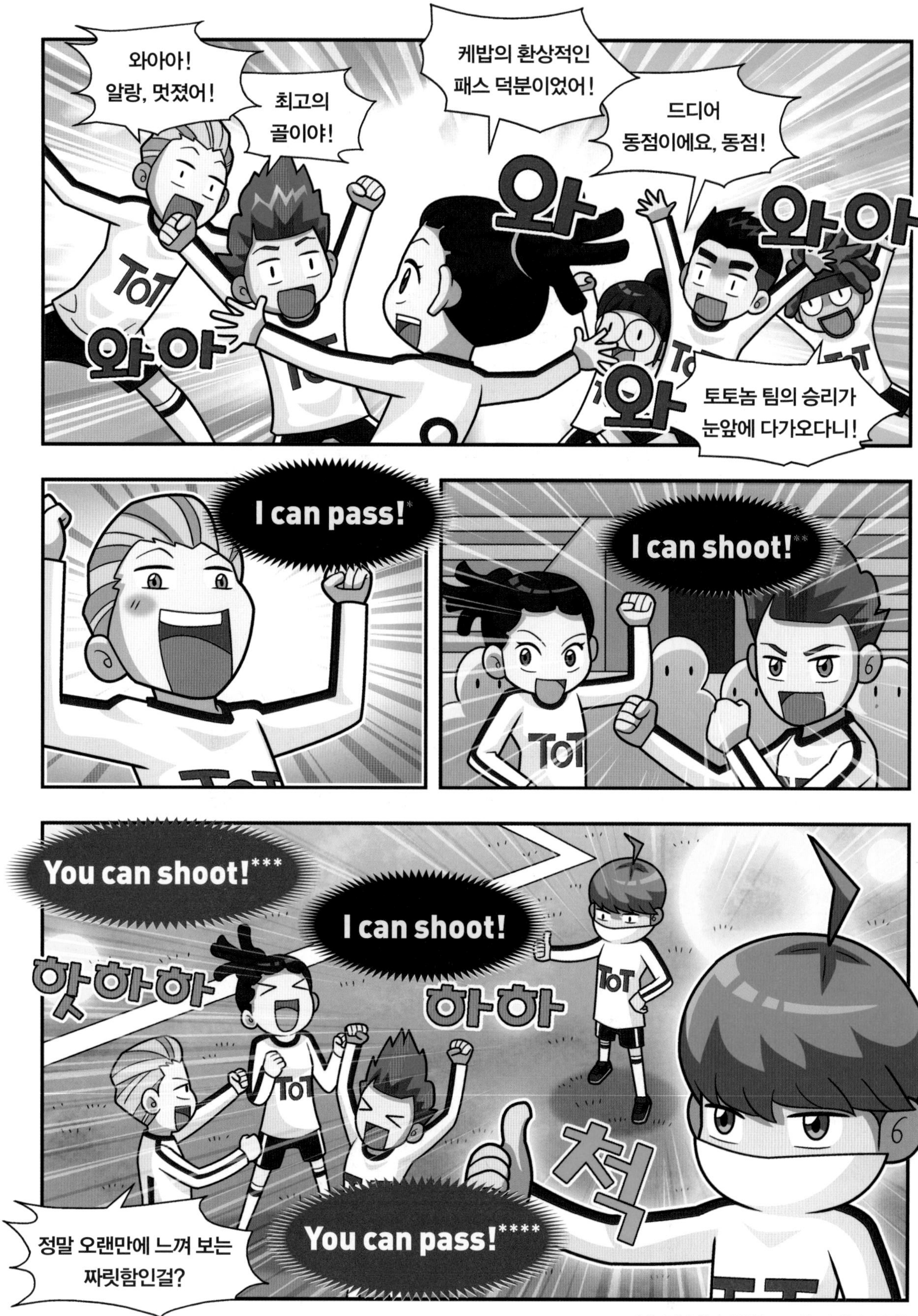
와아아!
알랑, 멋졌어!
최고의
골이야!
케밥의 환상적인
패스 덕분이었어!
드디어
동점이에요, 동점!
와
와아
와아
와
토토놈 팀의 승리가
눈앞에 다가오다니!
I can pass!*
I can shoot!**
You can shoot!***
I can shoot!
핫하하
하하
척
정말 오랜만에 느껴 보는
짜릿함인걸?
You can pass!****

*나는 패스할 수 있어! **나는 슛할 수 있어!
***너는 슛할 수 있어! ****너는 패스할 수 있어!

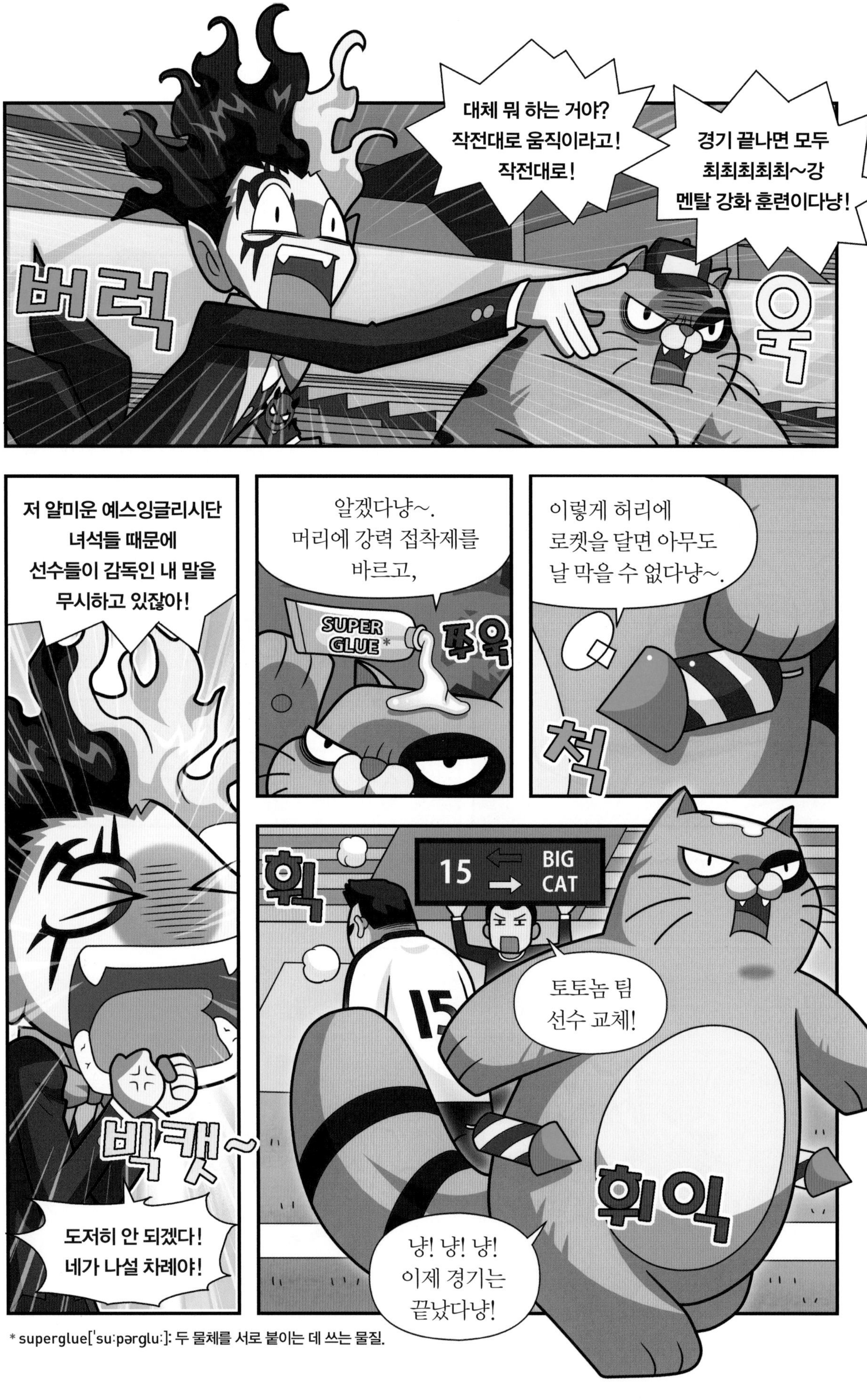
대체 뭐 하는 거야? 작전대로 움직이라고! 작전대로!
경기 끝나면 모두 최최최최최~강 멘탈 강화 훈련이다냥!
버럭
욱
저 얄미운 예스잉글리시단 녀석들 때문에 선수들이 감독인 내 말을 무시하고 있잖아!
빅캣~
도저히 안 되겠다! 네가 나설 차례야!
알겠다냥~. 머리에 강력 접착제를 바르고,
SUPER GLUE*
쭈욱
이렇게 허리에 로켓을 달면 아무도 날 막을 수 없다냥~.
척
15
BIG CAT
휙
토토놈 팀 선수 교체!
15
휘익
냥! 냥! 냥! 이제 경기는 끝났다냥!

* superglue[ˈsuːpərgluː]: 두 물체를 서로 붙이는 데 쓰는 물질.

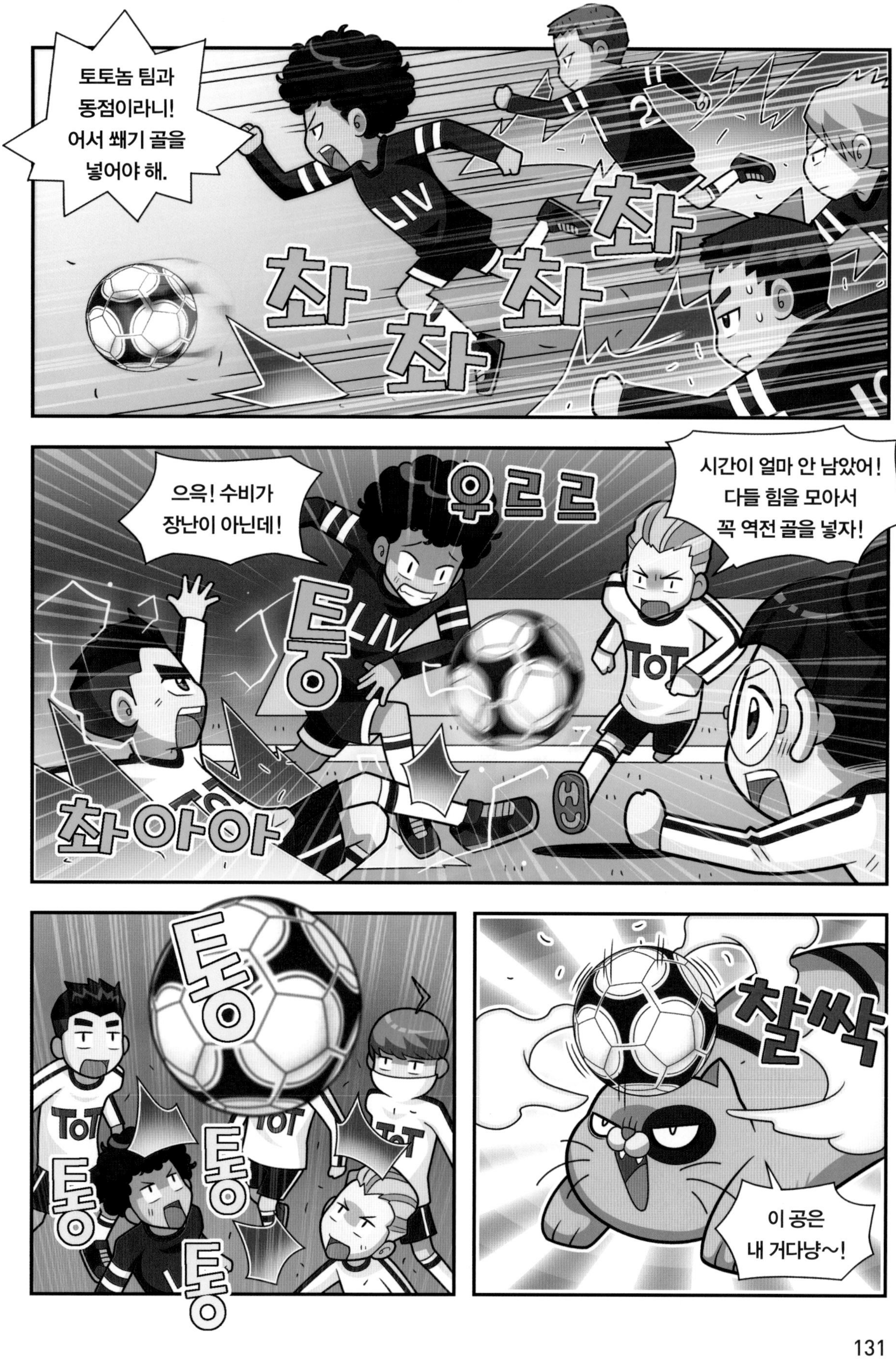

토토놈 팀과 동점이라니! 어서 쐐기 골을 넣어야 해.
촤 촤 촤 촤
으윽! 수비가 장난이 아닌데!
우르르
시간이 얼마 안 남았어! 다들 힘을 모아서 꼭 역전 골을 넣자!
퉁
촤아아
통
통
통
통
찰싹
이 공은 내 거다냥~!

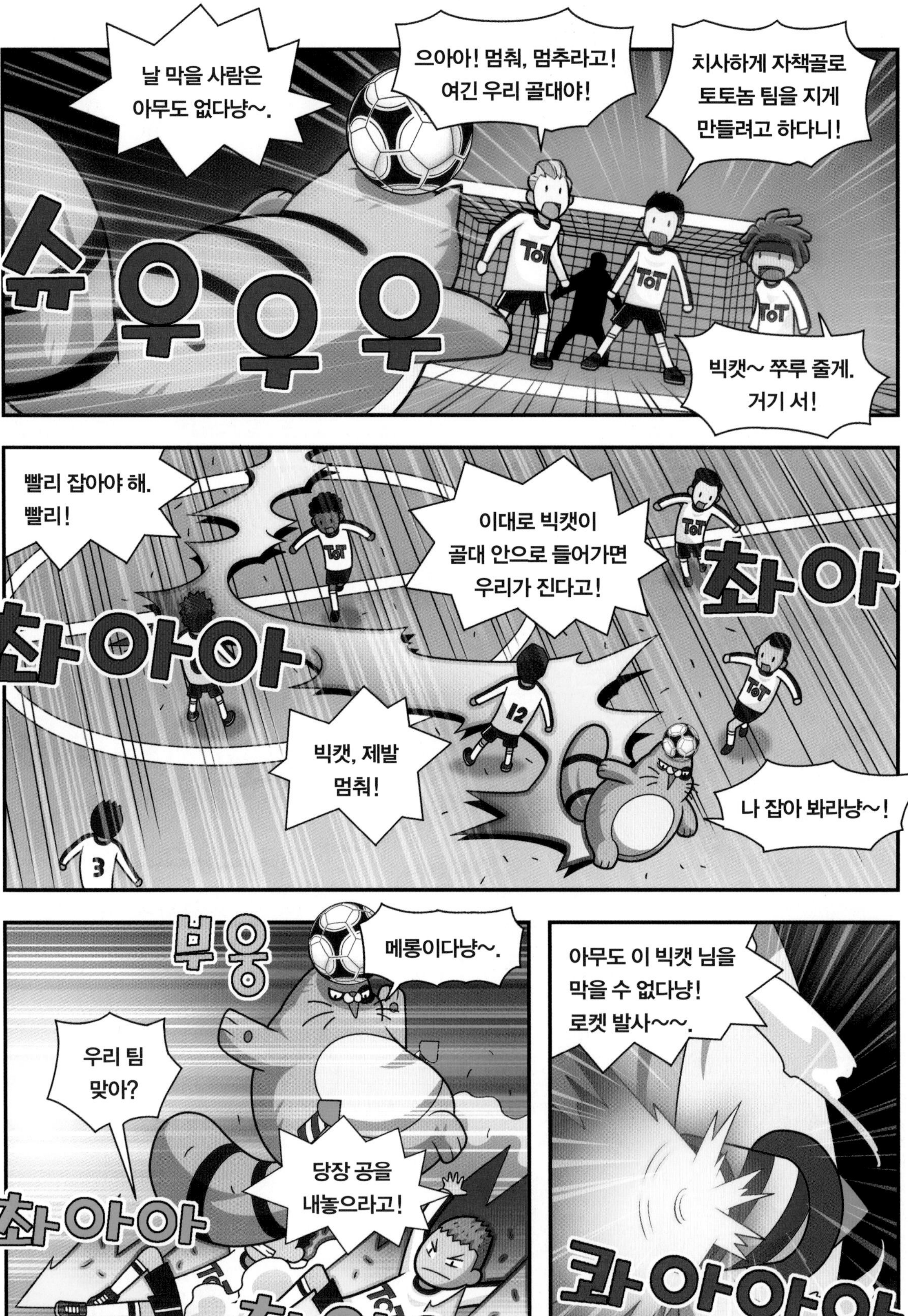

날 막을 사람은 아무도 없다냥~.
으아아! 멈춰, 멈추라고! 여긴 우리 골대야!
치사하게 자책골로 토토놈 팀을 지게 만들려고 하다니!
슈우우우
빅캣~ 쭈루 줄게. 거기 서!
빨리 잡아야 해. 빨리!
이대로 빅캣이 골대 안으로 들어가면 우리가 진다고!
촤아아
촤아
빅캣, 제발 멈춰!
나 잡아 봐라냥~!
부웅
메롱이다냥~.
우리 팀 맞아?
당장 공을 내놓으라고!
촤아아
촤아아
아무도 이 빅캣 님을 막을 수 없다냥! 로켓 발사~~.
콰아아아

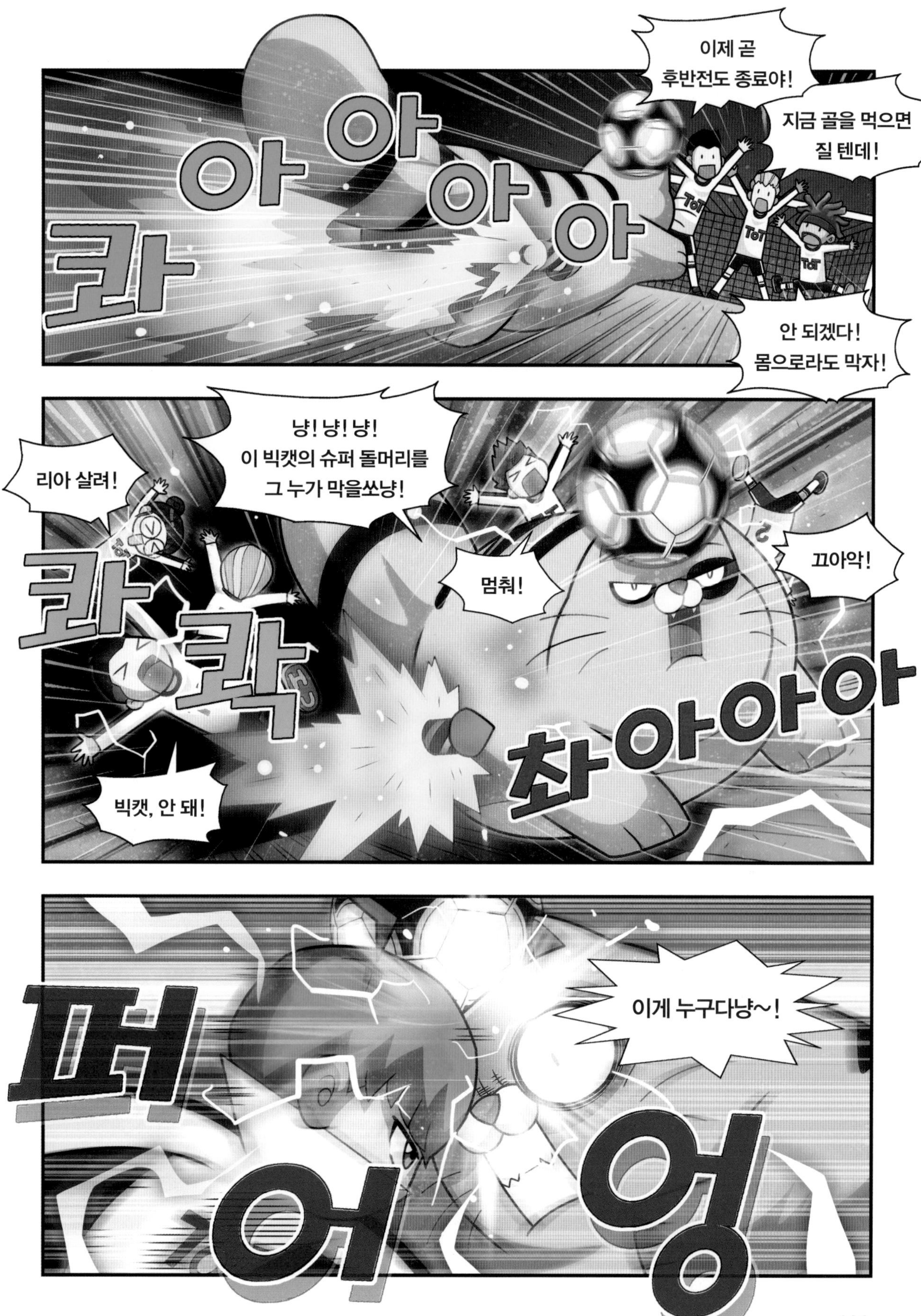

이제 곧
후반전도 종료야!
지금 골을 먹으면
질 텐데!
콰아아아아
안 되겠다!
몸으로라도 막자!
냥! 냥! 냥!
이 빅캣의 슈퍼 돌머리를
그 누가 막을쏘냥!
리아 살려!
끄아악!
멈춰!
콰콰콰
차아아아아
빅캣, 안 돼!
이게 누구다냥~!
퍼어엉

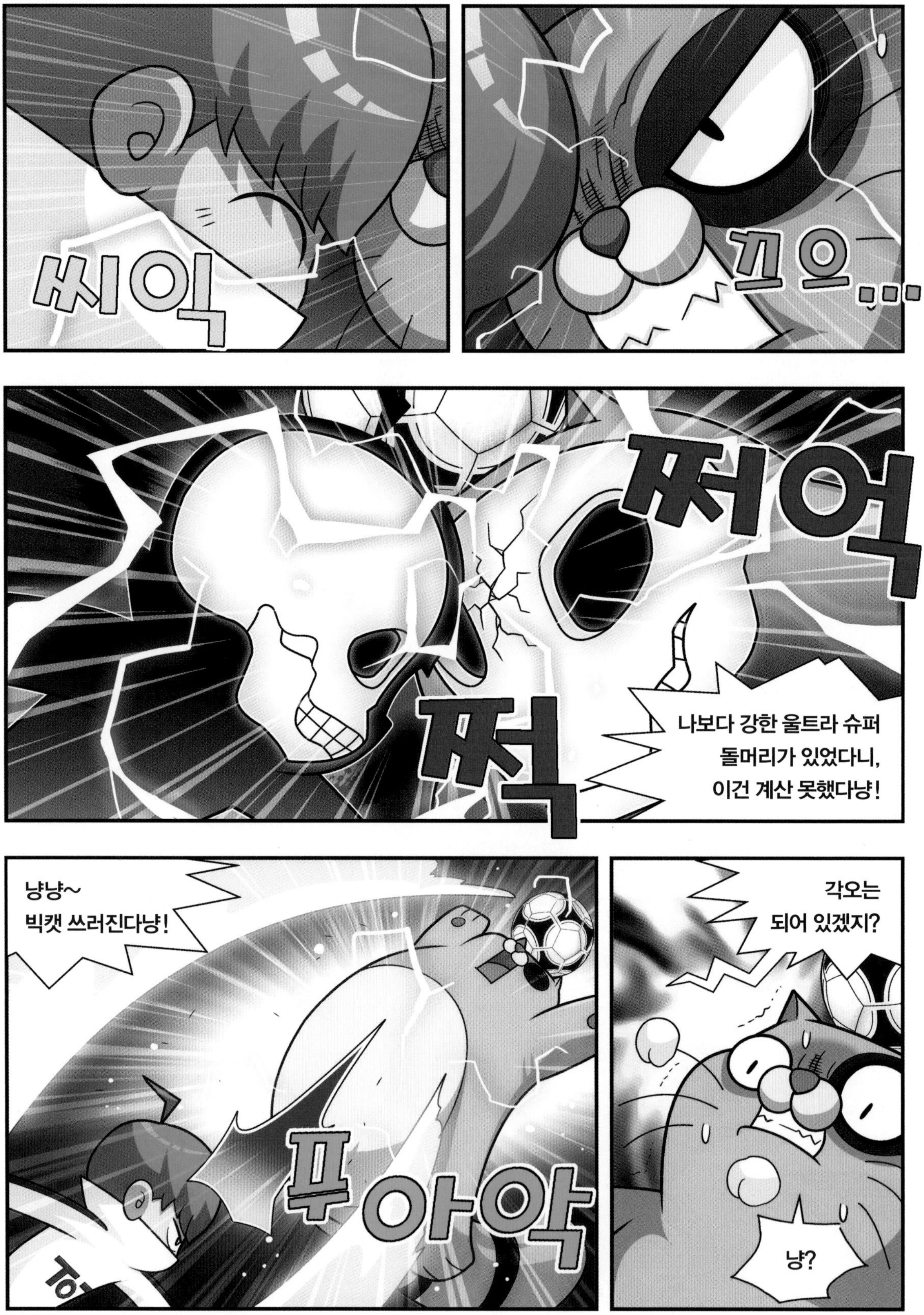
씨익
끄으...
쩌억
쩍
나보다 강한 울트라 슈퍼 돌머리가 있었다니, 이건 계산 못했다냥!
냥냥~ 빅캣 쓰러진다냥!
푸아악
각오는 되어 있겠지?
냥?

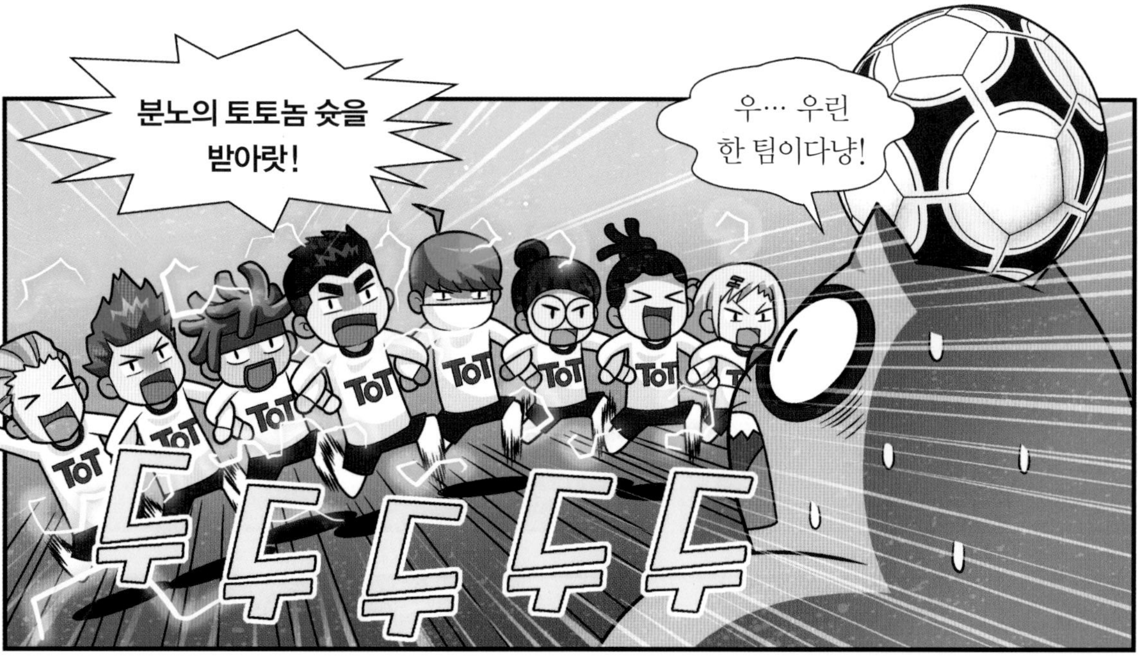
분노의 토토놈 슛을 받아랏!
우… 우린 한 팀이다냥!
두두두두두

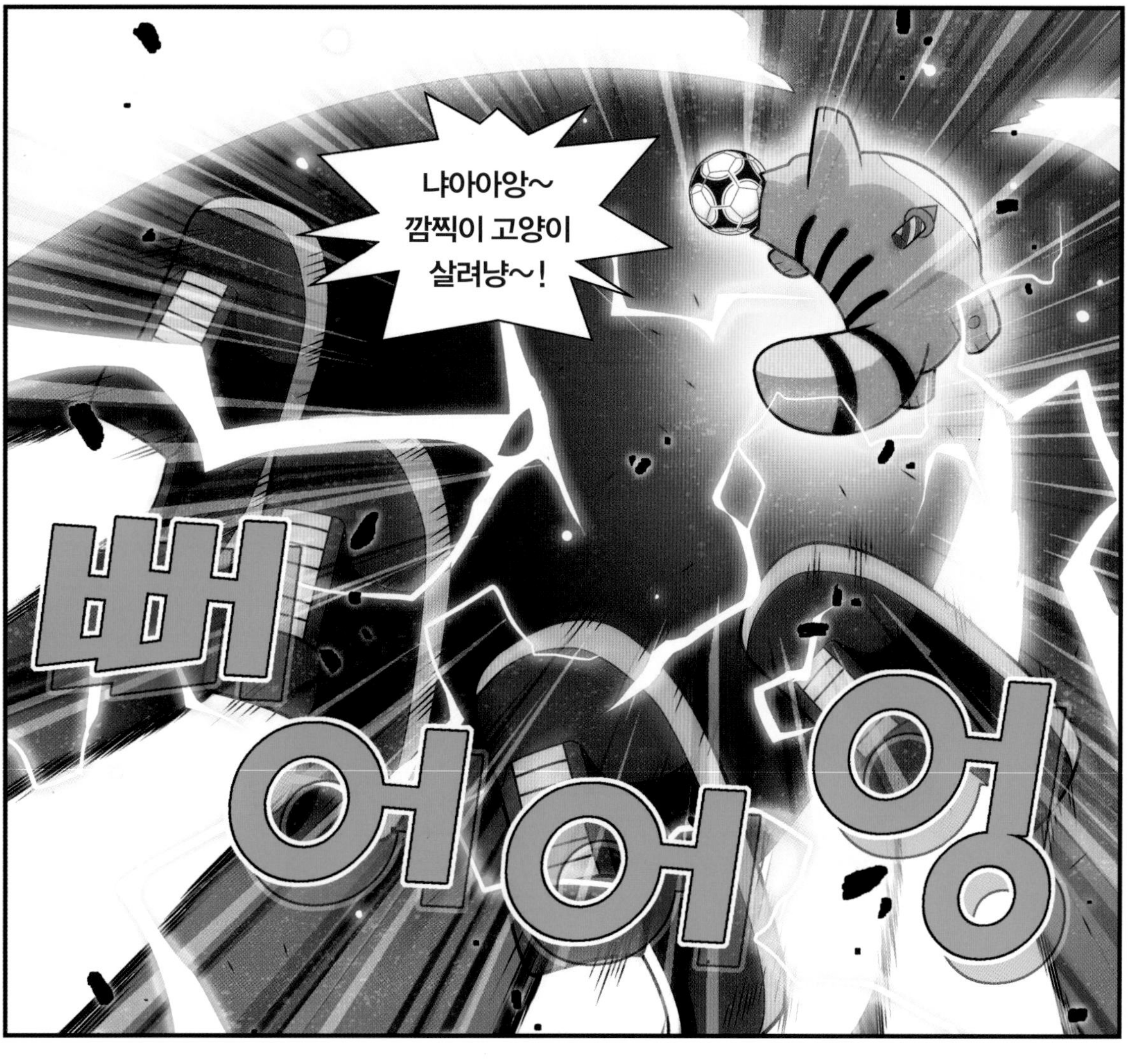
냐아아앙~ 깜찍이 고양이 살려냥~!
빠어어엉

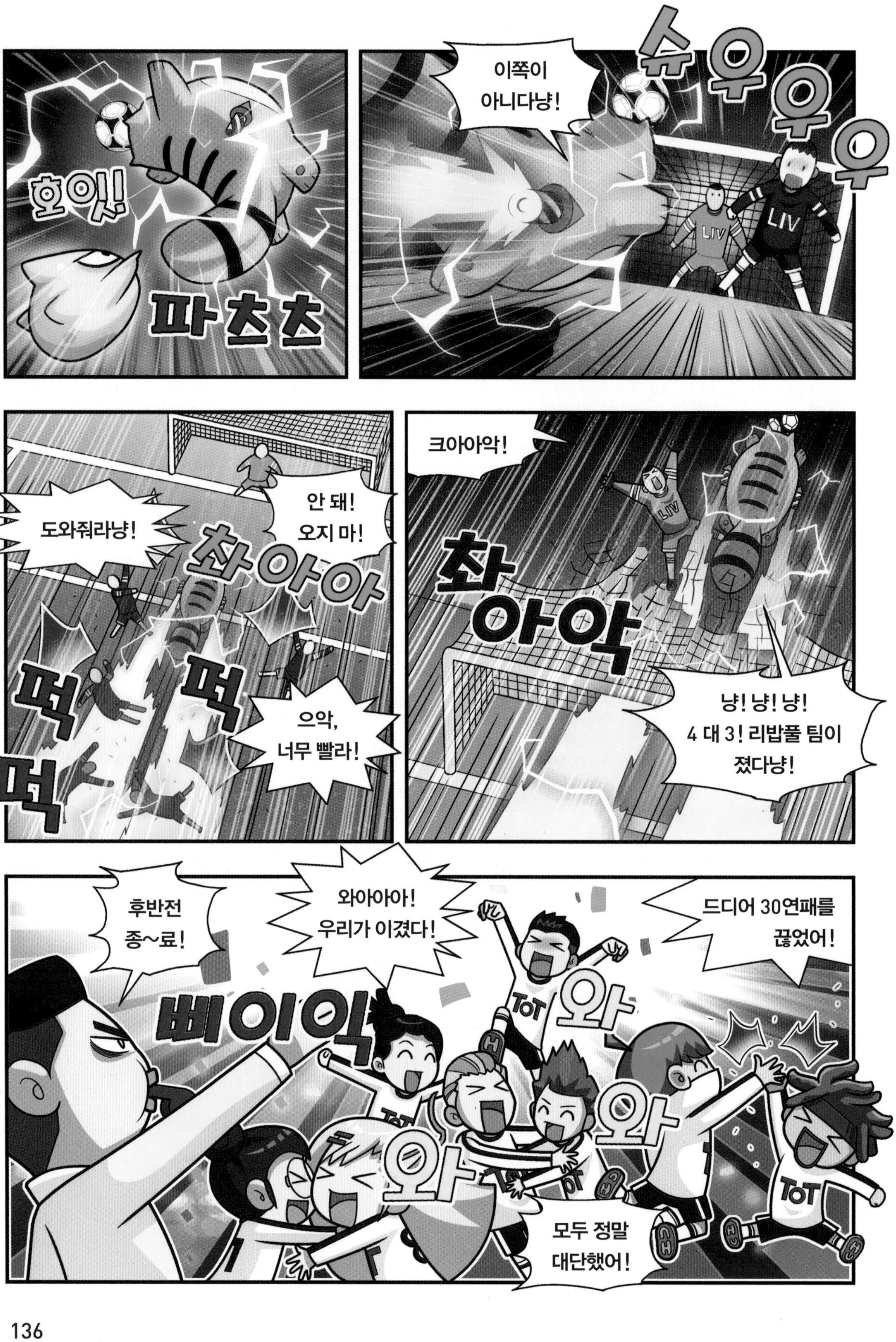
호잇!
파츠츠
이쪽이 아니다냥!
슈우우우
도와줘라냥!
안 돼! 오지 마!
챠아아
떡
떡
떡
으악, 너무 빨라!
크아아악!
챠아악
냥! 냥! 냥! 4 대 3! 리밥풀 팀이 졌다냥!
후반전 종~료!
와아아아! 우리가 이겼다!
드디어 30연패를 끊었어!
삐이익
와
와
와
모두 정말 대단했어!

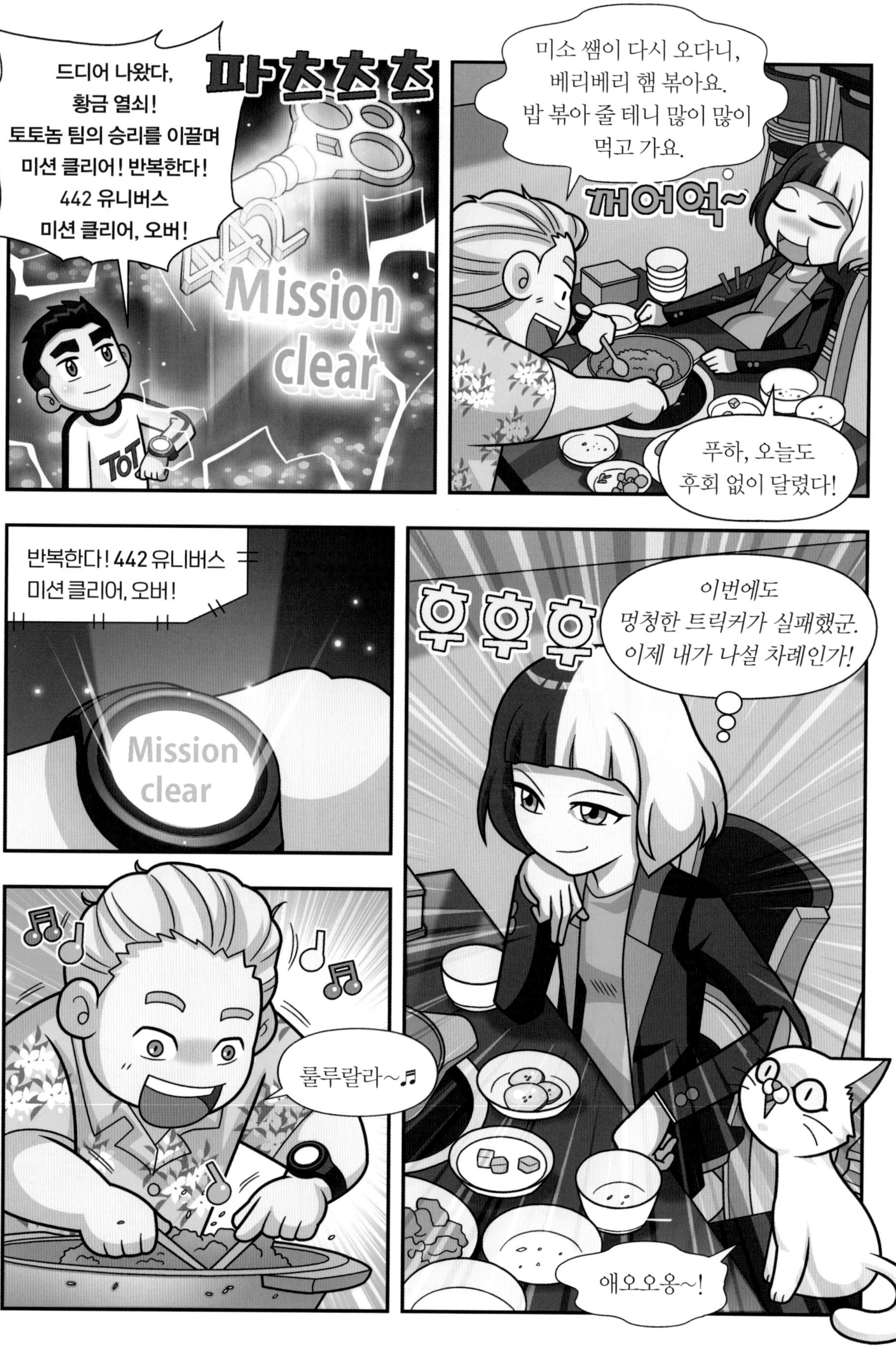

드디어 나왔다,
황금 열쇠!
토토놈 팀의 승리를 이끌며
미션 클리어! 반복한다!
442 유니버스
미션 클리어, 오버!
파츠츠츠
442
Mission clear
TOT
미소 쌤이 다시 오다니,
베리베리 햄 볶아요.
밥 볶아 줄 테니 많이 많이
먹고 가요.
꺼어억~
푸하, 오늘도
후회 없이 달렸다!
반복한다! 442 유니버스
미션 클리어, 오버!
Mission clear
룰루랄라~♬
후후후
이번에도
멍청한 트릭커가 실패했군.
이제 내가 나설 차례인가!
애오오옹~!

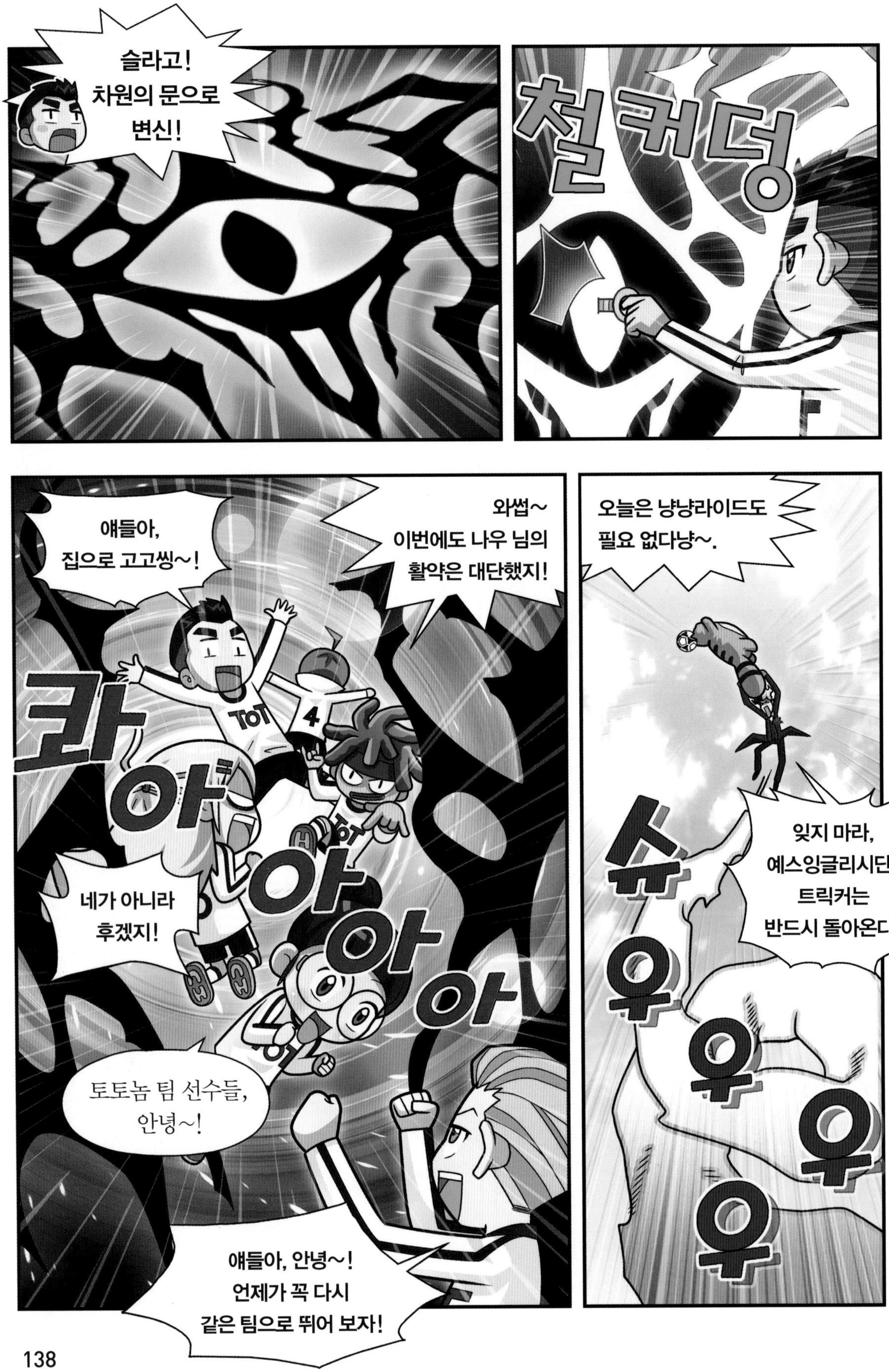
슬라고!
차원의 문으로
변신!
철커덩
애들아,
집으로 고고씽~!
와썹~
이번에도 나우 님의
활약은 대단했지!
콰아아아아아
네가 아니라
후겠지!
토토놈 팀 선수들,
안녕~!
애들아, 안녕~!
언제가 꼭 다시
같은 팀으로 뛰어 보자!
오늘은 냥냥라이드도
필요 없다냥~.
슈우우우우
잊지 마라,
예스잉글리시단!
트릭커는
반드시 돌아온다!

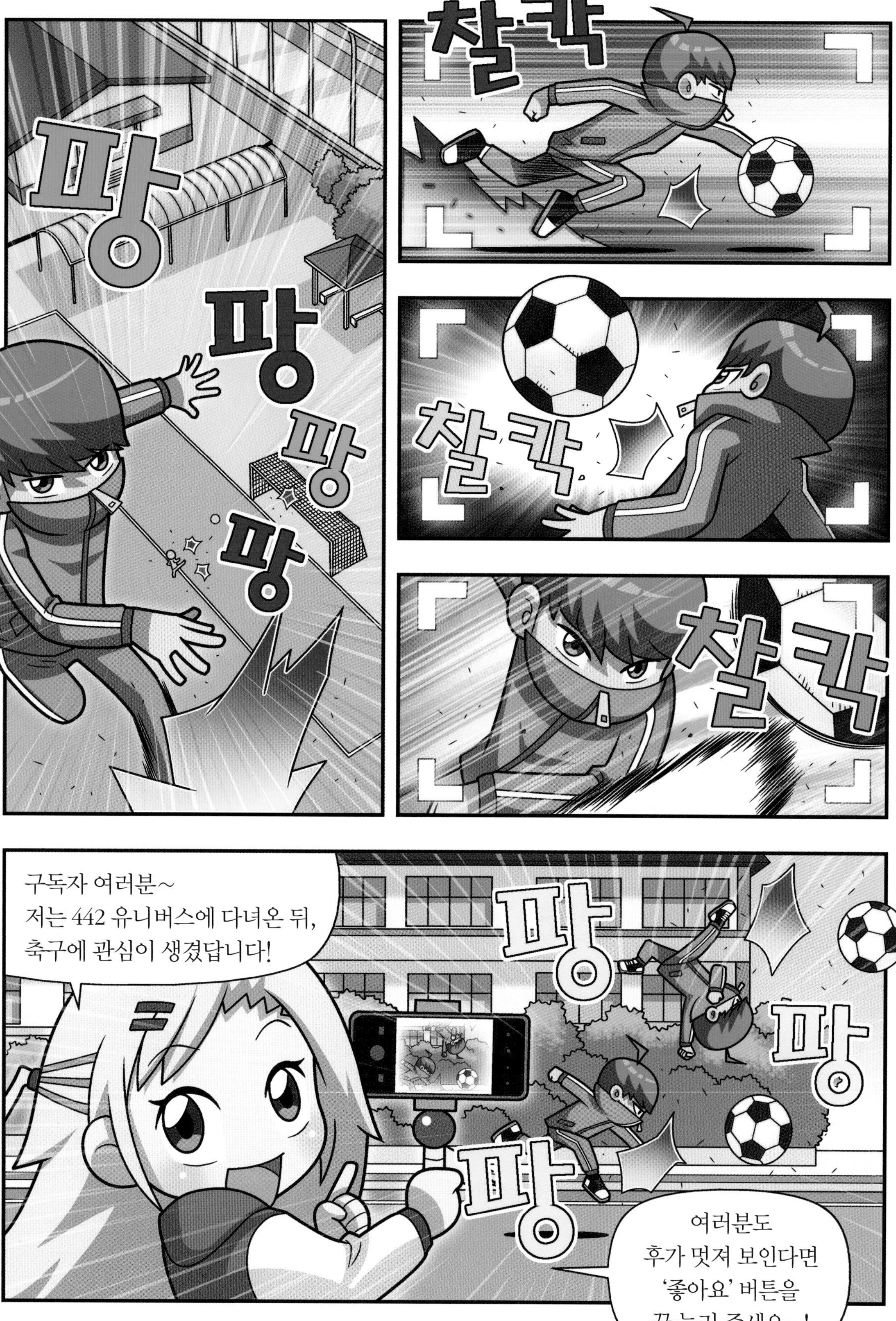

찰칵
팡
팡
팡
팡
찰칵
찰칵
구독자 여러분~
저는 442 유니버스에 다녀온 뒤,
축구에 관심이 생겼답니다!
팡
팡
팡
여러분도
후가 멋져 보인다면
'좋아요' 버튼을
꾹 눌러 주세요~!

예스어학원
수업 시간

1교시 · **단어** Vocabulary 🔊

2교시 · **문법 1, 2, 3** Grammar 1,2,3 ▶

3교시 · **게임** Recess

4교시 · **읽고 쓰기** Reading & Writing

5교시 · **유니버스 이야기** Story

6교시 · **말하기** Speaking

7교시 · **쪽지 시험** Quiz

예스어학원의 수업 시간표야!
공부를 시작하기 전에
시간표 정도는 봐 둬야겠지?

예스잉글리시단 훈련 코스
4단계를 통과하면 너희는 예스잉글리시단 단원이 되어 영어를 지키는 유능한 전사가 될 것이다!
1단계 단어 훈련
영어 단어를 확실하게 외운다! 실시!
2단계 문법 훈련
영어 문법을 차근차근 배운다! 실시!
3단계 읽고 쓰기 훈련
영어 문장을 술술 읽고 쓴다! 실시!
4단계 말하기 훈련
영어로 자유롭게 대화한다! 실시!
사실 예스잉글리시단 훈련 코스라는 건 아무도 모르겠지? 큭큭!
TOP SECRET

1교시  단어 • Vocabulary

step 1. 단어 강의

영어의 첫걸음은 단어를 외우는 것에서부터 시작된단다.
단어를 많이 알아야 영어를 잘할 수 있어. 그럼 4권의 필수 단어를 한번 외워 볼까?

No.	운동 종목	Sports	No.	운동 동작	Sports Movement
1	축구	soccer	11	경기를 하다	play
2	미식축구	football	12	패스하다	pass
3	야구	baseball	13	슛하다	shoot
4	농구	basketball	14	돌려주다	return
5	배구	volleyball	15	차다	kick
6	배드민턴	badminton	16	(한 발로) 깡충깡충 뛰다	hop
7	탁구	table tennis	17	타다	ride
8	수영	swimming	18	던지다	toss
9	테니스	tennis	19	이기다	win
10	하키	hockey	20	지다	lose

무라고?
축구랑 운동 관련 단어가
나와서 신난다고?

원어민 발음 듣기
QR코드를 찍어 봐!

No.	운동 용어	Sports Term
21	경기	match
22	경기장	field
23	규칙	rule
24	선수	player
25	팀	team

No.	운동 용어	Sports Term
26	공격수	striker
27	유니폼	uniform
28	골	goal
29	라켓	racket
30	공	ball

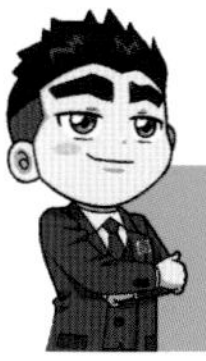

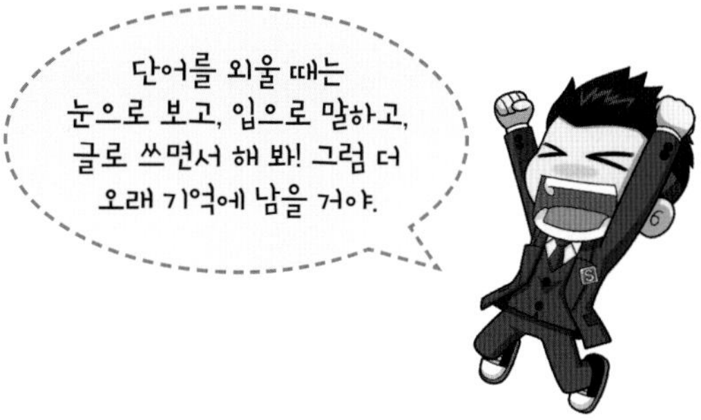
단어를 외울 때는
눈으로 보고, 입으로 말하고,
글로 쓰면서 해 봐! 그럼 더
오래 기억에 남을 거야.

step 2. 단어 시험

단어를 확실하게 외웠는지 한번 볼까? 빈칸을 채워 봐.

- 축구 ______________________
- 경기 ______________________
- 야구 ______________________
- 규칙 ______________________
- 배드민턴 ______________________
- 선수 ______________________
- 차다 ______________________
- 팀 ______________________
- 타다 ______________________
- 골 ______________________

* 정답은 162~163쪽에 있습니다.

step 1. 문법 강의

조동사는 일반 동사나 Be 동사 앞에 쓰여서 그 동사를 좀 더 자세하게 나타내는 동사를 말해.
동사를 도와서 동사에 의미를 더해 주는 말이지. 조동사에는 can, must, have to 등이 있어.

조동사	의미
can	~할 수 있다(능력) / ~해도 된다(허락)
must	~해야 한다(의무) / ~임에 틀림없다(강한 추측)
have to	~해야 한다(의무)

조동사에는 몇 가지 큰 특징이 있어.

① 조동사는 혼자서 쓰일 수 없고, 무조건 동사 앞에 온다.

② 조동사 뒤에는 무조건 동사 원형이 온다.

③ 조동사는 2개를 동시에 쓸 수 없다.

그러니까
"I can must sing."처럼
쓰면 안 되는 거죠?

조동사 뒤에는 무조건 동사 원형이 온다는 걸 꼭 기억해야 해.
이상하게 변해서 오거나 뭔가를 달고 오면 안 돼.
조동사 특징에 따라 조동사 문장을 만들면 아래와 같아.

주체	조동사	동사 원형
I	can	pass.

동영상 강의 보기
QR코드를 찍어 봐!

step 2. 문법 정리

일반 동사가 들어간 문장에 조동사가 들어가면 어떤 의미가 되는지 살펴볼까?

일반 동사		···›	조동사 + 일반 동사	
나는 패스한다.	**I pass.**	···›	나는 패스할 수 있다.	**I can pass.**
그녀는 집에 간다.	**She goes home.**	···›	그녀는 집에 가도 된다.	**She can go home.**
나는 떠난다.	**I leave.**	···›	나는 떠나야 한다.	**I must leave.**
우리는 따른다.	**We follow.**	···›	우리는 따라야 한다.	**We must follow.**
그는 배운다.	**He learns.**	···›	그는 배워야 한다.	**He has to learn.**
그들은 입는다.	**They wear.**	···›	그들은 입어야 한다.	**They have to wear.**

step 3. 문법 대화

조동사가 나온 대화를 한번 들어 봐!

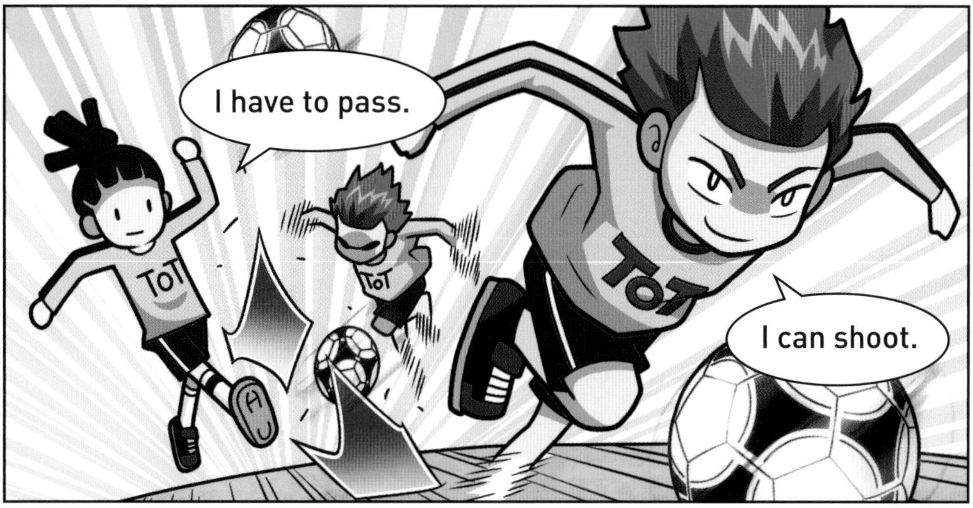
I have to pass.
I can shoot.

step 1. 문법 강의

조동사 can은 문맥에 따라 여러 가지 의미를 더해 주는 동사야.

조동사 can의 뜻	
~할 수 있다(능력)	**I can swim.** 나는 수영할 수 있다.
~해도 된다(허락)	**You can sit here.** 너는 여기 앉아도 된다.

can의 부정문은 can이 들어가야 할 곳에 cannot이나 can't 를 넣어 주면 돼. 보통 부정문에서 not은 한 칸 띄어서 넣어 주지만, can의 부정문에서는 cannot으로 붙여서 써.

조동사 can의 긍정문			···	조동사 can의 부정문		
주체 You	조동사 can	동사 원형 pass.	···	주체 You	조동사 cannot(can't)	동사 원형 pass.

can의 의문문은 'Can + 주체 + 동사 원형?'의 순서로 만들면 돼.
can을 문장 맨 앞으로 보내는 거지.

조동사 can의 평서문			···	조동사 can의 의문문		
주체 You	조동사 can	동사 원형 pass.	···	조동사 Can	주체 you	동사 원형? pass?

답은 아래처럼 하면 돼. 정말 간단하지?

can의 의문문에 대한 답	
긍정	**Yes, 주체 + can.**
부정	**No, 주체 + cannot(can't).**

동영상 강의 보기
QR코드를 찍어 봐!

step 2. 문법 정리

조동사 can을 활용한 문장을 살펴볼까?

조동사 can의 긍정문	
나는 축구를 할 수 있다.	**I can play soccer.**
그녀는 여기 앉아도 된다.	**She can sit here.**
조동사 can의 부정문	
너는 자전거를 탈 수 없다.	**You cannot ride a bicycle.**
그는 수영할 수 없다.	**He cannot swim.**
조동사 can의 의문문	
그들은 골에 슛할 수 있니?	**Can they shoot a goal?**
시원은 집으로 가도 되니?	**Can Siwon go home?**

step 3. 문법 대화

조동사 can이 나온 대화를 한번 들어 봐!

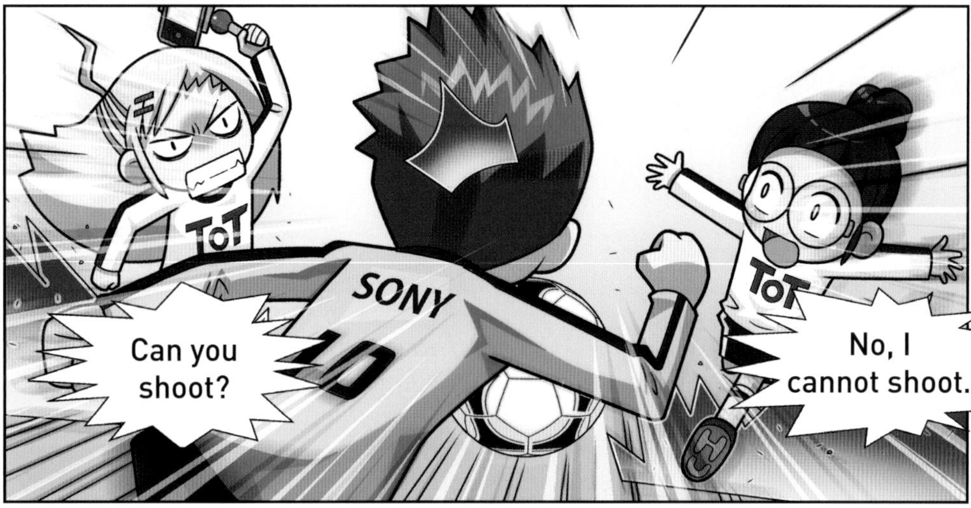
ToT
SONY
10
ToT
Can you shoot?
No, I cannot shoot.

step 1. 문법 강의

조동사 must 와 have to 에 대해서도 좀 더 자세히 알아볼까?

must는 '~해야 한다'라는 뜻으로 강한 명령과 의무를 나타내.

have to도 '~해야 한다'라는 의미인데, 주어가 3인칭 단수일 때는 has to로 써.

다른 조동사들은 어떤 주어가 와도 모양이 변하지 않는데, 정말 특이하지?

주어의 인칭에 따른 must와 have to의 사용 규칙		
1·2인칭 또는 복수일 때	I / you / we / they	must / have to
3인칭 단수일 때	he / she / it	must / has to

must와 have to의 차이는 또 있어. 바로 부정문을 쓸 때야. 아래 두 문장을 살펴볼까?

- You must not open the door. 너는 문을 열어서는 안 된다. (금지)
- You do not have to open the door. 너는 문을 열 필요가 없다. (불필요)

must의 부정문은 must not(mustn't)으로 '~해서는 안 된다(금지)'라는 뜻을 가져.

have to의 부정문은 do not(don't) / does not(doesn't) 뒤에 have to를 쓰는데,

'~할 필요가 없다(불필요)'라는 뜻이야. 부정문이 되면 둘의 뜻이 달라진다는 걸 꼭 기억해 둬!

의문문은 어떨까? 의문문은 must와 have to 둘 다 '~해야 해?'라는 뜻이야.

하지만 의문문 만드는 방법은 차이가 있어.

주어의 인칭에 따른 must와 have to의 의문문		
1·2인칭 또는 복수일 때	Do	I / you / we / they	have to pass?
	Must		pass?
3인칭 단수일 때	Does	he / she / it	have to pass?
	Must		pass?

동영상 강의 보기
QR코드를 찍어 봐!

step 2. 문법 정리

조동사 must와 have to를 활용한 문장을 살펴볼까?

조동사 must를 활용한 문장	
나는 이 공을 돌려줘야 한다.	I must return this ball.
그들은 규칙을 따라야 한다.	They must follow the rule.
그녀는 그녀의 팀을 도와야 하니?	Must she help her team?

조동사 have to를 활용한 문장	
나는 손을 씻어야 한다.	I have to wash my hands.
그녀는 공부를 열심히 해야 한다.	She has to study hard.
그들은 유니폼을 입어야 하니?	Do they have to wear uniforms?

step 3. 문법 대화

조동사 must가 나온 대화를 한번 들어 봐!

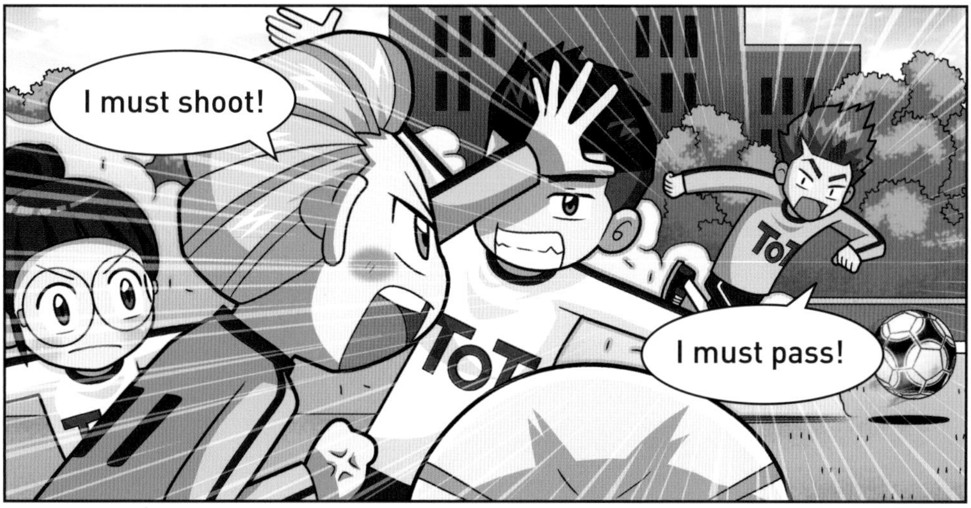
I must shoot!
I must pass!

시원 쌤은 모르는 채팅방(7)

루시 님이 **토토놈** 선수들을 초대했습니다.

다시 만나서 반가워요! 이번 시합은 어땠어요?

 당연히 이겼지! 우린 이제 어떤 시합에서도 지지 않는다고!

오호, 과연 퀴즈 게임에서도 그럴까요?

 퀴즈라고? 난 축구와 관련된 거라면 뭐든 좋아!

 그럼 우리 축구 퀴즈 게임을 영어로 해 봐요!

 좋아! 재밌겠는데!

예스잉글리시 팀과 토토놈 팀으로 나눠서 대결해요!

 퀴즈하면 퀴잘알, 바로 나오지! 그런데 누가 퀴즈를 내지?

후는 축구 박사니까 후가 퀴즈를 내는 건 어때?

그럼, 시작해 볼까요?

신나고 재미있는 축구 QUIZ!

Are you ready?
준비됐니?

SOCCER QUIZ	토토놈	예스잉글리시
Q1. 축구는 영어로?	baseball	soccer
Q2. 축구 경기를 하는 사람은?	goal	player
Q3. 축구에서 공격수는?	striker	team
Q4. 축구에서 규칙은?	match	rule
Q5. 축구를 할 때 입는 옷은?	uniform	racket
Q6. 공을 차는 것은?	kick	pass
Q7. 축구 경기를 하는 곳은?	ball	field

답을 맞힌 팀에게
동그라미를 쳐 봐.
누가 이겼을까?

토토놈 VS 예스잉글리시 점수판

승리는
우리의 것!

토토놈

VS

우리가
이길 거예요!

예스잉글리시

* 정답은 162~163쪽에 있습니다.

4교시 읽고 쓰기 • Reading & Writing

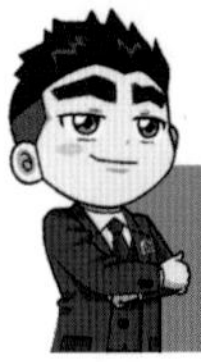

step 1. 읽기

자유자재로 영어를 읽고, 쓰고, 말하고 싶다면 문장 만들기 연습을 반복해야 하지.
먼저 다음 문장들이 익숙해질 때까지 읽어 볼까?

• 나는 패스할 수 있다.	**I can pass.**
• 나는 축구를 할 수 있다.	**I can play soccer.**
• 너는 슛할 수 있다.	**You can shoot.**
• 그녀는 집에 가도 된다.	**She can go home.**
• 그녀는 여기 앉아도 된다.	**She can sit here.**
• 그는 그의 방을 치울 수 있다.	**He can clean his room.**
• 우리는 한 발로 깡충깡충 뛸 수 있다.	**We can hop.**
• 나는 수영할 수 없다.	**I cannot swim.**
• 너는 자전거를 탈 수 없다.	**You cannot ride a bicycle.**
• 그는 공을 찰 수 없다.	**He can't kick a ball.**
• 내가 문을 열어도 되니?	**Can I open the door?**
• 너는 햄버거를 먹을 수 있니?	**Can you eat a hamburger?**
• 그들은 골에 슛할 수 있니?	**Can they shoot a goal?**
• 시원은 집으로 가도 되니?	**Can Siwon go home?**

문장 만들기 연습

1회 ☐ 2회 ☐ 3회 ☐

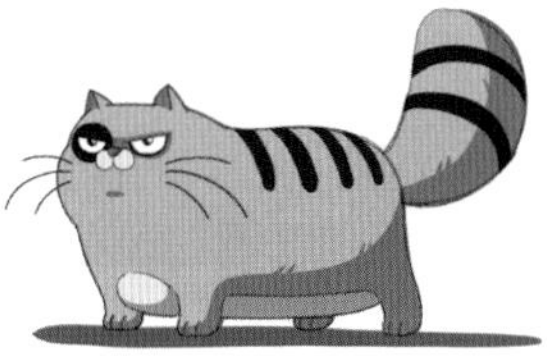

• 나는 떠나야 한다.	**I must leave.**
• 나는 이 공을 돌려줘야 한다.	**I must return this ball.**
• 그녀는 집에 가야 한다.	**She must go home.**
• 우리는 규칙을 따라야 한다.	**We must follow the rule.**
• 나는 손을 씻어야 한다.	**I have to wash my hands.**
• 그녀는 공부를 해야 한다.	**She has to study.**
• 그는 수영을 배워야 한다.	**He has to learn to swim.**
• 그들은 유니폼을 입어야 한다.	**They have to wear uniforms.**
• 나는 문을 열면 안 된다.	**I must not open the door.**
• 우리는 햄버거를 먹으면 안 된다.	**We mustn't eat hamburgers.**
• 너는 방을 청소할 필요가 없다.	**You don't have to clean the room.**
• 그는 숙제를 끝낼 필요가 없다.	**He doesn't have to finish homework.**
• 나는 떠나야 하니?	**Must I leave?**
• 그녀는 공부를 해야 하니?	**Does she have to study?**
• 그녀는 그녀의 팀을 도와야 하니?	**Must she help her team?**
• 그들은 유니폼을 입어야 하니?	**Do they have to wear uniforms?**

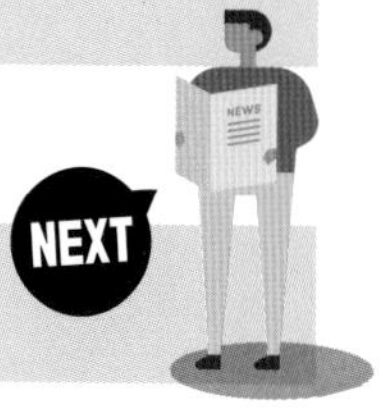
NEXT

4교시 읽고 쓰기 • Reading & Writing

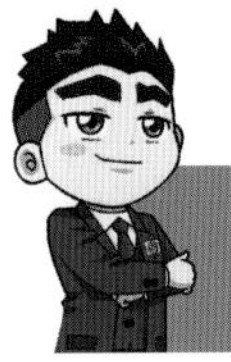

step 2. 쓰기

익숙해진 문장들을 이제 한번 써 볼까? 괄호 안의 단어를 보고, 순서에 맞게 문장을 만들어 보자.

❶ 나는 패스할 수 있다. **(I, pass, can)**

______________________________.

❷ 너는 슛할 수 있다. **(can, shoot, You)**

______________________________.

❸ 우리는 한 발로 깡충깡충 뛸 수 있다. **(hop, We, can)**

______________________________.

❹ 나는 떠나야 한다. **(I, leave, must)**

______________________________.

❺ 나는 이 공을 돌려줘야 한다. **(this, must, I, ball, return)**

______________________________.

❻ 그녀는 집에 가야 한다. **(must, She, home, go)**

______________________________.

❼ 나는 손을 씻어야 한다. **(I, wash, hands, to, have, my)**

______________________________.

❽ 그녀는 공부를 해야 한다. **(has, She, study, to)**

______________________________.

이제 부정문과 의문문을 영어로 써 볼까? 영작을 하다 보면 실력이 훨씬 늘 거야.
잘 모르겠으면, 아래에 있는 WORD BOX를 참고해!

❶ 너는 자전거를 탈 수 없다. _____ .

❷ 나는 문을 열면 안 된다. _____ .

❸ 너는 방을 청소할 필요가 없다. _____ .

❹ 너는 햄버거를 먹을 수 있니? _____ ?

❺ 그녀는 공부를 해야 하니? _____ ?

❻ 그들은 유니폼을 입어야 하니? _____ ?

WORD BOX

• you	• I	• she	• they	• cannot
• have	• do	• does	• can	• don't
• to	• ride	• bicycle	• hamburger	• clean
• a	• uniforms	• wear	• eat	• study
• must	• not	• room	• the	• open
• door				

* 정답은 162~163쪽에 있습니다.

우리가 네 번째로 다녀온 곳은 바로 442 유니버스란다. 수상한 죽구 경기가 벌어지고 있는 곳이지. 죽구 팀은 달랑 토토놈 팀과 리밥풀 팀이 전부! 늘상 지기만 하는 토토놈 팀이 승리를 위해 고군분투하고 있는 곳이자, 조동사 can, must의 유니버스이기도 해. 어떤 곳인지 죽구 경기장으로 가 볼까?

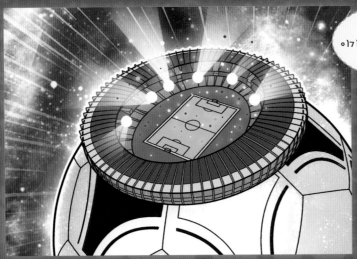

토토놈 팀이 리밥풀 팀을 이기지 못했다면, 442 유니버스는 어떻게 되었을까요?

◀ 442 유니버스
위치 지구에서 그리 멀지 않은 곳
상황 토토놈 팀과 리밥풀 팀이 축구 경기 중
키 문장 I can pass!, I can shoot!

442 유니버스 이야기: 조동사 can, must

442 유니버스는 조동사와 관련이 있는 영어 유니버스예요. 이곳에는 토토놈 팀과 리밥풀 팀, 단 두 팀이 치열한 축구 경기를 펼치고 있지요. 하지만 토토놈 팀은 계속해서 지고 있어요. 엉터리 감독 트릭커와 코치 빅캣이 토토놈 선수들을 조종해 "I must pass!", "I must shoot!"이라고만 말하게 만들었어요. 선수들은 축구에 흥미를 잃었고, 시합에서도 못 이겼지요. 하지만 예스잉글리시단의 활약에 힘입어 토토놈 선수들은 일반 동사에 조동사를 덧붙인 문장을 외치며 결국 승리할 수 있었답니다. 442 유니버스의 키 문장인 "I can pass!", "I can shoot!"은 토토놈 선수들이 진정한 축구의 재미를 느끼게 해 주고, 팀의 승리를 이끌어 준 힘찬 말이지요!

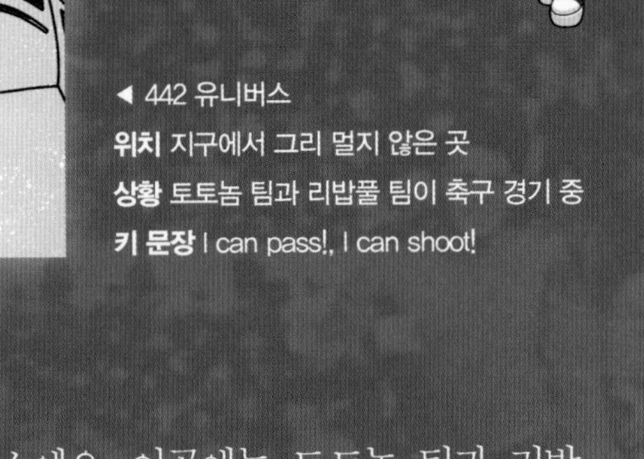

442 유니버스가 무너지면, 축구에 대한 꿈과 즐거움이 사라지고, 축구와 관련된 영어도 결국 사라지고 말겠지?

우리 지구의 실제 이야기: 축구의 역사

축구가 언제부터 시작되었는지에 대해서는 다양한 설이 있어요. 가장 대표적인 것은 기원전 6~7세기경에 고대 그리스 시대에 열렸던 '하파스톤'이라고 하는 경기에서 시작되었다는 설이에요. 또 영국에서 근대 축구와 가장 비슷한 축구가 시작되었다고 하는 설도 있어요. 덴마크의 지배를 받았던 영국인들이 덴마크 군을 내쫓은 뒤, 전쟁터에서 죽은 덴마크인들의 둥근 머리뼈를 차며 승리를 축하한 것이 계기가 되었다고 해요.

▶ 기원전 4~5세기경 고대 그리스 대리석 벽화에 담긴 축구하는 모습

그 뒤로 1863년 영국 축구 협회가 생기면서 축구 경기 규칙을 세우고, 그 이름을 association football이라고 정했지요. 지금도 유럽에서는 축구를 football이라고 부른답니다. soccer는 association football에서 나온 말로 미국에서는 미식축구를 football, 축구를 soccer라고 해요.

〈더비 매치〉

토토놈과 리밥풀처럼, 현실에서도 유명한 라이벌 팀끼리의 대결이 많죠? 이런 대결을 '더비 매치(derby match)'라고 해요. 연고지가 같은 지역의 두 팀이 치르는 경기를 뜻하지요. 19세기 중엽 영국의 '더비'라는 도시에서 라이벌 관계인 성베드로 팀과 올 세인트 팀이 치열한 경기를 벌인 데서 유래되었어요. 이후 의미가 확장되어 프로 스포츠에서 강팀들끼리의 라이벌전을 뜻하기도 해요.

▲ 치열하게 경기 중인 두 팀

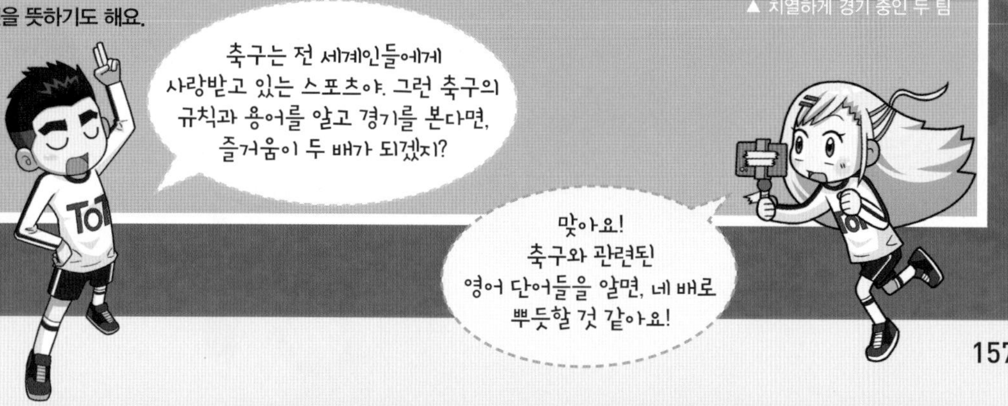

축구는 전 세계인들에게 사랑받고 있는 스포츠야. 그런 축구의 규칙과 용어를 알고 경기를 본다면, 즐거움이 두 배가 되겠지?

맞아요! 축구와 관련된 영어 단어들을 알면, 네 배로 뿌듯할 것 같아요!

6교시 말하기 • Speaking

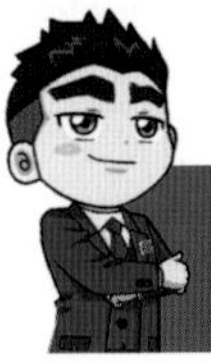

step 1. 대화 보기

만화 속에서 나오는 대사, '파이팅(Fighting)!'은 어떨 때 쓰는 걸까?

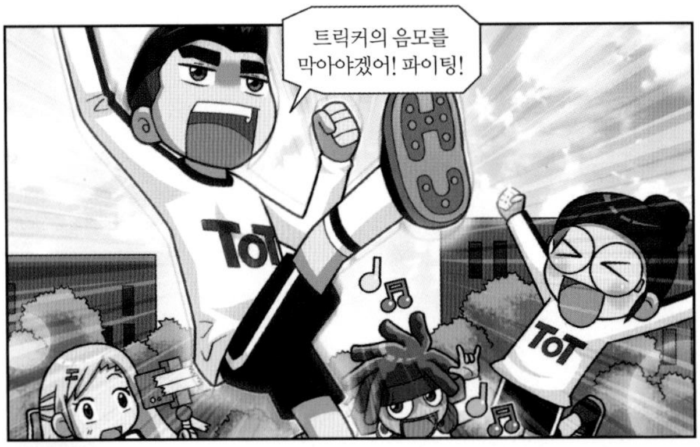
트릭커의 음모를
막아야겠어! 파이팅!

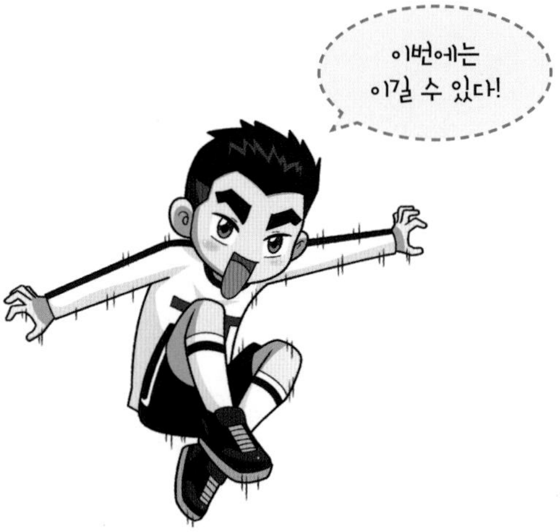
이번에는
이길 수 있다!

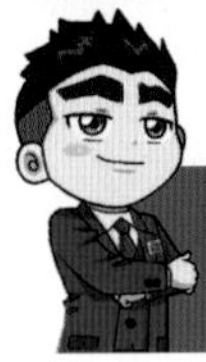

step 2. 대화 더하기

'파이팅(Fighting)!'이라는 말은 주로 운동 경기에서 선수들을 응원하거나 격려할 때 주로 쓰여. 하지만 이 단어에는 특별한 비밀이 숨어 있다는 거 알고 있니? 그건 바로 'Fighting!'이 영어로는 '싸우다'라는 뜻을 가지고 있다는 사실이야. 우리나라에서 전혀 다른 의미로 쓰이고 있는 셈이지. 그렇다면 이와 비슷한 의미로 쓰이는 영어 표현들은 뭐가 있을까? 친구들이 하는 말을 듣고 따라 해 보렴.

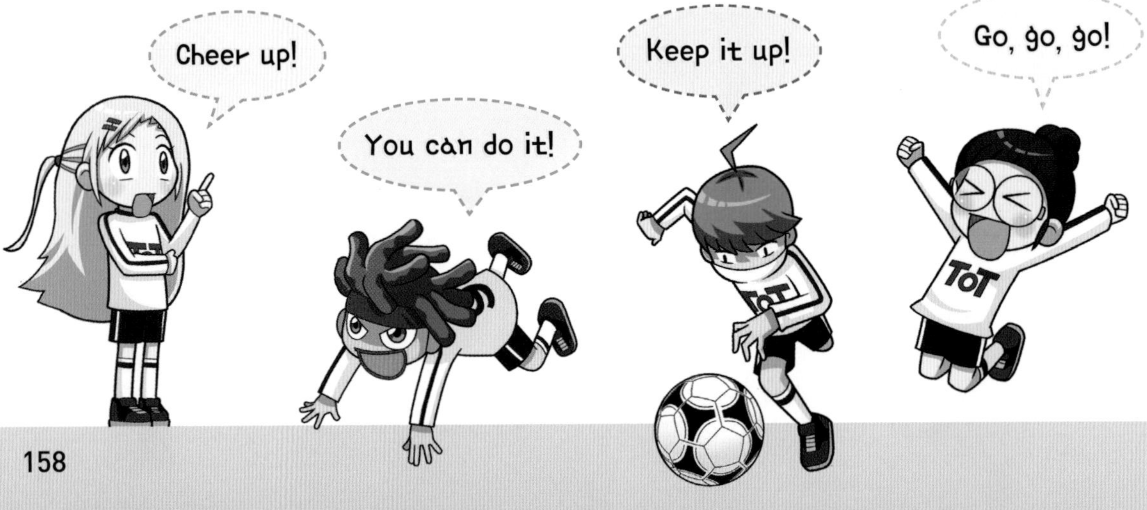
Cheer up!
You can do it!
Keep it up!
Go, go, go!

한눈에 보는 이번 수업 핵심 정리

여기까지 열심히 공부한 여러분 모두 굿 잡!
어떤 걸 배웠는지 떠올려 볼까?

1. 조동사를 배웠어.

주체 | 조동사 | 동사 원형

조동사는 혼자서 쓰일 수 없고, 무조건 동사 원형 앞에 오고, 2개를 동시에 쓸 수 없어.

2. 조동사 can을 배웠어.

'~할 수 있다(능력)'는 의미와 '~해도 된다(허락)'는 의미 등 동사에 다양한 의미를 더해 줘.

3. 조동사 must와 have to를 배웠어.

둘 다 '~해야 한다'라는 의미인데,
부정문에서는 각각 의미가 달라져.

어때, 쉽지? 다음 시간에 또 보자!

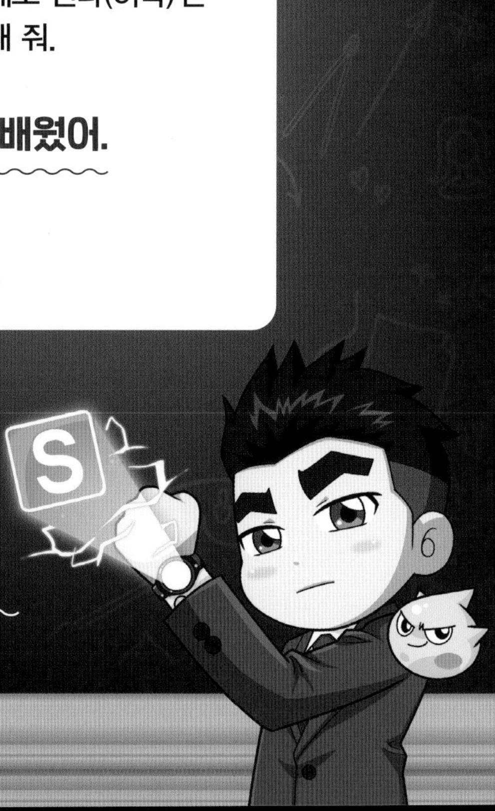

S

수업 시간에 잘 들었는지 쪽지 시험을 한번 볼까?

1. 운동 종목을 나타내는 단어가 아닌 것은 무엇일까요?

table tennis   **toss**   **soccer**   **baseball**

2. 운동 동작을 나타내는 동사가 아닌 것은 무엇일까요?

kick   **pass**   **shoot**   **hockey**

3. 조동사가 아닌 것은 무엇일까요?

have to   **can**   **have**   **must**

4. 다음 중 틀린 말은 어느 것일까요?

① 조동사 뒤에는 무조건 동사 원형이 온다.

② 조동사는 혼자서 쓰일 수 없다.

③ 조동사는 2개를 동시에 쓸 수 있다.

④ 조동사는 무조건 동사 앞에 온다.

5. 다음 중 올바른 문장은 무엇일까요?

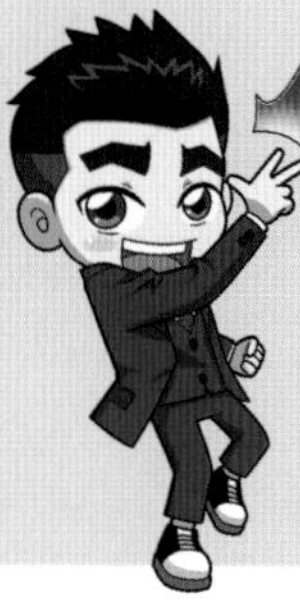

① **He have to pass.**
② **You must can pass.**
③ **I can pass.**
④ **You pass can.**

6. 다음 중 틀린 문장은 무엇일까요?

① **I can play soccer.**
② **She has to study.**
③ **I return must this ball.**
④ **You cannot ride a bicycle.**

7. 문장의 빈칸을 완성해 보세요.

① 나는 축구를 할 수 있다. **I (   ) play soccer.**
② 그들은 규칙을 따라야 한다. **They (   ) follow the rule.**
③ 그는 공을 찰 수 없다. **He (   ) kick a ball.**
④ 나는 손을 씻어야 한다. **I (   ) to wash my hands.**

8. 다음의 대화를 완성해 보세요.

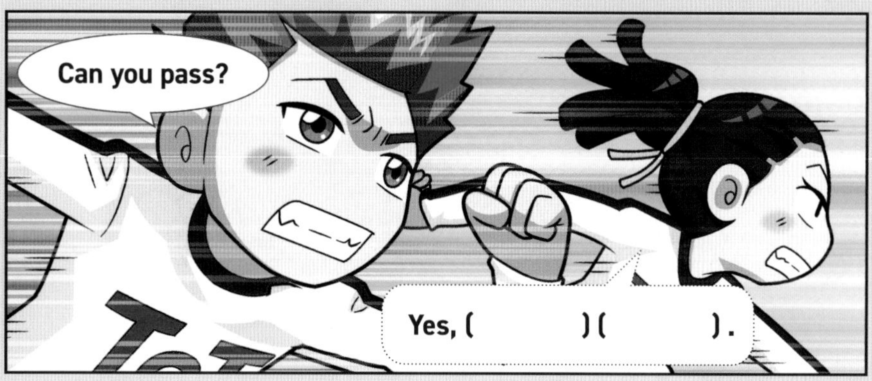
Can you pass?
Yes, (   ) (   ).

* 정답은 162~163쪽에 있습니다.

수업 끝!

정답 • Answer

P 143

• 축구	soccer	• 경기	match
• 야구	baseball	• 규칙	rule
• 배드민턴	badminton	• 선수	player
• 차다	kick	• 팀	team
• 타다	ride	• 골	goal

P 151

❶ soccer ❷ player ❸ striker ❹ rule
❺ uniform ❻ kick ❼ field

P 154

❶ I can pass
❷ You can shoot
❸ We can hop
❹ I must leave
❺ I must return this ball
❻ She must go home
❼ I have to wash my hands
❽ She has to study

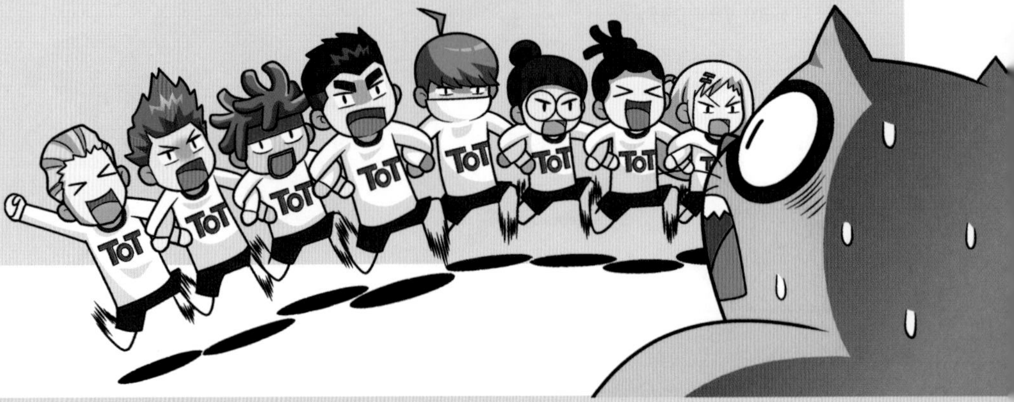

ToT

P 155

❶ You cannot ride a bicycle

❷ I must not open the door

❸ You don't have to clean the room

❹ Can you eat a hamburger

❺ Does she have to study

❻ Do they have to wear uniforms

P 160

1.
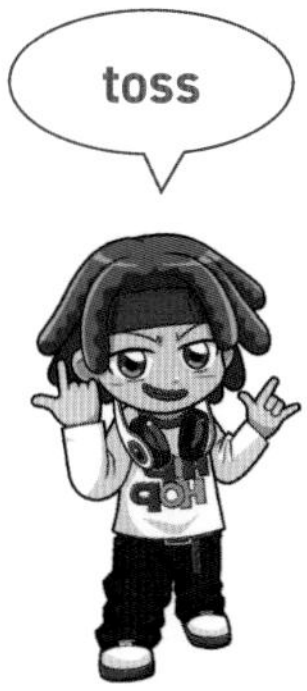
toss

2.
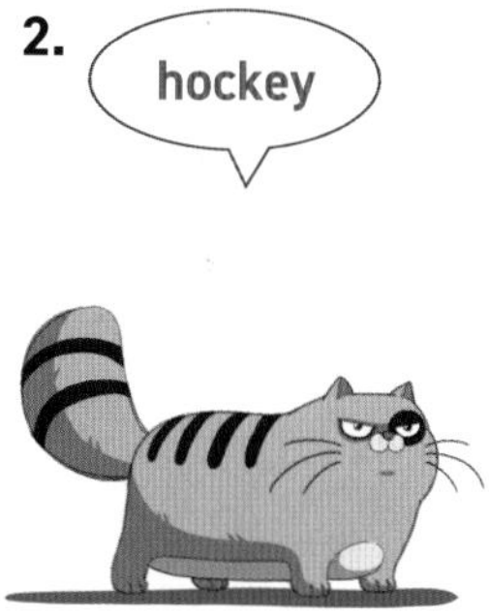
hockey

3.
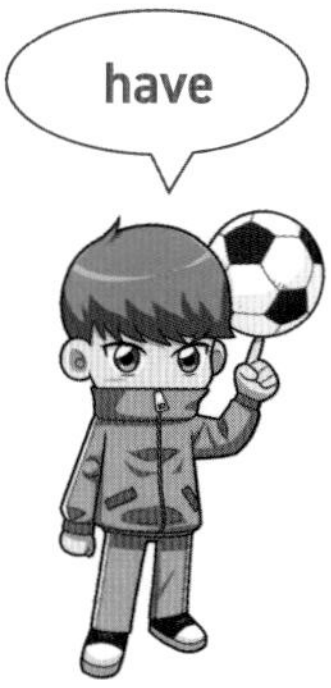
have

4. ③

P 161

5. ③

6. ③

7. ❶ (can)
❷ (must)
❸ (cannot)
❹ (have)

8. (I) (can)

다음 권 미리 보기

지령서

!

노잉글리시단의 행동 대장 트릭커!
다음 목적지는 567 유니버스다! 당장 떠나라!

목적지: 567 유니버스
위치: 888 유니버스에서 그리 멀지 않은 곳
특징: 이곳에는 사람들한테 칭찬받아 마땅한
　　　재미있는 친구가 살고 있다.

WARNING

보스가 주는 지령

567 유니버스에서는 모든 칭찬을 없애라!
남을 칭찬하는 꼴은 절대 못 보는
칭찬 조사관을 뽑아서 철저히 감시하게 하라!
누구라도 칭찬하는 사람을 발견하면
당장 가두고, 몹시 괴롭혀라!
다시는 칭찬을 입에 올리지 못하게 말이야!
과정에서 반항하는 녀석이 나오면
영주의 감옥으로 보내라!
나의 계획을 따르면 영어는 자연스럽게
사라질 것이다. 명심하도록!

추신: 트릭커! 이번이 마지막 기회이다!
　　　또다시 실패한다면, 넌 아웃이야.
　　　영원히 아웃!

노잉글리시단
Mr. 보스

루시의 눈물.jpg

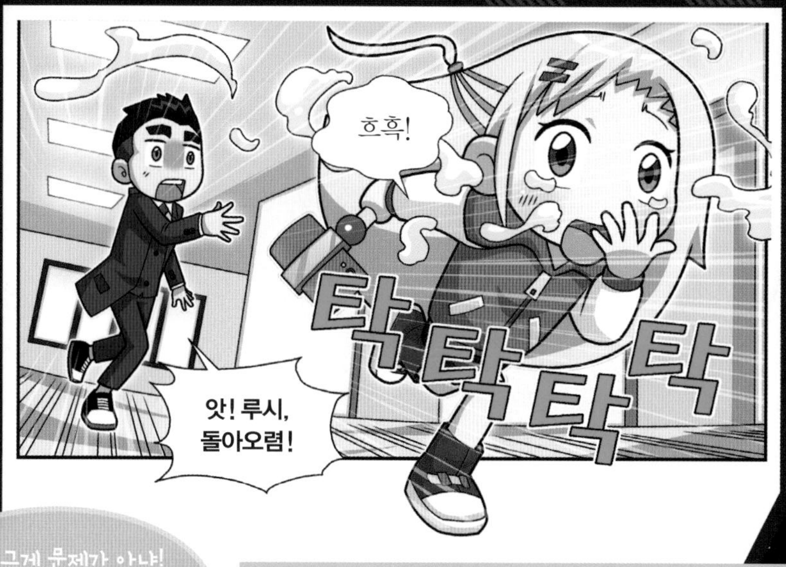
흐흑!
탁탁탁탁
앗! 루시,
돌아오렴!

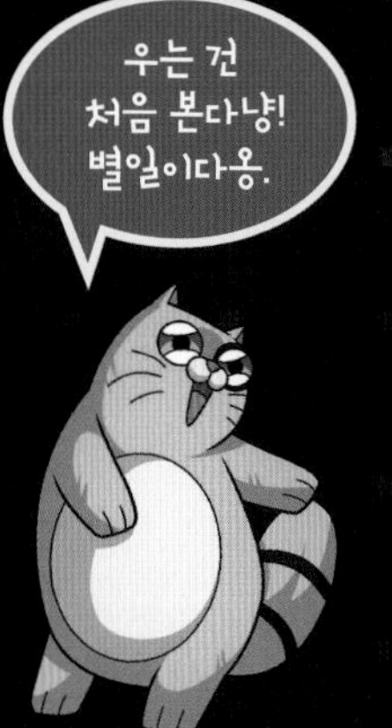
우는 건
처음 본다냥!
별일이다옹.

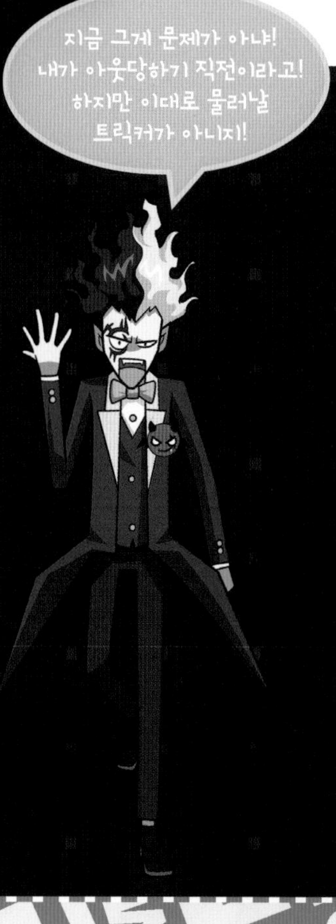
지금 그게 문제가 아냐!
내가 아웃당하기 직전이라고!
하지만 이대로 물러날
트릭커가 아니지!

이상한 루시.jpg

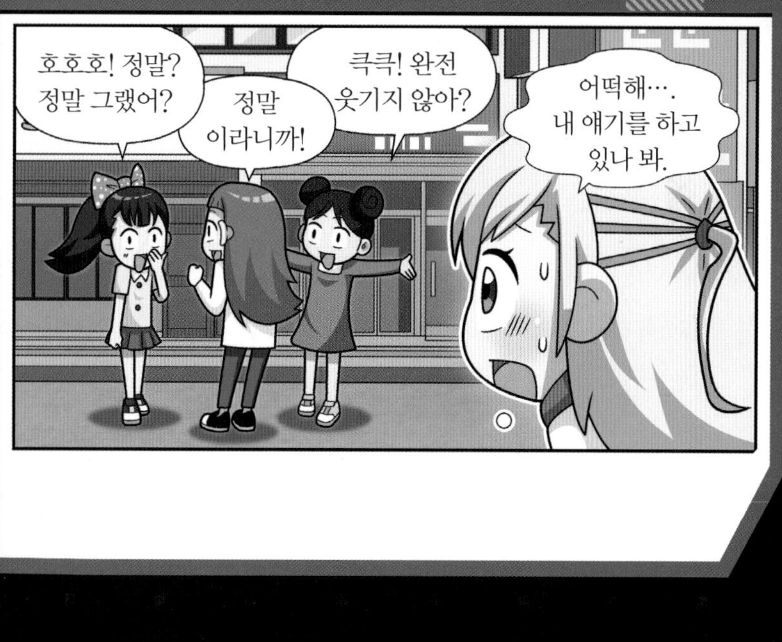
호호호! 정말?
정말 그랬어?
정말
이라니까!
큭큭! 완전
웃기지 않아?
어떡해….
내 얘기를 하고
있나 봐.

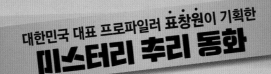
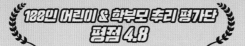

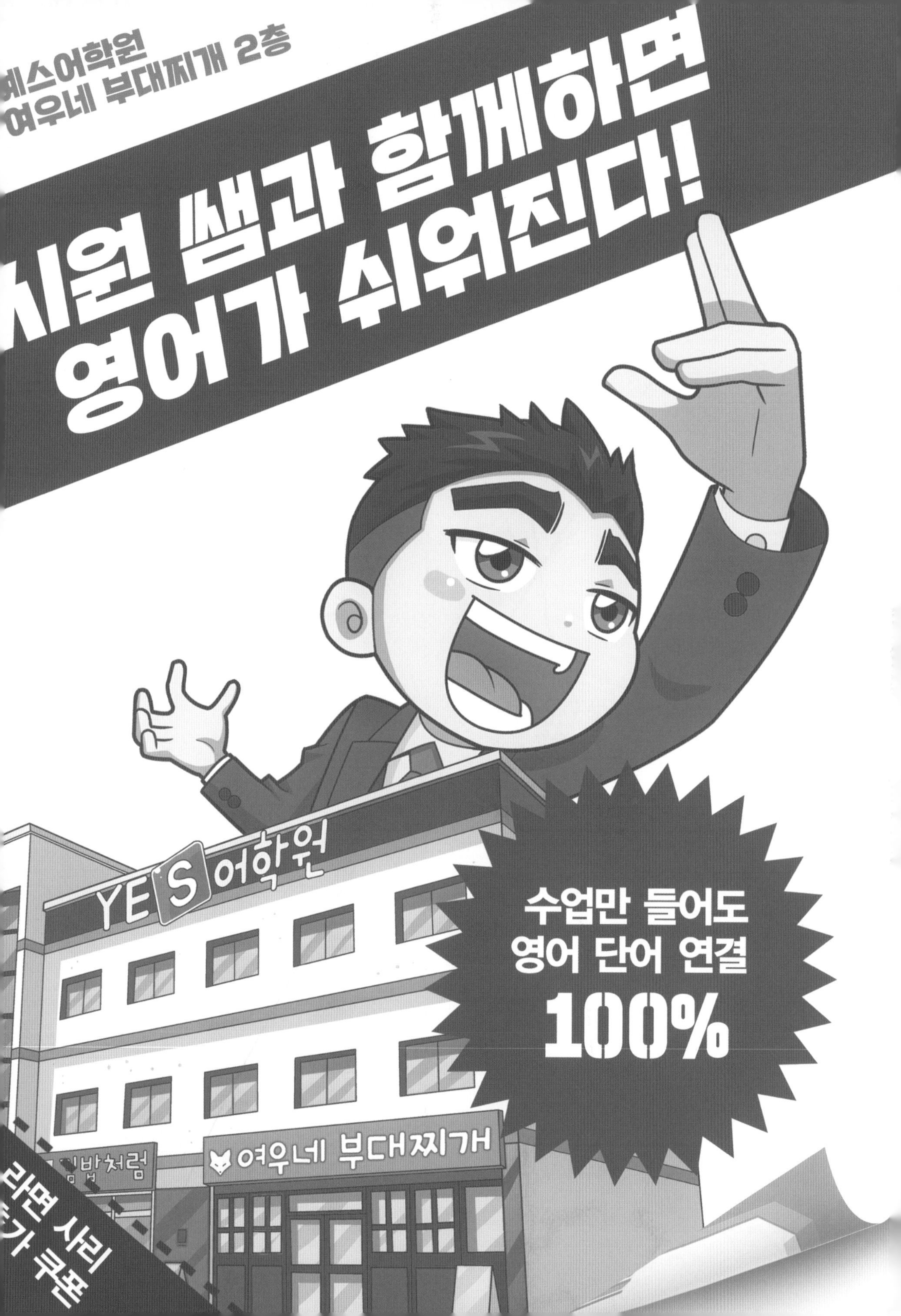

스어학원
여우네 부대찌개 2층
시원 쌤과 함께하면
영어가 쉬워진다!
YES어학원
수업만 들어도
영어 단어 연결
100%
밥처럼
여우네 부대찌개
라면 사리
가 쿠폰

예스잉글리시 신입 단원 모집

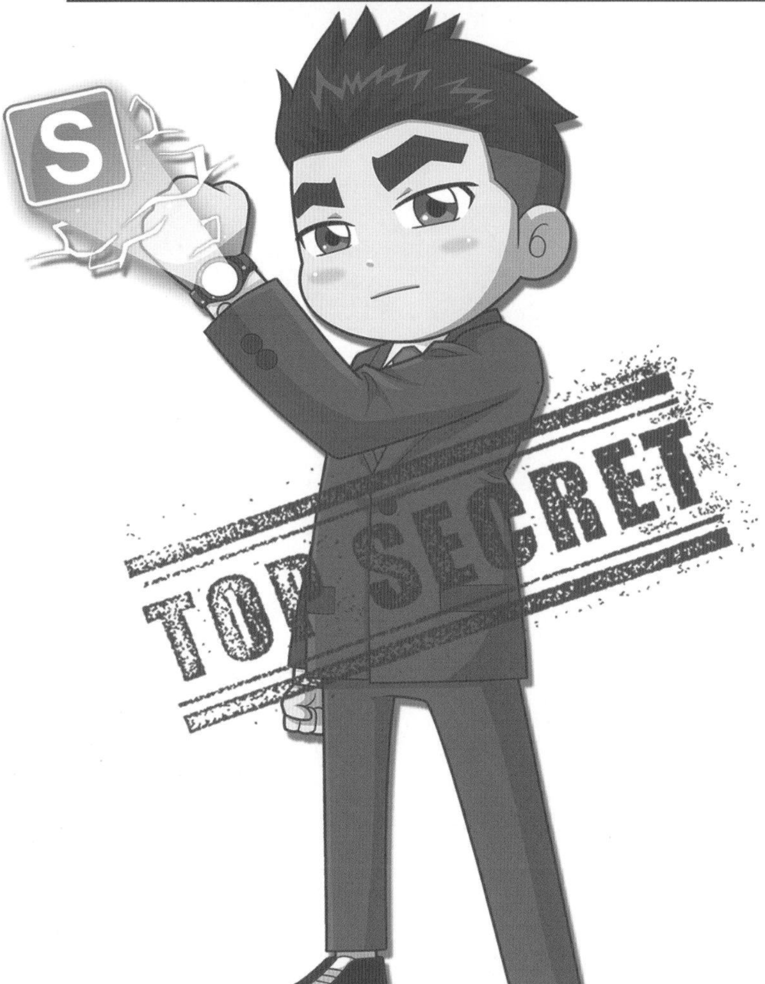
S
TOP SECRET

코드 네임: 에스원 요원과 영어 유니버스를 구하라!

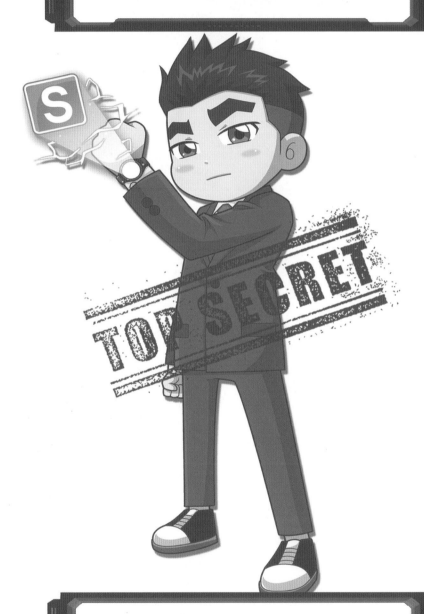